For foreigners who learn Japanese
We want you to remember this much!

KANJI exercise book 500

日本語を学ぶ外国人のための
これだけは覚えたい！

漢字練習帳 500

恵泉女学園大学名誉教授
秋元美晴=監修

志賀里美＋古田島聡美＋島崎英香=編

ナツメ社

● はじめに ●

　日本語を学習しているみなさんの中には、漢字を習得することはもっとも難しいことだと思っている人も多いことでしょう。漢字を学習することが大変だから、日本語を勉強することがいやになってしまったという話もよく聞きます。

　一つ一つの漢字には、形があり、読みがあり、意味があります。そして、その漢字の使い方も知らなければなりません。そのうえ、漢字はたくさんあります。

　私が日本語教師になったばかりのころ、6月の雨の降るある日、アメリカ人の留学生が「先生、私の部屋の天井からアリが降ってきます。どうしたらよいのでしょうか」と相談に来ました。「天井からアリが降ってくる」という意味がわからなかったので、先輩の日本語教師にお聞きしたら、「毎年梅雨のころは漢字うつになり、いろいろな相談に来る留学生がいるのよ」と、教えてくれました。特に非漢字圏の留学生にとっては、漢字を学習することがどんなに大変なのかということを、そのとき改めて知りました。

　旧日本語能力試験の1級の認定基準には、漢字を2,000字習得していることとあります。2,000字も習得しなければならないなら、もう日本語の勉強をやめようと思う人もいるかもしれません。でも、がっかりしないでください。ある調査によると、約500字の漢字を知っていれば、新聞で使われている漢字の約80%が読めるそうです。

　そこで、この『漢字練習帳』では、「これだけは覚えておきたい」という漢字526字を選び、カテゴリー別に62課に分けて掲載し、いろいろな種類の練習問題をたくさんつけました。1課に7字から10字を紹介し、効果的に、楽しく、漢字を学習できるようにしてあります。練習問題は、漢字の読み練習から始まり、最後は書き練習ですが、その間にイラストによる問題、漢字クロスワード、漢字のパーツの組み合わせ問題など、いろいろな種類の問題があります。みなさんが、漢字の学習がおもしろくなるように工夫しました。

　なお、練習問題をすべて解く必要はありません。自分のレベルに合わせて、問題にチャレンジしてください。

　本書を使うことによって、みなさんが漢字の学習が楽しくできることを願っています。

2021年4月

秋元美晴

● Introduction ●

Many of you who are learning Japanese probably think that learning Kanji is the most difficult part of the language. I have also heard that many people have become tired of studying Japanese because of the difficulty of Kanji.

Each Kanji has a form, a reading, and a meaning. You also need to know how to use those Kanji. In addition, there are tons of Kanji.

When I first started teaching Japanese, on a rainy day in June, an American student asked me, "Sensei, ants are falling from the ceiling in my room. What should I do?" I didn't know what she meant by "ants falling from the ceiling," so I asked one of my senior Japanese language instructors, who told me "Every year around the time of the rainy season, some international students get Kanji depression and come to me for advice." At that moment, I learned once again how difficult it is to learn Kanji, especially for students from non-Kanji countries.

To achieve the authorization standards for the old Japanese-Language Proficiency Test Level-1, you have to learn 2,000 Kanji. Some people may think that if they have to learn 2,000 Kanji characters, they should stop studying Japanese. But don't be disappointed. According to a survey, if you know about 500 Kanji characters, you can cover 80% of the Kanji used in newspapers.

So, in this "Kanji Practice Book" we have selected 526 of the most important Kanji to learn, divided them into 62 lessons according to its category and added lots of exercises of various kinds. 7 to 10 characters are introduced per lesson, so that you can learn Kanji effectively and enjoyably. The exercises start with Kanji reading practice and end with Kanji writing practice, but in between there are various kinds of questions such as illustrated questions, Kanji crosswords and questions on combining Kanji parts. We tried our best to create a way to make learning Kanji more interesting for everyone.

You don't have to solve all the exercises, just try the ones that match your level.

We hope that this book will help you enjoy learning Kanji.

April 2021

Akimoto Miharu

この本の使い方

この『漢字練習帳』では、「これだけは覚えておきたい」という漢字をカテゴリー別に62課に分けて載せています。

はじめにその課で練習する漢字の説明があり、そのあとにさまざまな練習問題があります。漢字欄の見方と各課の構成は以下の通りです。

漢字欄の見方

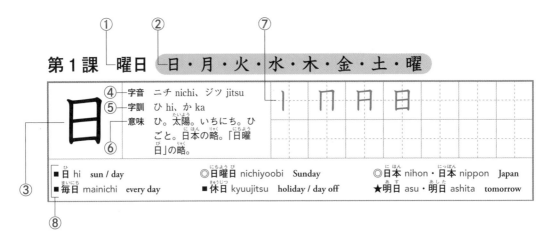

① カテゴリーを示しています。
② その課で練習する漢字を載せています。
③ 漢字は学習しやすいように、教科書体で載せてあります。
④ 漢字の音読みをカタカナで示し、それぞれをローマ字でも示しています。
⑤ 漢字の訓読みをひらがなで示し、送り仮名は-（ハイフン）で区別しています。そのあとにローマ字でも示しています。
⑥ 漢字の意味を簡単に紹介しています。
⑦ 漢字の書き順（筆順）を載せています。左から右に書き進み、最大8分割で示しています。書き順は薄い色で印刷してあるので、上からなぞって練習することもできます。

それぞれのマス目には点線を入れてあります。点線を目安にして漢字のバランスを覚えると、漢字がきれいに書けるようになります。空欄は練習用に自由に使ってください。

⑧ ■印のあとに、その漢字を使った単語を紹介しています。特に覚えておきたい単語には◎印をつけてあります。★印は熟字訓（2字以上の漢字の組み合わせで特別な訓読みになるもの）です。

単語は訓読み、音読みの順で載せ、熟字訓は最後に載せました。

それぞれの単語のあとに、ローマ字は赤字で、簡単な英訳は黒字で載せました。

各課の構成

　1課につき4ページで構成しています。練習問題は、漢字欄の単語がヒントになっていますので、よく読んでから問題にチャレンジしましょう。

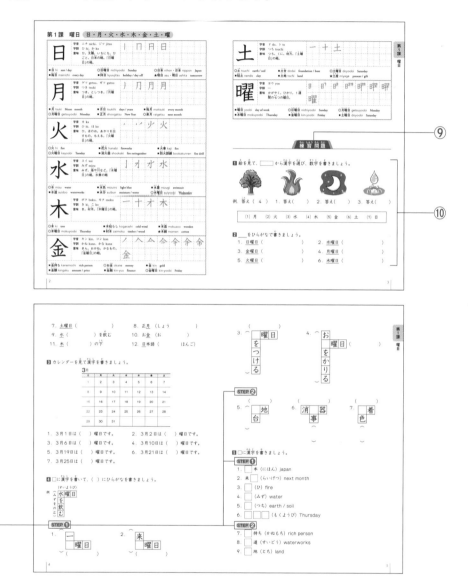

⑨ その漢字についての練習問題があります。たくさん学習できるように問題は豊富に用意しました。全部の問題に答えなくても構いません。自分のレベルに合わせて学習を進めましょう。
　練習問題の答えは別冊にあります。

⑩ 練習問題は、最初が読み問題、そのあとに書き問題があります。

⑪ STEP①とSTEP②の二つに分けてある問題は、STEP①のほうが簡単です。日本語の勉強をはじめたばかりの人はSTEP①だけを答え、学習を進めてからSTEP②を解いてもよいでしょう。いろいろな問題を解いてたくさん勉強したい人は、ぜひ、両方をやってみてください。

How to use this book

In this "Kanji Practice Book", there are 62 lessons divided by categories of Kanji that you should learn.

In the beginning, the Kanji to be learned in each lesson are explained, followed by exercises.

The way to look at each Kanji column and the structure of each lesson are as follows.

How to look at the Kanji column

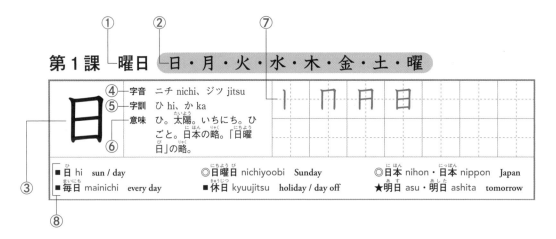

① Indicates the category.

② The Kanji to be practiced in each lesson are listed.

③ The Kanji are written in textbook style for easy learning.

④ The on-yomi (the Chinese-style reading) of the Kanji are written in katakana and also shown in romaji.

⑤ The kun-yomi (reading) of the Kanji are written in hiragana and the suffix kana is distinguished by - (hyphen), followed by the romaji.

⑥ A brief introduction to the meaning of the Kanji is given.

⑦ The stroke order of the Kanji is listed. The writing order is shown from left to right, with a maximum of eight sections. The stroke order is shown in light color, so you can practice by tracing it.

Each square is marked with dotted lines. Use the dotted lines as a guide to remember the balance of the Kanji, which will help you to write beautiful Kanji. Feel free to use the blank spaces for practice.

⑧ Each Kanji after ■, you will find a word that uses that Kanji. Words that are especially important to remember are marked with ◎. ★ marks are for idiomatic kun-yomi (a combination of two or more Kanji that make up a special kun-yomi).

Words are listed in the order of kun-yomi and then on-yomi, followed by idiomatic kun-yomi.

After each word, the Roman alphabet is written in red, and a simple English translation is written in black.

Structure of each lesson

Each lesson is made up of four pages. In the exercises, the words in the Kanji column are hints, so read them carefully before attempting the questions.

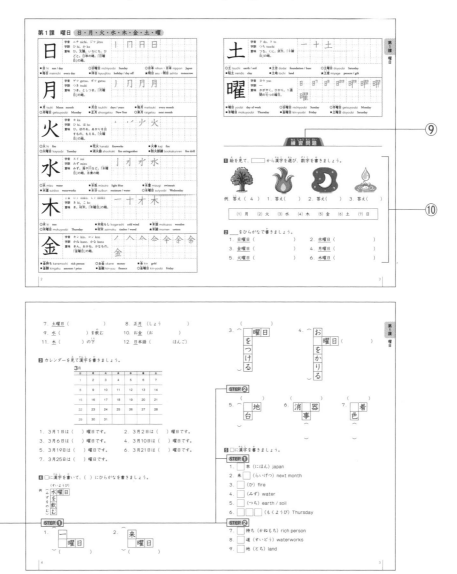

⑨ You can find exercises for each Kanji in the text. We have prepared tons of questions so that you can study hard. You don't have to answer all of them. Just study the ones according to your own level.

The answers to the exercises can be found on a separate volume.

⑩ The exercises includes reading questions followed by writing questions.

⑪ The questions which are divided into two parts: STEP① and STEP②, the STEP① is easier. If you are just starting to learn Japanese, you may want to answer only STEP①, and then go on to STEP② after you have made progress in your study. If you want to learn lots by solving a variety of questions, please try solving both questions.

漢字の基礎知識

漢字の特徴

①の文を読んでみましょう。

①わたしはがっこうでもでんしゃのなかでもばすのなかでもかんじをべんきょうします。

全部ひらがなで書いてあると、意味がわかりにくく、読みにくい文になってしまいます。では、②のように書くとどうでしょうか。

②私は学校でも電車の中でもバスの中でも漢字を勉強します。

①と②は同じ文ですが、②のほうが読みやすいと思いませんか。日本語で文章を書くときは、主に漢字・ひらがな・カタカナの３種類の文字を使います。そこで、②の文を３種類に分けてみます。

漢字＝私、学校、電車、中、漢字、勉強
ひらがな＝は、で、も、の、を、し、ます
カタカナ＝バス

内容のあることばは、漢字とカタカナを使って書きます。そして、文法的なことばはひらがなで書きます。このようなルールがあるので、②の文のほうが読みやすくなります。
ひらがなとカタカナは表音文字とも呼ばれ、字形と音しかありません。しかし、漢字は表語文字と呼ばれ、字形と音のほかに、１字１字に意味があります。

漢字の成り立ち

漢字は中国で3,000年以上前に絵文字から作られました。例えば、「山」という漢字は、次のように作られました。

そのあとで、漢字を組み合わせたり、抽象的なことを点や線で表したり、さまざまに変化して、現在の漢字になりました。

なお、「山」という漢字には、次のような字形・音・意味があります。

山 ┌字形：山
　　├音：サン（音読み）・やま（訓読み）
　　└意味：土地の、まわりよりも盛り上がって高くなったところ

漢字は「私」「中」のように1字で意味を表しますが、「電車」「漢字」「勉強」のように2字を組み合わせて単語になっていることもあります。例えば「電車」は「電気で動く車」というように、漢字の意味がわかっていれば何を表しているのか想像できます。②の文にはありませんが、「小学校」のように3字で書いたり、「東西南北」のように4字で書いたりする場合もあります。

漢字の組み立て

　それぞれの漢字には「組み合わせてできている」という特徴があります。「山」や「川」のように部分に分けられないものもありますが、多くの漢字は、意味の一部を表す部分と音を表す部分の二つに分けることができます。

　例えば、「花」という漢字は「艹」と「化」に分けることができます。「艹」は意味を表す部分で「くさかんむり」と呼ばれます。これがつく漢字は「草」に関連します。そして「化」は音を表す部分で、「花」の読み方の一つである「カ」を表しています。

　「艹」のような、漢字の意味の一部分を表すものを部首と呼び、漢字を分類するときの目安になります。また、それぞれの部首には意味があり、それを見るだけで、大体のイメージをつかむことができます。

　以下に部首の七つの形と例をあげます。

1．へん
左右に分けられる漢字の左の部分。
●へんの例

部首	部首名	意味	漢字の例
イ	にんべん	人 (ひと)	体 住 仕
氵	さんずい	水 (みず)	池 海 湖

2．つくり
左右に分けられる漢字の右の部分。
●つくりの例

部首	部首名	意味	漢字の例
刂	りっとう	刀。切ること (かたな)	刺 剣 割
阝	おおざと	人が住むところ (ひと) (す)	都 郡 邸

3．かんむり
上下に分けられる漢字の上の部分。
●かんむりの例

部首	部首名	意味	漢字の例
宀	うかんむり	家や屋根 (いえ) (やね)	家 室 宿
艹	くさかんむり	草や花 (くさ) (はな)	草 花 葉

４．あし
上下に分けられる漢字の下の部分。

●あしの例

部首	部首名	意味	漢字の例
儿	ひとあし	人	兄　先　児
心	こころ	心臓。心	思　忘　感

５．たれ
上から左下に続く部分。

●たれの例

部首	部首名	意味	漢字の例
广	まだれ	屋根や建物	店　広　床
疒	やまいだれ	病気	病　疲　痛

６．にょう
左側から右下に続く部分。

●にょうの例

部首	部首名	意味	漢字の例
廴	えんにょう	道を行く	延　建
辶	しんにょう、しんにゅう	歩く	送　近　返

７．かまえ
まわりを囲む部分。

●かまえの例

部首	部首名	意味	漢字の例
囗	くにがまえ	まわりを囲む	囲　国　園
門	もんがまえ	門	開　閉　間

漢字の読み方

漢字の読み方には音読みと訓読みの２種類があります。
音読みは、昔、漢字が中国から日本に伝わってきたときに、中国の人たちが発音しているのをま

ねして読んだ音がもとになっています。この本では「字音」という欄にカタカナで表記しています。
　訓読みは、漢字が表している意味を日本語の読み方にあてはめて読んだものです。この本では「字訓」という欄にひらがなで表記しています。
　漢字によっては、音読みしかないもの、訓読みしかないものもあります。

漢字	音読み	訓読み
私	シ	わたくし、わたし
学	ガク	まな－ぶ
校	コウ	
電	デン	
車	シャ	くるま
中	チュウ、ジュウ	なか

送り仮名

　その漢字の読み方をはっきりさせるために漢字の後ろにつける仮名です。例えば、「読む」の「む」は送り仮名です。送り仮名には三つの基本的な原則があります。
①動詞、イ形容詞、ナ形容詞は、活用しない部分は漢字で、活用する部分はひらがなで書く。
　例　話す　寒い　有名だ
②名詞は送り仮名をつけない。
　例　山　冬　私
③副詞・連体詞・接続詞は、最後の一音節を送る。
　例　少し　必ず　最も

接頭辞・接尾辞

　いつもほかのことばの前か後ろについて、ある意味を付け加えるものです。
● 接頭辞

意味分類	接頭辞	例
形容	新〇〇	新人　新時代
	悪〇〇	悪人　悪循環
	超〇〇	超人　超高速
指定	本〇〇	本日　本国
	来〇〇	来週　来学期
	別〇〇	別送　別世界
待遇	御〇〇	御名前　御挨拶　御心・御心
	貴〇〇	貴社　貴校
	拙〇〇	拙宅　拙文

否定 (ひてい)	不〇〇	不正 (ふせい)　不合格 (ふごうかく)
	無〇〇	無罪 (むざい)　無関心 (むかんしん)
	非〇〇	非常 (ひじょう)　非常識 (ひじょうしき)
	未〇〇	未知 (みち)　未成年 (みせいねん)

● 接尾辞 (せつびじ)

意味分類 (いみぶんるい)	接尾辞 (せつびじ)	例 (れい)
人物 (じんぶつ)	〇〇員	委員 (いいん)　会社員 (かいしゃいん)
	〇〇官	教官 (きょうかん)　警察官 (けいさつかん)
	〇〇師	教師 (きょうし)　医師 (いし)
具体物 (ぐたいぶつ)	〇〇品	食品 (しょくひん)　贈答品 (ぞうとうひん)
	〇〇機	織機 (おりき)　飛行機 (ひこうき)
	〇〇料	食料 (しょくりょう)　調味料 (ちょうみりょう)
空間 (くうかん)	〇〇場	劇場 (げきじょう)　運動場 (うんどうじょう)
	〇〇内	国内 (こくない)　年度内 (ねんどない)
	〇〇中	家中 (いえじゅう)　世界中 (せかいじゅう)
様子 (ようす)	〇〇性	個性 (こせい)　可能性 (かのうせい)
	〇〇的	詩的 (してき)　科学的 (かがくてき)
	〇〇状	液状 (えきじょう)　放射状 (ほうしゃじょう)
費用 (ひよう)	〇〇費	食費 (しょくひ)　交通費 (こうつうひ)
	〇〇代	地代 (ちだい)　ガス代 (だい)　電気代 (でんきだい)
	〇〇料	無料 (むりょう)　入場料 (にゅうじょうりょう)

助数詞

助数詞とは、数を表す語の後ろにつけてどのような事物の数量であるかを示すものです。数えるものや性質によって、助数詞はある程度決まっています。

	一般			
	和語系	一般的な物 （りんご、年齢など） 〜つ	漢語系	一般的な物 （卵、みかん、茶碗など） 〜個
1	一　ひ	一つ　ひとつ	一　いち	一（1）個　いっこ
2	二　ふ	二つ　ふたつ	二　に	二（2）個　にこ
3	三　み	三つ　みっつ	三　さん	三（3）個　さんこ
4	四　よ	四つ　よっつ	四　し よ/よん	四（4）個　よんこ
5	五　い	五つ　いつつ	五　ご	五（5）個　ごこ
6	六　む	六つ　むっつ	六　ろく	六（6）個　ろっこ
7	七　な	七つ　ななつ	七　しち なな	七（7）個　ななこ
8	八　や	八つ　やっつ	八　はち	八（8）個　はちこ はっこ
9	九　ここの	九つ　ここのつ	九　きゅう く	九（9）個　きゅうこ
10	十　とお	十　とお	十　じゅう	十（10）個　じゅっこ じっこ
11			十一　じゅういち	十一（11）個　じゅういっこ
12			十二　じゅうに	十二（12）個　じゅうにこ
?		いくつ		何個　なんこ

	年月日・時間				
	年 〜年	月 〜月	日付 〜日	時刻 〜時	分 〜分
1	一年　いちねん	一月　いちがつ	一日　ついたち	一時　いちじ	一分　いっぷん
2	二年　にねん	二月　にがつ	二日　ふつか	二時　にじ	二分　にふん
3	三年　さんねん	三月　さんがつ	三日　みっか	三時　さんじ	三分　さんぷん
4	四年　よねん	四月　しがつ	四日　よっか	四時　よじ	四分　よんぷん
5	五年　ごねん	五月　ごがつ	五日　いつか	五時　ごじ	五分　ごふん
6	六年　ろくねん	六月　ろくがつ	六日　むいか	六時　ろくじ	六分　ろっぷん
7	七年　しちねん ななねん	七月　しちがつ	七日　なのか	七時　しちじ	七分　ななふん
8	八年　はちねん	八月　はちがつ	八日　ようか	八時　はちじ	八分　はちふん はっぷん
9	九年　きゅうねん くねん	九月　くがつ	九日　ここのか	九時　くじ	九分　きゅうふん
10	十年　じゅうねん	十月　じゅうがつ	十日　とおか	十時　じゅうじ	十分　じゅっぷん じっぷん
11	十一年　じゅういちねん	十一月　じゅういちがつ	十一日　じゅういちにち	十一時　じゅういちじ	十一分　じゅういっぷん
12	十二年　じゅうにねん	十二月　じゅうにがつ	十二日　じゅうににち	十二時　じゅうにじ	十二分　じゅうにふん
?	何年　なんねん	何月　なんがつ	何日　なんにち	何時　なんじ	何分　なんぷん

	人間	年齢	細くて長いもの (ボールペン、傘、ねぎ、バナナなど)	回数	金額
	~人	~歳	~本	~回	~円
1	一人　ひとり	一歳　いっさい	一本　いっぽん	一回　いっかい	一円　いちえん
2	二人　ふたり	二歳　にさい	二本　にほん	二回　にかい	二円　にえん
3	三人　さんにん	三歳　さんさい	三本　さんぼん	三回　さんかい	三円　さんえん
4	四人　よにん	四歳　よんさい	四本　よんほん	四回　よんかい	四円　よえん
5	五人　ごにん	五歳　ごさい	五本　ごほん	五回　ごかい	五円　ごえん
6	六人　ろくにん	六歳　ろくさい	六本　ろっぽん	六回　ろっかい	六円　ろくえん
7	七人　ななにん／しちにん	七歳　ななさい	七本　ななほん	七回　ななかい	七円　ななえん
8	八人　はちにん	八歳　はっさい	八本　はっぽん	八回　はっかい	八円　はちえん
9	九人　きゅうにん／くにん	九歳　きゅうさい	九本　きゅうほん	九回　きゅうかい	九円　きゅうえん
10	十人　じゅうにん	十歳　じゅっさい／じっさい	十本　じゅっぽん／じっぽん	十回　じゅっかい／じっかい	十円　じゅうえん
11	十一人　じゅういちにん	十一歳　じゅういっさい	十一本　じゅういっぽん	十一回　じゅういっかい	十一円　じゅういちえん
12	十二人　じゅうににん	十二歳　じゅうにさい	十二本　じゅうにほん	十二回　じゅうにかい	十二円　じゅうにえん
?	何人　なんにん	何歳　なんさい	何本　なんぼん	何回　なんかい	何円　なんえん

書体について

　教科書や新聞などに印刷された活字の形と、手で書いた漢字の形は微妙に違います。はじめて漢字を見て、不思議に思うかもしれませんが、活字にはたくさんの種類があり、少しずつ違っています。

例

明朝体	ゴシック体	教科書体	書き文字
人	人	人	人
八	八	八	八
北	北	北	北
令	令	令	令
進	進	進	進

筆順

　筆順とは漢字を書くときの順番のことです。書き順ともいいます。筆順に従って書くと、漢字が早くきれいに書けます。筆順の大きな決まりは次の二つです。なお、筆順が複数ある漢字もあります。

①上から下に書く

例　三　言

②左から右に書く

例　川　林

● もくじ　Contents ●

第1課	曜日	日曜日から土曜日までの漢字 …………………… 2
Lesson 1	Day of the week	Kanji for Sunday to Saturday.

日　月　火　水　木　金　土　曜

第2課	数字①	1、2、3、4、5、6、7、8の数字の漢字 ………… 6
Lesson 2	Numbers ①	Kanji for numbers 1, 2, 3, 4, 5, 6, 7, 8

一　二　三　四　五　六　七　八

第3課	数字②	9、10、100、1,000、10,000の大きい数字の漢字 …… 10
Lesson 3	Numbers ②	Kanji for numbers 9, 10, 100, 1,000, 10,000

九　十　百　千　万　半　全　数

第4課	お金	お金についての漢字 ………………………………… 14
Lesson 4	Money	Kanji about money.

円　両　替　貨　税　免　領　収　証

第5課	時間①	時間を表す漢字 ……………………………………… 18
Lesson 5	Time ①	Kanji which express time.

分　時　週　年　今　初　始　終

第6課	疑問詞／助数詞①	わからないことを聞くときの漢字と、数字の後ろにつける漢字 ·· 22
Lesson 6	Interrogatives/ Adjuncts ①	Kanji for asking about something you don't understand and Kanji to put after numbers.

何　誰　回　台　度　代　点　番

第7課	助数詞②／接辞	数字の後ろにつける漢字と、ことばの前や後ろにつける漢字 ·· 26
Lesson 7	Adjuncts ②/ Affixes	Kanji to put after numbers and Kanji to put before or after words.

倍　階　段　個　杯　歳　費　期　未

| 第8課 | 位置・方角① | 位置を表す漢字 | 30 |
| Lesson 8 | Location・Direction ① | Kanji to show where things are placed. | |

上 下 右 左 前 後 午 以

| 第9課 | 位置・方角② | 位置を表す漢字と、東西南北などを表す漢字 | 34 |
| Lesson 9 | Location・Direction ② | Kanji to show where things are placed and Kanji to show east, west, north, south, etc. | |

所 中 間 横 東 西 南 北 側 列

| 第10課 | 地形① | 山や海など土地の形やようすを表す漢字 | 38 |
| Lesson 10 | Topography ① | Kanji to describe the shape and appearance of land, such as mountain and sea. | |

山 川 池 海 港 田 野 林 森

| 第11課 | 地形② | 世界地図にある漢字 | 42 |
| Lesson 11 | Topography ② | Kanji found on a world map. | |

地 島 洋 世 界 図 形 表 裏

| 第12課 | 程度① | 物と物を比べるときに使う漢字 | 46 |
| Lesson 12 | Degree ① | Kanji used to compare things with other things. | |

大 小 多 少 高 安 低 広 忙 最

| 第13課 | 程度② | 物と物、事柄と事柄を比べるときに使う漢字 | 50 |
| Lesson 13 | Degree ② | Kanji used to compare things to other things and to compare circumstances to circumstances. | |

太 細 近 遠 新 古 良 悪 可 正

| 第14課 | 家族① | 自分と両親、きょうだいを表す漢字 | 54 |
| Lesson 14 | Family ① | Kanji to describe yourself, your parents and your siblings. | |

私 僕 父 母 兄 弟 姉 妹

第15課 だい か	家族② か ぞく	親や子ども、奥さんやご主人など家族の関係を表す漢字 おや こ おく しゅじん か ぞく かんけい あらわ かんじ ⋯ 58
Lesson 15	Family ②	Kanji to describe family relationships such as parent, child, wife and husband.

親　子　家　族　夫　妻　主　奥

第16課 だい か	人① ひと	若い人、友だちなど人についての漢字 わか ひと とも ひと かんじ ⋯⋯⋯⋯⋯⋯⋯⋯⋯⋯⋯⋯ 62
Lesson 16	People ①	Kanji for people, such as young person and friend.

人　婦　老　若　者　友　民　員

第17課 だい か	人② ひと	男や女、また人を表す漢字 おとこ おんな ひと あらわ かんじ ⋯⋯⋯⋯⋯⋯⋯⋯⋯⋯⋯⋯⋯⋯⋯ 66
Lesson 17	People ②	Kanji for man and woman and to describe people.

達　齢　男　女　性　師　士　様

第18課 だい か	時間② じ かん	朝から夜までの流れを表す漢字 あさ よる なが あらわ かんじ ⋯⋯⋯⋯⋯⋯⋯⋯⋯⋯⋯⋯⋯ 70
Lesson 18	Time ②	Kanji for the flow of time from morning to night.

朝　昼　夕　夜　晩　毎　先

第19課 だい か	動作① どう さ	歩く、走るなどの移動を表す漢字 ある はし い どう あらわ かんじ ⋯⋯⋯⋯⋯⋯⋯⋯⋯⋯⋯⋯ 74
Lesson 19	Movement ①	Kanji to express movement such as walking and running.

立　歩　走　登　止　駐　入　出

第20課 だい か	動作② どう さ	起きてから寝るまでのいろいろな動きを表す漢字 お ね うご あらわ かんじ ⋯⋯⋯⋯⋯⋯ 78
Lesson 20	Movement ②	Kanji to express various movements from waking up until going to bed.

去　起　寝　乗　降　急　座　消

第21課 だい か	動作③／時間③ どう さ じ かん	動きや気持ちを表す漢字と予定などを表す漢字 うご き も あらわ かんじ よ てい あらわ かんじ ⋯⋯⋯⋯⋯⋯ 82
Lesson 21	Movement ③/ Time ③	Kanji to express movement or feelings, and Kanji to express schedules.

泳　泣　笑　観　末　次　予　定

第22課	建築①	戸や窓など建物の一部を表す漢字 ································· 86
Lesson 22	Architecture ①	Kanji to describe parts of a building such as doors and windows.

宅 戸 校 窓 壁 門 館 室

第23課	建築②	いろいろな建物についての漢字 ································· 90
Lesson 23	Architecture ②	Kanji for various buildings.

局 部 屋 堂 院 工 場 店

第24課	場所／鉱物	駅など公共の場所と、鉄など鉱物についての漢字 ············ 94
Lesson 23	Places/Minerals	Kanji for public places like train stations and minerals like iron.

社 駅 寺 庭 園 公 石 鉄 銀 銅

第25課	往来発着①	行ったり来たり、出発したり到着したりすることを表す漢字 ····· 98
Lesson 25	Arrival/Departure ①	Kanji for going and coming, departing and arriving.

行 来 帰 発 着 戻 到 送

第26課	食生活①	食べたり飲んだりすることや、食べ物、飲み物についての漢字 ··· 102
Lesson 26	Eating Habits ①	Kanji for eating and drinking, foods and drinks.

食 飲 肉 豚 鶏 卵 茶 乳

第27課	食生活②	お弁当など、食べ物、飲み物についての漢字 ··················· 106
Lesson 27	Eating Habits ②	Kanji which describe foods and drinks such as lunch boxes.

油 酒 菜 飯 麦 弁 当 丼

第28課	食生活③	料理を作るときの漢字 ································· 110
Lesson 28	Eating Habits ③	Kanji for cooking.

料 理 味 塩 砂 糖 切 焼

第29課 だいか	人体① じんたい	目や口などの、体の首から上にあるものについての漢字 … 114
Lesson 29	**Human Body** ①	Kanji for things on the body from the neck up, such as eyes and mouth.

目　口　耳　鼻　顔　頭　毛　首　声

第30課 だいか	人体② じんたい	手や足などの体の一部を表す漢字 ─────── 118
Lesson 30	**Human Body** ②	Kanji for parts of the body such as hands and feet.

手　足　体　歯　指　腰　背　胃

第31課 だいか	健康・病気① けんこう びょうき	生まれたり死んだり、病気のときに使う漢字 ─────── 122
Lesson 30	**Health・Illness** ①	Kanji used for birth, death and illness.

力　元　気　病　生　死　疲　痛

One Point　「やまいだれ」がつく漢字 ────────────── 125
Kanji with "yamaidare".

第32課 だいか	健康・病気② けんこう びょうき	医者に薬をもらったり、治ったりしたときに使う漢字 … 126
Lesson 32	**Health・Illness** ②	Kanji used when you get medicine from a doctor and when cured.

薬　剤　医　治　効　患　命

第33課 だいか	行為① こうい	伝える、言うなどコミュニケーションについての漢字 ─── 130
Lesson 33	**Action** ①	Kanji for communication such as telling and saying.

休　言　話　申　令　伝　案　交　調　計

第34課 だいか	行為② こうい	見たり聞いたりすることや、たばこについての漢字 ────── 134
Lesson 34	**Action** ②	Kanji for perception such as seeing and hearing and Kanji about smoking.

見　聞　読　書　知　忘　使　禁　煙　喫

第35課	乗物	いろいろな乗物についての漢字	138
Lesson 35	Vehicles	Kanji for various types of vehicles.	

自 転 車 船 動 輪 優 席 飛 機

第36課	往来発着②／道具	乗物の動きや、携帯電話など道具についての漢字	142
Lesson 36	Arrival/ Departure ②/Tools	Kanji to describe movement of vehicles and tools such as cell phones.	

通 過 進 運 落 具 電 携 帯

One Point 「しんにゅう」はあとから書く ─────── 145
"Shinnyu" is written later.

第37課	物	服や靴など日常でよく使う物の漢字	146
Lesson 37	Things	Kanji for things that are often used in daily life, such as clothes and shoes.	

荷 物 製 品 紙 服 靴 券

第38課	程度③	有名、便利などと、その反対の意味を表す漢字	150
Lesson 38	Degree ③	Kanji for fame and convenience and Kanji which express their opposite meanings.	

有 無 名 便 利 不 簡 単 増 減

One Point 「ある」「ない」はひらがなで書く ─────── 153
"There is" and "there is not" are written in hiragana.

第39課	程度④	「強い」に対して「弱い」など、反対の意味の漢字	154
Lesson 39	Degree ④	Kanji that have opposite meanings when compared, such as "weak" for "strong".	

同 長 短 強 弱 重 軽 速 早 遅

One Point 「速い」と「早い」の違い ─────── 157
The difference between 「速い」 and 「早い」.

第40課	手の動き	開く、閉じるなど、手を使った動きを表す漢字 ············ 158	
Lesson 40	Hand Movements	Kanji to describe movements with the hands, such as opening and closing.	

開　閉　押　引　拾　捨　持　洗　作　取

第41課	地理①	北海道、東京都などの日本の地域区分を表す漢字 ············· 162	
Lesson 41	Geography ①	Kanji to describe area divisions of Japan, such as Hokkaido and Tokyo.	

国　際　特　京　都　道　府　県

第12課	地理②	住所を書くときに使う漢字 ············ 166	
Lesson 42	Geography ②	Kanji used to write addresses.	

市　区　町　村　丁　号　内　外

第43課	行為③	人と人が会ったり、別れたりするときの漢字 ·············· 170	
Lesson 43	Action ③	Kanji for meeting and parting with people.	

呼　待　集　合　並　会　決　遊　別

One Point	「合う」と「会う」の違い ·············· 173	
	The difference between 「合う」 and 「会う」.	

第44課	行為④	家を買ったり、借りたりするときに使う漢字 ·············· 174	
Lesson 44	Action ④	Kanji used when buying or renting a house.	

産　働　住　建　売　買　借　貸　失

第45課	趣味①	趣味を言いたいときによく使う漢字 ············ 178	
Lesson 45	Hobby ①	Kanji often used when you want to say something about your hobby.	

本　映　画　旅　写　真　歌　踊　絵

第46課	趣味②／感情	楽しいときや悲しいときなど、人の気持ちを表す漢字 … 182
Lesson 46	Hobby ②/Emotion	Kanji used to describe people's feelings, such as happy or sad.

散　芸　心　好　苦　楽　悲　感

One Point	心がつく漢字	185
	Kanji which combines heart (心).	

第47課	季節／宗教	四季を表す漢字と宗教についての漢字 ……………… 186
Lesson 47	Seasons/Religion	Kanji for the four seasons and for religion.

春　夏　秋　冬　季　節　神　仏　祭

第48課	気象／光・音	天気予報で使う漢字 ……………………………… 190
Lesson 48	Weather/Light and Sound	Kanji used in weather forecasting.

天　空　星　雨　晴　雪　風　光　音

第49課	程度⑤	暑い、寒いなど、気温についての漢字 ……………… 194
Lesson 49	Degree ⑤	Kanji about temperature such as hot and cold.

暑　寒　暖　冷　房　熱　温　涼　明　暗

第50課	色	赤や白など基本的な色の漢字 ……………………… 198
Lesson 50	Colors	Kanji for basic colors such as red and white.

色　赤　白　青　黒　緑　黄　紅

第51課	仕事	仕事についての漢字 ……………………………… 202
Lesson 51	Work	Kanji for work.

仕　事　用　職　業　営　課

第52課	事柄①	原因や結果についての漢字 ……………………… 206
Lesson 52	Incident ①	Kanji about the cause or the result.

原　因　結　果　方　法　由

| 第53課
だい か | 事柄②
ことがら | 戦争と平和についての漢字
せんそう へい わ かん じ | 210 |
| Lesson 53 | Incident ② | Kanji about war and peace. | |

平 和 戦 争 役 故 共

| 第54課
だい か | 学習・教育①
がくしゅう きょういく | 学習や教育・研究についての漢字
がくしゅう きょういく けんきゅう かん じ | 214 |
| Lesson 54 | Study・Education ① | Kanji about studying, education and research. | |

学 習 留 答 教 例 研 究

| 第55課
だい か | 学習・教育②
がくしゅう きょういく | 試験や質問など学校でよく使う漢字
し けん しつもん がっこう つか かん じ | 218 |
| Lesson 55 | Study・Education ② | Kanji commonly used in school for exams and questions. | |

試 験 質 問 題 宿 説 記

| One Point | 言がつく漢字
げん かん じ | | 221 |
| | Kanji which combines words (言). | | |

| 第56課
だい か | 学習・教育③
がくしゅう きょういく | 考えたり、覚えたり、勉強するときに必要な漢字
かんが おぼ べんきょう ひつよう かん じ | 222 |
| Lesson 56 | Study・Education ③ | Kanji you need when thinking, remembering and studying. | |

勉 考 覚 思 授 英 語

| 第57課
だい か | 学習・教育④
がくしゅう きょういく | 文化や注意、受付など学校の中でよく見る漢字
ぶん か ちゅう い うけつけ がっこう なか み かん じ | 226 |
| Lesson 57 | Study・Education ④ | Kanji you often see in school such as "culture", "attention", "reception". | |

文 化 漢 字 注 意 科 受 付

| 第58課
だい か | 動植物
どうしょくぶつ | 動物や植物についての漢字
どうぶつ しょくぶつ かん じ | 230 |
| Lesson 58 | Animals and Plants | Kanji for animals and plants. | |

犬 猫 牛 馬 鳥 魚 花 葉

第59課 <small>だい か</small>	放送・出版 <small>ほうそう しゅっぱん</small>	いろいろな情報を伝えることについての漢字 <small>じょうほう つた かん じ</small>	234
Lesson 59	Broadcasting・Publishing	Kanji to announce various kinds of information.	

情 報 放 信 像 雑 誌

第60課 <small>だい か</small>	災害・避難① <small>さいがい ひ なん</small>	地震や津波など災害についての漢字 <small>じ しん つ なみ さいがい かん じ</small>	238
Lesson 60	Disaster・Evacuation ①	Kanji for disasters such as earthquake and tsunami.	

災 害 震 揺 余 津 波 豪

第61課 <small>だい か</small>	災害・避難② <small>さいがい ひ なん</small>	危ないときや避難するときによく見る漢字 <small>あぶ ひ なん み かん じ</small>	242
Lesson 61	Disaster・Evacuation ②	Kanji you often see when you are in danger or evacuating.	

避 難 雷 倒 壊 暴 危 険 逃

第62課 <small>だい か</small>	災害・避難③ <small>さいがい ひ なん</small>	避難するときに覚えておくとよい漢字 <small>ひ なん おぼ かん じ</small>	246
Lesson 62	Disaster・Evacuation ③	Kanji you should remember when evacuating.	

非 常 灯 探 岸 救 助 警 察 防

五十音順索引 <small>ご じゅうおんじゅんさくいん</small> ……… 250
Japanese Syllabary Index

総画索引 <small>そうかくさくいん</small> ……… 260
General Index

著者略歴 <small>ちょしゃりゃくれき</small> ……… 263
Author Biography

[別冊] 練習問題の答え <small>べっさつ れんしゅうもんだい こた</small>
[Separate Volume] Answers to the Exercises

第１課～第62課

Lesson 1 ～ Lesson 62

第1課　曜日　日・月・火・水・木・金・土・曜

日

- 字音　ニチ nichi、ジツ jitsu
- 字訓　ひ hi、か ka
- 意味　ひ。太陽。いちにち。ひごと。日本の略。「日曜日」の略。

筆順：｜　冂　冃　日

- ■日 hi　sun / day
- ◎日曜日 nichiyoobi　Sunday
- ◎日本 nihon・日本 nippon　Japan
- ■毎日 mainichi　every day
- ■休日 kyuujitsu　holiday / day off
- ★明日 asu・明日 ashita　tomorrow

月

- 字音　ゲツ getsu、ガツ gatsu
- 字訓　つき tsuki
- 意味　つき。としつき。「月曜日」の略。

筆順：丿　刀　月　月

- ■月 tsuki　Moon　month
- ■月日 tsukihi　days / years
- ■毎月 maitsuki　every month
- ◎月曜日 getsuyoobi　Monday
- ■正月 shoogatsu　New Year
- ◎来月 raigetsu　next month

火

- 字音　カ ka
- 字訓　ひ hi、ほ ho
- 意味　ひ。ほのお。あかりを出すもの。もえる。「火曜日」の略。

筆順：丶　丷　少　火

- ◎火 hi　fire
- ■花火 hanabi　fireworks
- ■火事 kaji　fire
- ◎火曜日 kayoobi　Tuesday
- ■消火器 shookaki　fire extinguisher
- ■防火訓練 bookakunren　fire drill

水

- 字音　スイ sui
- 字訓　みず mizu
- 意味　みず。海や川など。「水曜日」の略。水素の略

筆順：亅　刁　氺　水

- ◎水 mizu　water
- ■水色 mizuiro　light blue
- ■水着 mizugi　swimsuit
- ■水道 suidoo　waterworks
- ■水分 suibun　moisture / water
- ◎水曜日 suiyoobi　Wednesday

木

- 字音　ボク boku、モク moku
- 字訓　き ki、こ ko
- 意味　き。材木。「木曜日」の略。

筆順：一　十　才　木

- ◎木 ki　tree
- ■木枯らし kogarashi　cold wind
- ■木造 mokuzoo　wooden
- ◎木曜日 mokuyoobi　Thursday
- ■材木 zaimoku　timber / wood
- ★木綿 momen　cotton

金

- 字音　キン kin、コン kon
- 字訓　かね kane、かな kana
- 意味　きん。おかね。かなもの。「金曜日」の略。

筆順：丿　人　仐　仐　全　全　金　金

- ■金持ち kanemochi　rich person
- ◎お金 okane　money
- ■金 kin　gold
- ■金額 kingaku　amount / price
- ■金融 kin-yuu　finance
- ◎金曜日 kin-yoobi　Friday

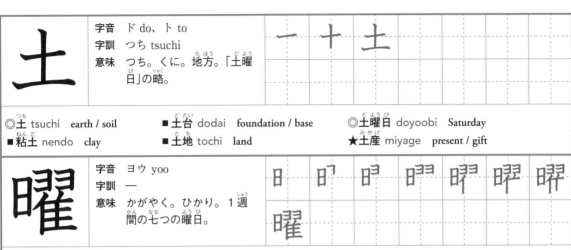

土	字音　ド do、ト to 字訓　つち tsuchi 意味　つち。くに。地方。「土曜 日」の略。	一　十　土

◎土 tsuchi　earth / soil　　■土台 dodai　foundation / base　　◎土曜日 doyoobi　Saturday
■粘土 nendo　clay　　■土地 tochi　land　　★土産 miyage　present / gift

曜	字音　ヨウ yoo 字訓　— 意味　かがやく。ひかり。1週 間の七つの曜日。	日　日ヿ　日ヨ　日ヨヨ　曰ヨヨ　曜ヨヨ　曜ヨヨ 曜

■曜日 yoobi　day of week　　◎日曜日 nichiyoobi　Sunday　　◎月曜日 getsuyoobi　Monday
■木曜日 mokuyoobi　Thursday　　■金曜日 kin-yoobi　Friday　　■土曜日 doyoobi　Saturday

練習問題

1 絵を見て、☐☐から漢字を選び、数字を書きましょう。

例. 答え（ 4 ）　1. 答え（　　　）　2. 答え（　　　）　3. 答え（　　　）

(1) 月　　(2) 火　　(3) 水　　(4) 木　　(5) 金　　(6) 土　　(7) 日

2 ____をひらがなで書きましょう。

1. 日曜日（　　　　　　　　）　　2. 水曜日（　　　　　　　　　　）

3. 金曜日（　　　　　　　　）　　4. 月曜日（　　　　　　　　　　）

5. 火曜日（　　　　　　　　）　　6. 木曜日（　　　　　　　　　　）

7．土曜日（　　　　　　　　）　　　8．正月（しょう　　　　　　）

9．水（　　　　　　）を飲む　　　10．お金（お　　　　　　　）

11．木（　　　　　　）の下　　　　12．日本語（　　　　　ほんご）

3 カレンダーを見て漢字を書きましょう。

3月

日	月	火	水	木	金	土
1	2	3	4	5	6	7
8	9	10	11	12	13	14
15	16	17	18	19	20	21
22	23	24	25	26	27	28
29	30	31				

1．3月1日は（　　）曜日です。　　2．3月2日は（　　）曜日です。

3．3月6日は（　　）曜日です。　　4．3月10日は（　　）曜日です。

5．3月19日は（　　）曜日です。　　6．3月21日は（　　）曜日です。

7．3月25日は（　　）曜日です。

4 □に漢字を書いて、（　）にひらがなを書きましょう。

例

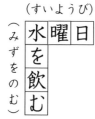

（すいようび）
水曜日
（みずをのむ）
水を飲む

STEP **1**

1.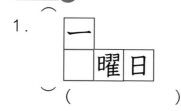

2.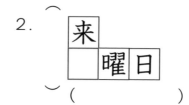

4

3.　⌒（　　　　　）
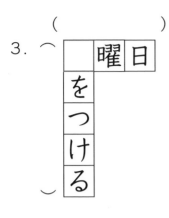
　　⌣

4.　⌒（　　　　　）

　　⌣

5.　⌒（　　　　　）
| 　 | 地 |
| 台 | 　 |
　　⌣

6.　（　　　　　）
| 消 | 　 | 器 |
| 　 | 事 | 　 |
⌒⌣

7.　（　　　　　）
| 　 | 着 |
| 色 | 　 |
⌒⌣

5 □に漢字を書きましょう。

STEP **1**

1.　□本（にほん）japan

2.　来□（らいげつ）next month

3.　□（ひ）fire

4.　□（みず）water

5.　□（つち）earth / soil

6.　□□□（もくようび）Thursday

STEP **2**

7.　□持ち（かねもち）rich person

8.　□道（すいどう）waterworks

9.　□地（とち）land

| 一 | 字音　イチ ichi、イツ itsu
字訓　ひと hito、ひと-つ
　　　hito-tsu
意味　1。ひとつ。はじめ。全部。
　　　あるひとつの。わずか。 | 一 |

◎一つ hitotsu　one 　◎一月 ichigatsu　January 　■一度 ichido　once / one time
■第一 daiichi　first 　★一人 hitori　alone / solo 　★一日 tsuitachi　first day

| 二 | 字音　ニ ni
字訓　ふた futa、ふた-つ
　　　futa-tsu
意味　2。ふたつ。ふたたび。
　　　次の。別の。 | 一　二 |

◎二つ futatsu　two 　◎二月 nigatsu　February 　■二重 nijuu　double
★二十歳 hatachi　twenty years old 　★二人 futari　two people 　★二日 futsuka　second

| 三 | 字音　サン san
字訓　み mi、み-つ mi-tsu、み
　　　っ-つ mit-tsu
意味　3。みっつ。たびたび。
　　　何度も。 | 一　二　三 |

■三日月 mikazuki　crescent moon 　◎三つ mittsu　three 　■三角 sankaku　triangle
◎三月 sangatsu　March 　■三流 sanryuu　low quality 　★三日 mikka　the third day of the month

| 四 | 字音　シ shi
字訓　よ yo、よ-つ yo-tsu、よ
　　　っ-つ yot-tsu、よん yon
意味　4。よっつ。まわり。 | 1　冂　冂　四　四 |

■四日 yokka　the forth day of the month 　■四つ角 yotsukado　crossroad 　◎四つ yottsu　four
■四角 shikaku　square 　◎四月 shigatsu　April 　■四季 shiki　four seasons

| 五 | 字音　ゴ go
字訓　いつ itsu、いつ-つ itsu-
　　　tsu
意味　5。いつつ。 | 一　丆　五　五 |

◎五日 itsuka　the fifth day of the month 　◎五つ itsutsu　five 　■五月 gogatsu　May
■五十音 gojuuon　Japanese syllabary 　■四捨五入 shisha-gonyuu　round off 　★五月 satsuki　May

| 六 | 字音　ロク roku
字訓　む mu、む-つ mu-tsu、む
　　　っ-つ mut-tsu、むい mui
意味　6。むっつ。 | 丶　亠　六　六 |

◎六日 muika　the sixth day of the month 　◎六つ muttsu　six 　■六月 rokugatsu　June
■六角形 rokkakkee　hexagon 　■四六時中 shirokujichuu　always 　■第六感 dairokkan　sixth sense

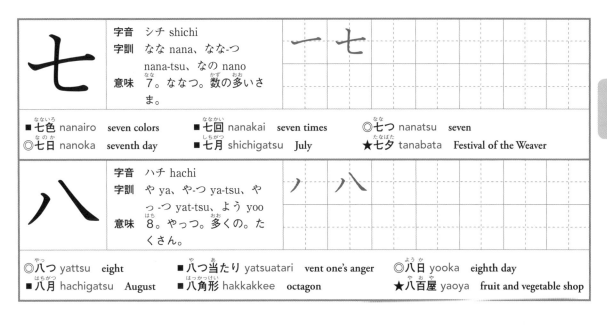

| 七 | 字音　シチ shichi
字訓　なな nana、なな-つ
　　　nana-tsu、なの nano
意味　7。ななつ。数の多いさ
　　　ま。 | 一 七 | | | | | | |

■七色 nanairo　seven colors　　■七回 nanakai　seven times　　◎七つ nanatsu　seven
◎七日 nanoka　seventh day　　■七月 shichigatsu　July　　★七夕 tanabata　Festival of the Weaver

| 八 | 字音　ハチ hachi
字訓　や ya、や-つ ya-tsu、や
　　　っ-つ yat-tsu、よう yoo
意味　8。やっつ。多くの。た
　　　くさん。 | ノ 八 | | | | | | |

◎八つ yattsu　eight　　　　　■八つ当たり yatsuatari　vent one's anger　　◎八日 yooka　eighth day
■八月 hachigatsu　August　　■八角形 hakkakkee　octagon　　★八百屋 yaoya　fruit and vegetable shop

---

練習問題（れんしゅうもんだい）

1 ＿＿＿をひらがなで書きましょう。

1. 一月一日 （　　　　　　　）　2. 二月二日 （　　　　　　　）

3. 三月三日 （　　　　　　　）　4. 四月四日 （　　　　　　　）

5. 五月五日 （　　　　　　　）　6. 六月六日 （　　　　　　　）

7. 七月七日 （　　　　　　　）　8. 八月八日 （　　　　　　　）

2 正しい漢字を選びましょう。

1. 日本に来るのは（A　乙度目／B　二度目）（にどめ）です。

2. 日本には（A　四季／B　西季）（しき）があります。

3. 電話の呼び出し音が（A　正回／B　五回）（ごかい）鳴って、切れました。

4. 日本は、（A　六月／B　亡月）（ろくがつ）に雨がたくさん降ります。

5. その会社は、ビルの（A　匕階／B　七階）にあります。

6. （A　入月／B　八月）は夏休みです。

3 ___を漢字で書きましょう。

1. <u>1</u>（　　　　　）　　　　　2. <u>2</u>（　　　　　）

3. <u>3</u>（　　　　　）　　　　　4. <u>4</u>（　　　　　）

5. <u>5</u>（　　　　　）　　　　　6. <u>6</u>（　　　　　）

7. <u>7</u>（　　　　　）　　　　　8. <u>8</u>（　　　　　）

4 絵を見て、（　）に漢字を書きましょう。

1. テーブルのうえにリンゴが（　　　）つあります。

2. 子どもが（　　　）人遊んでいます。

3. つくえのうえに、ノートが（　　　）冊、ペンが（　　　）本あります。

4. タコの足は（　　　）本です。

5 □に漢字を書きましょう。

STEP ①

1. ☐ つ（みっつ）three

2. ☐ 日（ようか）eighth day

3. ☐ 十歳（はたち）twenty years old

4. ☐ つ（よっつ）four

5. ☐ 月（しちがつ）July

6. ☐ 日（ついたち）first day

STEP ②

7. ☐ 十日（はつか）twenty days

8. ☐ 回（よんかい）four times

9. ☐ 人（ひとり）alone

10. ☐ 重（にじゅう）double

11. ☐ 日月（みかづき）crescent moon

12. ☐ 角（さんかく）triangle

13. ☐ 角（しかく）square

14. ☐ つ角（よつかど）crossroads

15. ☐ 感（ごかん）five senses

16. ☐ 月（さつき）May

17. ☐ 角形（ろっかっけい）hexagon

18. ☐ 十音（ごじゅうおん）Japanese syllabary

19. ☐ 夕（たなばた）Festival of the Weaver

20. ☐ 角形（はっかっけい）octagon

21. ☐ 百屋（やおや）fruit and vegetable shop

22. ☐ 日（ふつか）second

23. ☐ 日（よっか）the forth day of month

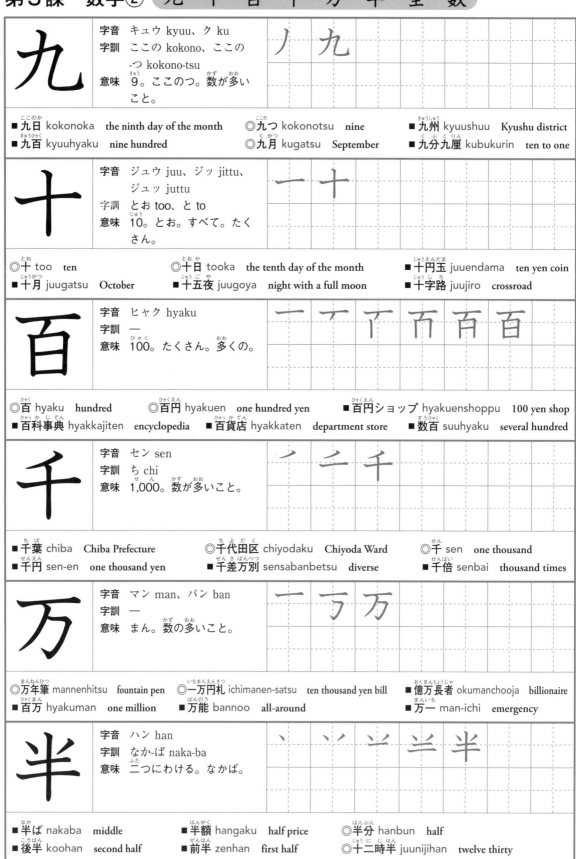

| 九 | 字音　キュウ kyuu、ク ku
字訓　ここの kokono、ここの-つ kokono-tsu
意味　9。ここのつ。数が多いこと。 | ノ 九 |

■ 九日 kokonoka　the ninth day of the month ◎ 九つ kokonotsu　nine ■ 九州 kyuushuu　Kyushu district
■ 九百 kyuuhyaku　nine hundred ◎ 九月 kugatsu　September ■ 九分九厘 kubukurin　ten to one

| 十 | 字音　ジュウ juu、ジッ jittu、ジュッ juttu
字訓　とお too、と to
意味　10。とお。すべて。たくさん。 | 一 十 |

◎ 十 too　ten ◎ 十日 tooka　the tenth day of the month ■ 十円玉 juuendama　ten yen coin
■ 十月 juugatsu　October ■ 十五夜 juugoya　night with a full moon ■ 十字路 juujiro　crossroad

| 百 | 字音　ヒャク hyaku
字訓　—
意味　100。たくさん。多くの。 | 一 一 丆 百 百 百 |

◎ 百 hyaku　hundred ◎ 百円 hyakuen　one hundred yen ■ 百円ショップ hyakuenshoppu　100 yen shop
■ 百科事典 hyakkajiten　encyclopedia ■ 百貨店 hyakkaten　department store ■ 数百 suuhyaku　several hundred

| 千 | 字音　セン sen
字訓　ち chi
意味　1,000。数が多いこと。 | 丿 二 千 |

■ 千葉 chiba　Chiba Prefecture ◎ 千代田区 chiyodaku　Chiyoda Ward ◎ 千 sen　one thousand
■ 千円 sen-en　one thousand yen ■ 千差万別 sensabanbetsu　diverse ■ 千倍 senbai　thousand times

| 万 | 字音　マン man、バン ban
字訓　—
意味　まん。数の多いこと。 | 一 万 万 |

◎ 万年筆 mannenhitsu　fountain pen ◎ 一万円札 ichimanen-satsu　ten thousand yen bill ■ 億万長者 okumanchooja　billionaire
■ 百万 hyakuman　one million ■ 万能 bannoo　all-around ■ 万一 man-ichi　emergency

| 半 | 字音　ハン han
字訓　なか-ば naka-ba
意味　二つにわける。なかば。 | 丶 ⺀ ⺤ 半 半 |

■ 半ば nakaba　middle ■ 半額 hangaku　half price ◎ 半分 hanbun　half
■ 後半 koohan　second half ■ 前半 zenhan　first half ◎ 十二時半 juunijihan　twelve thirty

全	字音 ゼン zen 字訓 まった-く matta-ku、すべ 　　-て sube-te 意味 傷や欠けたところがない。 　　すべて。まっとうする。	ノ　人　今　今　全　全

■**全て** subete　all　　　　　■**全員** zen-in　all the members　　　■**全体** zentai　whole
◎**全部** zenbu　whole / total　　◎**安全** anzen　safe　　　　　　　■**完全** kanzen　completeness / perfection

数	字音 スウ suu、ス su 字訓 かず kazu、かぞ-える 　　kazo-eru 意味 かず。かずをかぞえる。 　　いくつかの。運命。	丷　半　米　米　娄　娄　数 数

■**数** kazu　number　　　　　◎**数える** kazoeru　count　　　　◎**数学** suugaku　mathematics
■**人数** ninzuu　number of people　■**年数** nensuu　number of years　■**複数** fukusuu　plural

練習問題
（れんしゅうもんだい）

1 ＿＿をひらがなを書きましょう。

1. 九つ（　　　　　　　）　　　　2. 百（　　　　　　　　　）

3. 三百（　　　　　　　）　　　　4. 六百（　　　　　　　　）

5. 七百（　　　　　　　）　　　　6. 八百（　　　　　　　　）

7. 九百（　　　　　　　）　　　　8. 千（　　　　　　　　　）

9. 三千（　　　　　　　）　　　　10. 四千（　　　　　　　　）

11. 七千（　　　　　　　）　　　　12. 八千（　　　　　　　　）

13. 一万（　　　　　　　）　　　　14. 七万（　　　　　　　　）

15. 八万（　　　　　　　）　　　　16. 百万（　　　　　　　　）

17. 九月九日（　　　　　　　　　）

18. 十月十日（　　　　　　　　　）

19. 半分（　　　　　　ぶん）

20. 安全（あん　　　　　）

2 例のように、（　）にアラビア数字を書きましょう。

＊ メニュー ＊

まぐろにぎり …… 二百円
あまえびにぎり …… 百五十円
いわしにぎり …… 百円
たまごやき …… 二百八十円
しめさば …… 百五十円
かつおたたき …… 三百円
日本酒 …… 四百円
レモンサワー …… 三百円
コーラ …… 百五十円

例　まぐろにぎり　二百円（200円）

1．あまえびにぎり　百五十円（　　　　　　　　　　　円）

2．いわしにぎり　百円（　　　　　　　　　　円）

3．たまごやき　二百八十円（　　　　　　　　　　　円）

4．しめさば　百五十円（　　　　　　　　　円）

5．かつおたたき　三百円（　　　　　　　　　　円）

6．日本酒　四百円（　　　　　　　　　円）

7．レモンサワー　三百円（　　　　　　　　　　円）

8．コーラ　百五十円（　　　　　　　　円）

3 ＿＿＿を漢字で書きましょう。

1．15　　　　2．30　　　　3．25　　　　4．90
（　）　　　　（　）　　　　（　）　　　　（　）

5. 99   6. 360   7. 543   8. 2590

4 □に漢字を書きましょう。

STEP ❶

1. ☐ える（かぞえる）count

2. ☐ 円ショップ（ひゃくえんしょっぷ）100 yen shop

3. ☐ 年筆（まんねんひつ）fountain pen

4. ☐ 部（ぜんぶ）total

5. ☐ 分（はんぶん）half

6. ☐ 円（せんえん）one hundred yen

7. ☐ 学（すうがく）mathematics

STEP ❷

8. ☐ 字路（じゅうじろ）crossroad

9. ☐ 一（まんいち）emergency

10. ☐ 州（きゅうしゅう）Kyushu district

11. ☐ 額（はんがく）half price

12. ☐ 科事典（ひゃっかじてん）encyclopedia

13. ☐ 部（ぜんぶ）whole

14. ☐ 五夜（じゅうごや）night with a full moon

15. ☐ 島（はんとう）peninsula

16. ☐ 葉（ちば）Chiba Precture

第4課　お金　円・両・替・貨・税・免・領・収・証

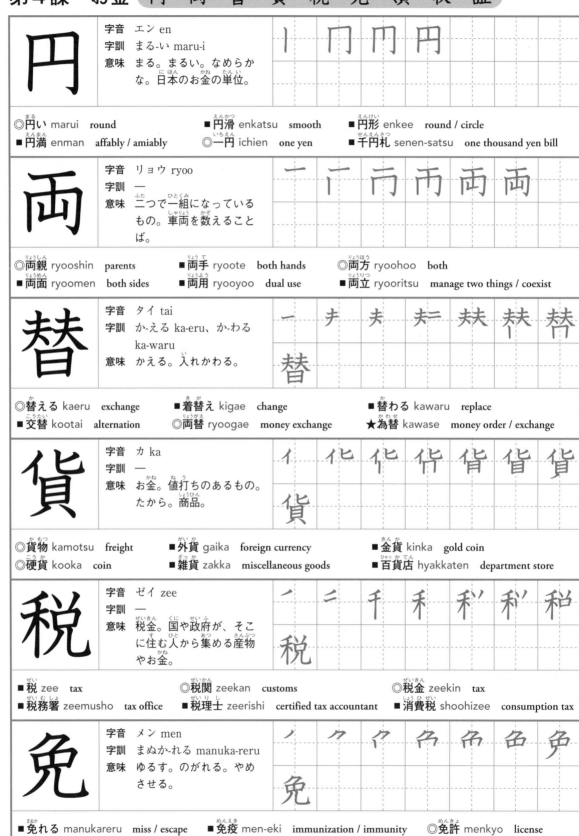

円	字音　エン en 字訓　まる-い maru-i 意味　まる。まるい。なめらかな。日本のお金の単位。	一 冂 冂 円

◎**円い** marui　round　　■**円滑** enkatsu　smooth　　■**円形** enkee　round / circle
■**円満** enman　affably / amiably　　■**一円** ichien　one yen　　■**千円札** senen-satsu　one thousand yen bill

両	字音　リョウ ryoo 字訓　― 意味　二つで一組になっているもの。車両を数えることば。	一 一 一 一 両 両 両

◎**両親** ryooshin　parents　　■**両手** ryoote　both hands　　◎**両方** ryoohoo　both
■**両面** ryoomen　both sides　　■**両用** ryooyoo　dual use　　■**両立** ryooritsu　manage two things / coexist

替	字音　タイ tai 字訓　か-える ka-eru、か-わる ka-waru 意味　かえる。入れかわる。	一 キ 夫 夫 扶 扶 替 替

◎**替える** kaeru　exchange　　■**着替え** kigae　change　　■**替わる** kawaru　replace
■**交替** kootai　alternation　　◎**両替** ryoogae　money exchange　　★**為替** kawase　money order / exchange

貨	字音　カ ka 字訓　― 意味　お金。値打ちのあるもの。たから。商品。	イ イ イ 化 貨 貨 貨 貨

◎**貨物** kamotsu　freight　　■**外貨** gaika　foreign currency　　■**金貨** kinka　gold coin
■**硬貨** kooka　coin　　■**雑貨** zakka　miscellaneous goods　　■**百貨店** hyakkaten　department store

税	字音　ゼイ zee 字訓　― 意味　税金。国や政府が、そこに住む人から集める産物やお金。	一 二 千 禾 秒 秒 税 税

■**税** zee　tax　　◎**税関** zeekan　customs　　◎**税金** zeekin　tax
■**税務署** zeemusho　tax office　　■**税理士** zeerishi　certified tax accountant　　■**消費税** shoohizee　consumption tax

免	字音　メン men 字訓　まぬか-れる manuka-reru 意味　ゆるす。のがれる。やめさせる。	ノ 勹 刍 刍 召 免 免 免

■**免れる** manukareru　miss / escape　　■**免疫** men-eki　immunization / immunity　　◎**免許** menkyo　license
■**免除** menjo　exemption　　■**免職** menshoku　dismissal　　◎**免税** menzee　tax free

領	字音　リョウ ryoo 字訓　― 意味　おさめる。支配する。う けとる。おさめる人。大 切なところ。	𠆢	今	令	刍	領	領	領
		領						

- ■ 領域 ryooiki　field / territory
- ◎ 領事館 ryoojikan　consulate
- ◎ 領収証 ryooshuushoo　receipt
- ■ 領土 ryoodo　domain
- ■ 要領 yooryoo　point
- ■ 大統領 daitooryoo　president

収	字音　シュウ shuu 字訓　おさ-める osa-meru、お さ-まる osa-maru 意味　おさめる。一つにまとめ る。	丨	丩	収	収			

- ◎ 収める osameru　obtain
- ■ 収まる osamaru　settle down
- ■ 収穫 shuukaku　harvest
- ◎ 収入 shuunyuu　income
- ■ 収集 shuushuu　gathering / collection
- ■ 吸収 kyuushuu　absorption

証	字音　ショウ shoo 字訓　― 意味　あかす。事実をあきらか にする。あかし。しるし。	二	言	言	言	訂	訂	証
		証						

- ■ 証言 shoogen　testimony
- ■ 証拠 shooko　evidence / proof
- ■ 証人 shoonin　witness
- ◎ 証明 shoomee　certification / verification
- ◎ 学生証 gakuseeshoo　student's identification
- ■ 免許証 menkyoshoo　license

練習問題

1　＿＿＿をひらがなで書きましょう。

1. 三百円（　　　　　　　）

2. 一万円札（　　　　　　さつ）

3. 五百円硬貨（　　　　　こう　　　）

4. 収入（　　　　　にゅう）

5. 両替（　　　　　　　）

6. 税金（　　　　　　　）

7. 免税（　　　　　　　）

8. 領収証（　　　　　　　）

2 ⬚⬚⬚から正しい言葉を選び、＿＿にひらがなを書きましょう。

1. あるお金を、他の種類のお金と交換すること。（　　　）＿＿＿＿＿＿

2. 日本のお金の単位。（　　　）＿＿＿＿＿＿

3. 外国のお金。（　　　）＿＿＿＿＿＿

4. 税金がかからないこと。（　　　）＿＿＿＿＿＿

5. お金を払ったときにもらう紙。（　　　）＿＿＿＿＿＿

6. ものを買うときにかかる税金。（　　　）＿＿＿＿＿＿

（1）外貨	（2）免税	（3）領収証	（4）両替
（5）消費税	（6）円	（7）減税	（8）金貨

3 線でむすび、漢字をつくりましょう。

例　言 ——————　貝　（　　　）

1. 夫　　　　　　正　（　証　）

2. 禾　　　　　　日　（　　　）

3. リ　　　　　　頁　（　　　）

4. イ　　　　　　又　（　　　）

5. 令　　　　　　兌　（　　　）

4 ＿＿を漢字で書きましょう。

1. （A）きのう、この靴を買ったのですが、小さいのでか（　　　）えてい

　　ただけませんか。

　　（B）はい、わかりました。りょうしゅうしょう（　　　　　　　）を見せ

　　てください。

2. （A）ドルをえん（　　　）にりょうがえ（　　　　　　　）したいんで

　　すが……。

　　（B）あそこに銀行があります。そこでできますよ。

3．（A）この店で買うとぜいきん（　　　　　　　　）がかかります。空港のめ

んぜい（　　　　　　　　）店で買ったらどうですか。

（B）ありがとうございます。そのほうが安いですね。

5 □に漢字を書きましょう。

STEP ❶

1．□い（まるい）round

2．□方（りょうほう）both

3．□える（かえる）exchange

4．□関（ぜいかん）customs

5．□許（めんきょ）license

6．学生□（がくせいしょう）student's identification

7．□親（りょうしん）parents

STEP ❷

8．立て□える（たてかえる）pay for another

9．為□（かわせ）money order

10．交□（こうたい）alternation

11．□□（きんか）gold coin

12．□務署（ぜいむしょ）tax office

13．雑□（ざっか）miscellaneous goods

14．□形（えんけい）circle

15．占□（せんりょう）occupation

16．大統□（だいとうりょう）president

17．□拠（しょうこ）evidence

18．吸□（きゅうしゅう）absorption

19．□除（めんじょ）exemption

17

第5課　時間①　分・時・週・年・今・初・始・終

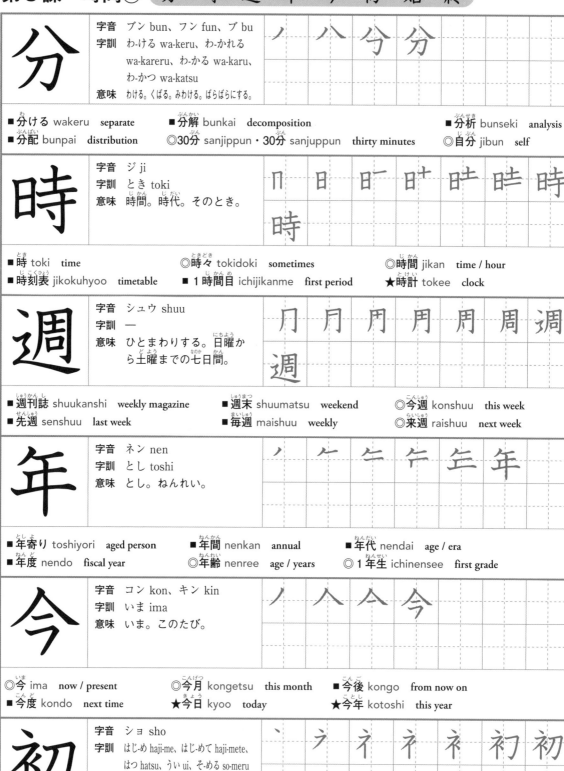

分	字音	ブン bun、フン fun、ブ bu
	字訓	わ-ける wa-keru、わ-かれる wa-kareru、わ-かる wa-karu、わ-かつ wa-katsu
	意味	わける。くばる。みわける。ばらばらにする。

- 分ける wakeru　separate
- 分配 bunpai　distribution
- 分解 bunkai　decomposition
- ◎30分 sanjippun・30分 sanjuppun　thirty minutes
- 分析 bunseki　analysis
- ◎自分 jibun　self

時	字音	ジ ji
	字訓	とき toki
	意味	時間。時代。そのとき。

- 時 toki　time
- 時刻表 jikokuhyoo　timetable
- ◎時々 tokidoki　sometimes
- 1時間目 ichijikanme　first period
- ◎時間 jikan　time / hour
- ★時計 tokee　clock

週	字音	シュウ shuu
	字訓	―
	意味	ひとまわりする。日曜から土曜までの七日間。

- 週刊誌 shuukanshi　weekly magazine
- 先週 senshuu　last week
- 週末 shuumatsu　weekend
- 毎週 maishuu　weekly
- ◎今週 konshuu　this week
- ◎来週 raishuu　next week

年	字音	ネン nen
	字訓	とし toshi
	意味	とし。ねんれい。

- 年寄り toshiyori　aged person
- 年度 nendo　fiscal year
- 年間 nenkan　annual
- ◎年齢 nenree　age / years
- 年代 nendai　age / era
- ◎1年生 ichinensee　first grade

今	字音	コン kon、キン kin
	字訓	いま ima
	意味	いま。このたび。

- ◎今 ima　now / present
- 今度 kondo　next time
- ◎今月 kongetsu　this month
- ★今日 kyoo　today
- 今後 kongo　from now on
- ★今年 kotoshi　this year

初	字音	ショ sho
	字訓	はじ-め haji-me、はじ-めて haji-mete、はつ hatsu、うい ui、そ-める so-meru
	意味	ものごとのはじまり。はじめのころ。はじめて。

- 初め hajime　beginning / start
- 初期 shoki　early stage
- ◎初めて hajimete　the first time
- 初心者 shoshinsha　beginner
- 初雪 hatsuyuki　first snow
- ◎最初 saisho　beginning

始	字音	シ shi
	字訓	はじ-める haji-meru、はじ-まる haji-maru
	意味	はじめる。はじまる。はじまり。

く　乂　女　女　妇　始　始
始

- 始め hajime　start
- 始末書 shimatsusyo　written apology
- 始発 shihatsu　first train
- ◎始める hajimeru　start / commence
- ◎開始 kaishi　start / opening
- 年始 nenshi　beginning of year

終	字音	シュウ shuu
	字訓	お-わる o-waru、お-える o-eru
	意味	おわる。おえる。おわり。おわりまで。

く　幺　糸　糸　糸　紗　終
終

- 終わり owari　end
- 終電 shuuden　last train
- 終わる owaru　finish / complete
- ◎最終 saishuu　last
- 終点 shuuten　terminal
- 始終 shijuu　always / constantly

第5課　時間①

練習問題
（れんしゅうもんだい）

1　＿＿＿をひらがなで書きましょう。

1. 自分（じ　　　　）

2. 時計（　　　　）

3. 今日（　　　　）

4. 初めて（　　　　　）

5. 始まる（　　　　）

6. 終わる（　　　　）

7. 今年（　　　　）は雪が多いです。

8. 最初（さい　　　　）にあいさつをします。

9. 今度（　　　ど）の日曜日に映画にいきます。

10. 田中さんは1年生（　　　　　　）です。

11. このバスの最終（さい　　　　　　）は何時ですか？

12. 1時間目（1　　　かんめ）は文法を勉強します。

2 絵を見て、時間を（　）にひらがなで書きましょう。

1.（　　　　　　　　）　2.（　　　　　　　　）　3.（　　　　　　　　）

4.（　　　　　　　　）　5.（　　　　　　　　）　6.（　　　　　　　　）

3（　）に漢字を書きましょう。また、同じものを線でむすびましょう。

例　いっぷん（　一分　）――――――ろくじゅうびょう（　六十秒　）

1. いちじかん（　　　　　　）　　さんびゃくろくじゅうごにち（　　　　　）

2. いちにち（　　　　　　）　　　ろくじゅっぷん（　　　　　）

3. いっしゅうかん（　　　　　　）　にじゅうよじかん（　　　　　）

4. いちねん（　　　　　　）　　　なのか（　　　　　）

4 線でむすび、漢字をつくりましょう。

例　周　――――――　寺　（　　　）

1. 日  辶　（　週　）

2. ネ　　　　　　　　台　（　　　）

3. 女　　　　　　　　冬　（　　　）

4. 糸　　　　　　　　刀　（　　　）

5 □に漢字を書きましょう。

STEP ①

1. □ めて （はじめて） the first time

2. □ める （はじめる） start

3. □ わる （おわる） finish

4. □ 間 （じかん） time

5. □ 週 （こんしゅう） this week

6. □ 計 （とけい） clock

7. □ 齢 （ねんれい） age

8. 最 □ （さいしょ） beginning

9. 今 □ （きょう） today

STEP ②

10. 来 □ （らいしゅう） next week

11. 毎 □ （まいしゅう） weekly

12. □ 月 （こんげつ） this month

13. □ 末 （しゅうまつ） weekend

14. □ ける （わける） separate

15. □ 刊誌 （しゅうかんし） weekly magazine

16. □ 心者 （しょしんしゃ） beginner

17. □ 発 （しはつ） first train

18. □ 電 （しゅうでん） last train

19. □ 刻表 （じこくひょう） timetable

20. □ 点 （しゅうてん） terminal

21. □ 雪 （はつゆき） first snow

22. □ 年 （ことし） this year

23. □ わり （おわり） end

何

字音　カ ka
字訓　なに nani、なん nan
意味　なに。どれ。どの。どうして。

ノイイ仁仃何何

◎何 nani　what　　■何か nanika　something　　■何事 nanigoto　what / everything
◎何時 nanji　what time　　■何でも nandemo　anything　　■何分 nanpun　how many minutes

誰

字音　―
字訓　だれ dare
意味　だれ。だれか。どの人。名前や正体がはっきりわからない人。

言言計計計誰
誰

◎誰 dare　who　　◎誰か dareka　someone / anyone　　■誰彼 darekare　people / whomever

回

字音　カイ kai、エ e
字訓　まわ-る mawa-ru、まわ-す mawa-su
意味　まわる。まわす。もとにもどす。ひとまわり。

１冂冂冋回回

■回す mawasu　turn　　◎回る mawaru　turn　　■回数 kaisuu　frequency
■回転 kaiten　rotation / spin　　■次回 jikai　next time　　◎2回 nikai　twice / two times

台

字音　ダイ dai、タイ tai
字訓　―
意味　だい。物見台。高くて平らな土地。

ムム台台台

◎台所 daidokoro　kitchen　　■1台 ichidai　one machine　　■高台 takadai　plateau
■灯台 toodai　lighthouse　　◎台風 taifuu　typhoon　　■舞台 butai　stage

度

字音　ド do、ト to、タク taku
字訓　たび tabi
意味　ものさし。長さの基準。きまり。ほどあい。回数。ようす。

亠广广庐庐庐度
度

■この度 konotabi　this occasion　　◎温度 ondo　temperature　　■限度 gendo　limit
■30度 sanjuudo　thirty degrees　　■速度 sokudo　speed / velocity　　◎支度 shitaku　preparation

代

字音　ダイ dai、タイ tai
字訓　か-わる ka-waru、か-える ka-eru、よ yo、しろ shiro
意味　かわる。かわりのもの。かわっていく時世。

ノイ仁代代

◎代わる kawaru　substitute　　■代表 daihyoo　representative　　■現代 gendai　present / modern
◎電気代 denkidai　electricity cost　　■20代 nijuudai　twenties　　■交代 kootai　change / shift

点	字音 テン ten 字訓 ― 意味 円形やしずく形の小さな しるし。しずく。しるし をつける。	丶 ﾄ ﾄ 占 占 点 点 点

◎**点** ten　point / dot　　　　◎**点数** tensuu　point　　　　■**点線** tensen　dotted line
■**欠点** ketten　fault　　　　■**要点** yooten　main point　　　　■**満点** manten　full marks / perfect score

番	字音 バン ban 字訓 ― 意味 かわるがわる。順序。	一 ⼝ 立 平 来 番 番 番

◎**番号** bangoo　number　　　■**番地** banchi　address / house number　　■**欠番** ketsuban　missing number
■**順番** junban　order　　　　◎**2番目** nibanme　second　　　　■**留守番** rusuban　staying at home

練習問題

1 ＿＿＿をひらがなで書きましょう。

1. 何 （　　　　　）　　　　　2. 誰 （　　　　　）

3. 1回 （　　　　　）　　　　　4. 4台 （　　　　　）

5. 30度 （　　　　　）　　　　　6. 20代 （　　　　　）

7. 100点 （　　　　　）　　　　8. 何番 （　　　　　）

9. 今、何時 （　　　　　）ですか。

10. あの人は誰 （　　　　　）ですか。

11. 母は台所 （　　　　どころ）で料理をつくっています。

2 （　）に漢字を書きましょう。

1.（A）あの人は （　　　　　）ですか？

　（B）山田さんです。

2.（A）これは （　　　　）ですか？

　（B）日本語の辞書です。

3．（A）これは（　　　　　）の車ですか？

　　（B）田中さんの車です。

4．（A）昨日のテストは何（　　　　　）でしたか？

　　（B）100点でした。

5．（A）あなたは何（　　　　　）海外旅行をしたことがありますか？

　　（B）3回したことがあります。

6．（A）みなさん、若いですね。

　　（B）ええ。この会社で働いている人は、すべて20（　　　　　）です。

3 絵を見て、□□□から漢字を選びましょう。

　　　例．2（　回　）　　　　　　　　　　　1．1（　　　）

　　2．1（　　　）　　　3．20（　　　）　　　4．100（　　　）

回	台	度	代	点	番

4 □に漢字を書きましょう。

STEP ①

1. ☐号 （ばんごう） number

2. 温☐ （おんど） temperature

3. ☐る （まわる） turn

4. ☐か （だれか） someone

5. ☐所 （だいどころ） kitchen

6. 支☐ （したく） preparation

7. ☐風 （たいふう） typhoon

8. 電気☐ （でんきだい） electricity cost

STEP ②

9. ☐線 （てんせん） dotted line

10. 灯☐ （とうだい） lighthouse

11. 留守☐ （るすばん） staying at home

12. 欠☐ （けってん） fault

13. 交☐ （こうたい） change

14. 満☐ （まんてん） perfect score

15. ☐数 （かいすう） frequency

16. ☐か （なにか） something

17. ☐表 （だいひょう） representative

18. 速☐ （そくど） speed

19. この☐ （このたび） this occasion

20. 要☐ （ようてん） main point

21. 順☐ （じゅんばん） order

22. 舞☐ （ぶたい） stage

23. 現☐ （げんだい） present

倍

字音　バイ bai
字訓　—
意味　おなじ数を2回、または
　　　それ以上をくわえる。

イ イ′ 亻 仚 位 俖 倍
倍

◎倍 bai　double / twice　　■倍額 baigaku　doubled price　　■倍率 bairitsu　amplification
■数倍 suubai　several times　　◎2倍 nibai　double / twice　　■人一倍 hitoichibai　more than others

階

字音　カイ kai
字訓　—
意味　のぼりおりするための、
　　　だんだん。建物にある床
　　　の、それぞれの層。等級。

了 阝 阝- 阝′ 阤 階 階
階

◎1階 ikkai　first floor　　■階級 kaikyuu　rank　　◎階段 kaidan　stair / stairway
■音階 onkai　scale　　■段階 dankai　stage　　■最上階 saijookai　highest floor

段

字音　ダン dan
字訓　—
意味　だんになって高くなって
　　　いるところ。ひとくぎり。
　　　方法。ひときわ。

′ イ 乍 自 自 段 段
段

◎1段 ichidan　one step　　■段差 dansa　level difference　　■段取り dandori　program
■手段 shudan　technique　　◎値段 nedan　price　　■普段 fudan　usual / normal

個

字音　コ ko
字訓　—
意味　一つ。ひとり。「〜個」、
　　　物を数えることば。

イ 亻 们 佀 個 個 個
個

◎1個 ikko　one piece　　■個室 koshitsu　private room / single room　　◎個人 kojin　individual
■個性 kosee　individuality / character　　■個展 koten　one-person exhibition　　■個別 kobetsu　individual / discreteness

杯

字音　ハイ hai
字訓　さかずき sakazuki
意味　さかずき。酒をのむうつわ。
　　　うつわに入れたもの。船や
　　　イカなどを数えることば。

一 十 才 木 杧 杯 杯
杯

■杯 sakazuki　cup / glass　　◎一杯・1杯 ippai　full / one cup　　◎乾杯 kanpai　toast
■苦杯 kuhai　bitter cup　　■祝杯 shukuhai　toast / celebratory drink　　■満杯 manpai　full

歳

字音　サイ sai、セイ see
字訓　—
意味　とし。年月。一年間。年
　　　齢を数えることば。

丿 卜 牛 岸 岸 歳 歳
歳

◎1歳 issai　1 year old　　■歳月 saigetsu　years / time　　■歳出 saishutsu　expenditure
◎万歳 banzai　hurrah　　■歳暮 seebo　year-end gift　　★二十歳 hatachi　20 years old

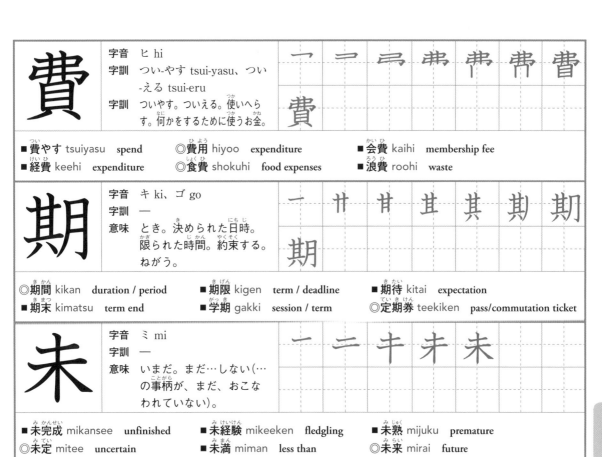

費	字音	ヒ hi	一　二　弓　弗　弗　弗　曹
	字訓	つい-やす tsui-yasu、つい-える tsui-eru	
	字訓	ついやす。ついえる。使いへらす。何かをするために使うお金。	費

- ■費やす tsuiyasu　spend　　◎費用 hiyoo　expenditure　　■会費 kaihi　membership fee
- ■経費 keehi　expenditure　　◎食費 shokuhi　food expenses　　■浪費 roohi　waste

期	字音	キ ki、ゴ go	一　廿　甘　其　其　期　期
	字訓	—	
	意味	とき。決められた日時。限られた時間。約束する。ねがう。	期

- ◎期間 kikan　duration / period　　■期限 kigen　term / deadline　　■期待 kitai　expectation
- ■期末 kimatsu　term end　　■学期 gakki　session / term　　◎定期券 teekiken　pass/commutation ticket

未	字音	ミ mi	一　二　キ　オ　未
	字訓	—	
	意味	いまだ。まだ…しない(…の事柄が、まだ、おこなわれていない)。	

- ■未完成 mikansee　unfinished　　■未経験 mikeeken　fledgling　　■未熟 mijuku　premature
- ◎未定 mitee　uncertain　　■未満 miman　less than　　◎未来 mirai　future

練習問題

1 ＿＿をひらがなで書きましょう。

1. 8倍 （　　　　　）　　2. 5階 （　　　　　　）

3. 3段 （　　　　　）　　4. 1個 （　　　　　　）

5. 4杯 （　　　　　）　　6. 6歳 （　　　　　　）

7. 食費 （しょく　　　）　　8. 7期 （　　　　　　）

9. 未来 （　　　　らい）

10. 100は50の2倍（　　　　　）です。

11. 靴売り場は4階（　　　　　）です。

12. テーブルの上にリンゴが<u>3個</u>（　　　　　　）あります。

13. <u>昨日</u>はコーヒーを<u>6杯</u>（　　　　　　　）も<u>飲</u>みました。

14. <u>仕事</u>が<u>3倍</u>（　　　　　　）<u>増</u>えました。

15. <u>来年</u>、<u>22歳</u>（　　　　　　　　　　）になります。

16. 春学<u>期</u>（はるがっ　　　　）は<u>4月7日</u>（　　　　　　　　　　）からはじまり
    ます。

17. アルバイトをするかしないかは<u>未定</u>（　　　てい）です。

2 　□　から<ruby>正<rt>ただ</rt></ruby>しい<ruby>漢字<rt>かんじ</rt></ruby>を<ruby>選<rt>えら</rt></ruby>び、<ruby>数字<rt>すうじ</rt></ruby>を<ruby>書<rt>か</rt></ruby>きましょう。

1. （A）<ruby>今<rt>いま</rt></ruby>、おいくつですか？

   （B）18（　　　　）です。

2. （A）コーヒーをもう1（　　　　）ください。

   （B）はい、<ruby>少<rt>すこ</rt></ruby>しお<ruby>待<rt>ま</rt></ruby>ちください。

3. （A）すみません、トイレはどこですか？

   （B）2（　　　　）にあります。

4. （A）みかんを3（　　　　）<ruby>持<rt>も</rt></ruby>ってきてくれますか？

   （B）わかりました。すぐに持っていきます。

(1) 倍　　(2) 階　　(3) 段　　(4) 個　　(5) 杯　　(6) 歳　　(7) 期

---

3 <ruby>線<rt>せん</rt></ruby>でむすび、<ruby>漢字<rt>かんじ</rt></ruby>をつくりましょう。

例　イ　　　　　　　月　（　　　）

1. 阝　　　　　　　殳　（　　　）

2. 其　　　　　　　不　（　　　）

3. 彳　　　　　　　固　（　個　）

4. 木　　　　　　　皆　（　　　）

28

4 □に漢字を書きましょう。

STEP **1**

1. 値 □ （ねだん）price

2. □ 用 （ひよう）expenditure

3. 一 □ （いっこ）one piece

4. □ 来 （みらい）future

5. 二 □ （にばい）double

6. 二十 □ （はたち）20 years old

7. □ 人 （こじん）individual

8. 乾 □ （かんぱい）toast

9. 食 □ （しょくひ）food expenses

10. 定 □ 券 （ていきけん）pass

11. 一 □ （いっぱい）full

STEP **2**

12. □ 級 （かいきゅう）rank

13. □ 待 （きたい）expectation

14. 普 □ （ふだん）usual

15. □ 性 （こせい）character

16. □ 完成 （みかんせい）unfinished

17. 手 □ （しゅだん）technique

18. □ 末 （きまつ）term end

19. 数 □ （すうばい）several times

20. □ 差 （だんさ）level difference

21. □ 室 （こしつ）single room

22. 最上 □ （さいじょうかい）highest floor

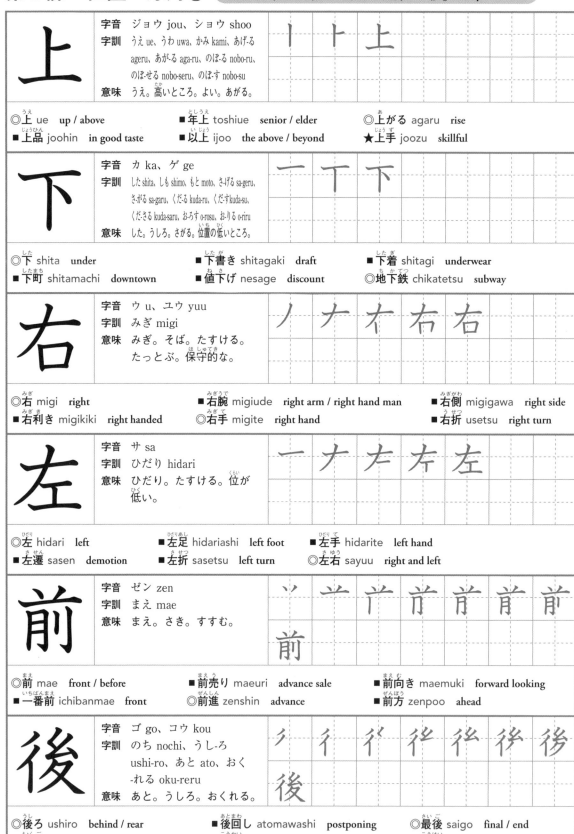

| 上 | 字音　ジョウ jou、ショウ shoo
字訓　うえ ue、うわ uwa、かみ kami、あげ-る ageru、あが-る aga-ru、のぼ-る nobo-ru、のぼ-せる nobo-seru、のぼ-す nobo-su
意味　うえ。高いところ。よい。あがる。 | 一 十 上 |

◎上 ue　up / above　　■年上 toshiue　senior / elder　　◎上がる agaru　rise
■上品 joohin　in good taste　　■以上 ijoo　the above / beyond　　★上手 joozu　skillful

| 下 | 字音　カ ka、ゲ ge
字訓　した shita、しも shimo、もと moto、さ-げる sa-geru、さ-がる sa-garu、くだ-る kuda-ru、くだ-す kuda-su、くだ-さる kuda-saru、おろ-す o-rosu、お-りる o-riru
意味　した。うしろ。さがる。位置の低いところ。 | 一 丁 下 |

◎下 shita　under　　■下書き shitagaki　draft　　■下着 shitagi　underwear
■下町 shitamachi　downtown　　■値下げ nesage　discount　　◎地下鉄 chikatetsu　subway

| 右 | 字音　ウ u、ユウ yuu
字訓　みぎ migi
意味　みぎ。そば。たすける。たっとぶ。保守的な。 | ノ ナ ナ 右 右 |

◎右 migi　right　　■右腕 migiude　right arm / right hand man　　■右側 migigawa　right side
■右利き migikiki　right handed　　◎右手 migite　right hand　　■右折 usetsu　right turn

| 左 | 字音　サ sa
字訓　ひだり hidari
意味　ひだり。たすける。位が低い。 | 一 ナ ナ 左 左 |

◎左 hidari　left　　■左足 hidariashi　left foot　　■左手 hidarite　left hand
■左遷 sasen　demotion　　■左折 sasetsu　left turn　　◎左右 sayuu　right and left

| 前 | 字音　ゼン zen
字訓　まえ mae
意味　まえ。さき。すすむ。 | 丷 丷 前 前 前 前
前 |

◎前 mae　front / before　　■前売り maeuri　advance sale　　■前向き maemuki　forward looking
■一番前 ichibanmae　front　　◎前進 zenshin　advance　　■前方 zenpoo　ahead

| 後 | 字音　ゴ go、コウ kou
字訓　のち nochi、うし-ろ ushi-ro、あと ato、おく-れる oku-reru
意味　あと。うしろ。おくれる。 | ク 彳 彳 彳 彳 後
後 |

◎後ろ ushiro　behind / rear　　■後回し atomawashi　postponing　　◎最後 saigo　final / end
■直後 chokugo　immediately after　　■後悔 kookai　regret　　■後輩 koohai　junior

午	字音　ゴ go 字訓　— 意味　ひる。干支の7番目、う 　　　ま。	ノ　ト　ヒ　午

◎午後 gogo　afternoon　　◎午前 gozen　morning　　　　　■子午線 shigosen　meridian
■正午 shoogo　noon　　　■端午 tango　Boy's Day celebration (May 5th)　　■午年 umadoshi　year of the Horse

以	字音　イ i 字訓　— 意味　そこを基点として「〜よ 　　　り」「〜から」。	丨　丨　丬　以　以

◎以下 ika　the following　　　■以後 igo　forward / from now on　　■以降 ikoo　since
◎以上 ijoo　the above　　　　■以前 izen　before　　　　　　　　■以内 inai　within / less than

練習問題

1　＿＿＿をひらがなで書きましょう。

1. 上（　　　　　　）

2. 下（　　　　　　）

3. 右（　　　　　　）

4. 左（　　　　　　）

5. 前（　　　　　　）

6. 後ろ（　　　　　　）

7. 上下（　　　　　　）

8. 左右（　　　　　　）

9. 午前（　　　　　　）8時に家を出て、午後（　　　　　　）6時に帰りました。

10. 列の最後（さい　　　　）の人は誰ですか。

11. 10人以上（　　　　　　）で予約できます。

12. 5歳以下（　　　　　　）は無料です。

31

2 反対の言葉を　□　から選びましょう。

1. （　　　　　）⇔下

2. 右⇔（　　　　　）

3. （　　　　　）⇔後ろ

4. （　　　　　）⇔以下

5. 午前⇔（　　　　　）

午後　　　　左　　　　前　　　　上　　　　以上

3 絵を見て、＿＿＿＿に漢字を書きましょう。

1. テーブルの＿＿＿＿に本があります。

2. ベッドの＿＿＿＿に犬がいます。

3. 公園の＿＿＿＿に銀行があります。

4. 教室の＿＿＿＿に先生がいます。

 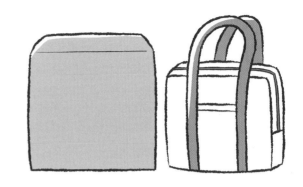

5. 箱の＿＿＿に猫がいます。

6. 箱の＿＿＿にかばんがあります。

4 □に漢字を書きましょう。

STEP ①

1. ☐（うえ）up

2. ☐（した）under

3. ☐（みぎ）right

4. ☐（まえ）front

5. ☐手（みぎて）right hand

6. 以☐（いか）the following

7. 地☐鉄（ちかてつ）subway

8. 最☐（さいご）final

STEP ②

9. ☐折（うせつ）right turn

10. 年☐（としうえ）elder

11. ☐向き（まえむき）forward looking

12. ☐町（したまち）downtown

13. ☐足（ひだりあし）left foot

14. 正☐（しょうご）noon

15. 以☐（いじょう）the above

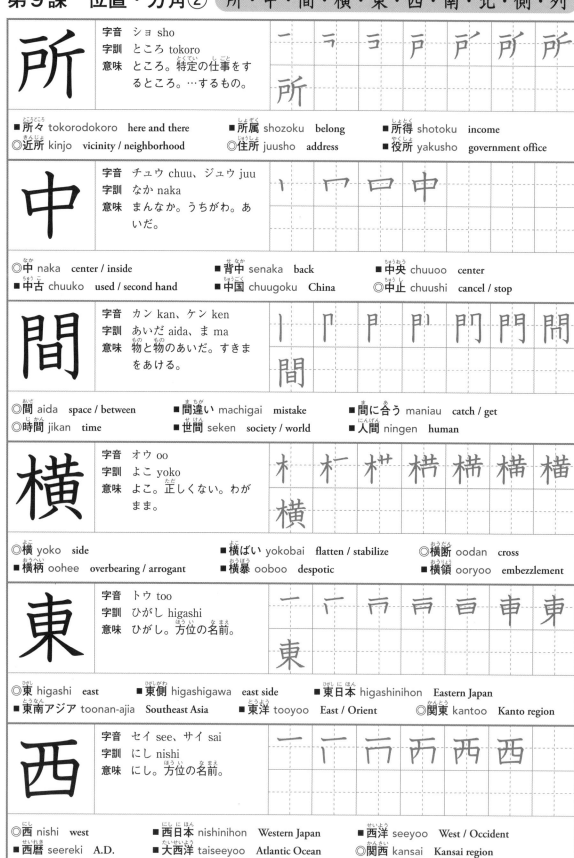

| 所 | 字音　ショ sho
字訓　ところ tokoro
意味　ところ。特定の仕事をするところ。…するもの。 | 一　ミ　ⴹ　戸　戸　所　所
所 |

■所々 tokorodokoro　here and there　　■所属 shozoku　belong　　■所得 shotoku　income
◎近所 kinjo　vicinity / neighborhood　　◎住所 juusho　address　　■役所 yakusho　government office

| 中 | 字音　チュウ chuu、ジュウ juu
字訓　なか naka
意味　まんなか。うちがわ。あいだ。 | 丨　口　口　中 |

◎中 naka　center / inside　　■背中 senaka　back　　■中央 chuuoo　center
■中古 chuuko　used / second hand　　■中国 chuugoku　China　　◎中止 chuushi　cancel / stop

| 間 | 字音　カン kan、ケン ken
字訓　あいだ aida、ま ma
意味　物と物のあいだ。すきまをあける。 | 丨　冂　冋　門　門　門　間
間 |

◎間 aida　space / between　　■間違い machigai　mistake　　■間に合う maniau　catch / get
◎時間 jikan　time　　■世間 seken　society / world　　■人間 ningen　human

| 横 | 字音　オウ oo
字訓　よこ yoko
意味　よこ。正しくない。わがまま。 | 木　朾　栟　梻　構　横　横
横 |

◎横 yoko　side　　■横ばい yokobai　flatten / stabilize　　◎横断 oodan　cross
■横柄 oohee　overbearing / arrogant　　■横暴 ooboo　despotic　　■横領 ooryoo　embezzlement

| 東 | 字音　トウ too
字訓　ひがし higashi
意味　ひがし。方位の名前。 | 一　厂　冃　宣　車　東
東 |

◎東 higashi　east　　■東側 higashigawa　east side　　■東日本 higashinihon　Eastern Japan
■東南アジア toonan-ajia　Southeast Asia　　■東洋 tooyoo　East / Orient　　◎関東 kantoo　Kanto region

| 西 | 字音　セイ see、サイ sai
字訓　にし nishi
意味　にし。方位の名前。 | 一　厂　冋　两　西　西 |

◎西 nishi　west　　■西日本 nishinihon　Western Japan　　■西洋 seeyoo　West / Occident
■西暦 seereki　A.D.　　■大西洋 taiseeyoo　Atlantic Ocean　　◎関西 kansai　Kansai region

南	字音　ナン nan、ナ na 字訓　みなみ minami 意味　みなみ。方位の名前。	一 十 十 市 市 南 南 南

◎南 minami　south　　■南口 minamiguchi　south exit　　■南向き minamimuki　facing south
◎南極 nankyoku　Antarctica / South Pole　　■南国 nangoku　southern country　　■南米 nanbee　South America

北	字音　ホク hoku 字訓　きた kita 意味　きた。方位の名前。まけ 　　　て、にげる。	一 十 土 圵 北

◎北 kita　north　　■北風 kitakaze　north wind　　■北口 kitaguchi　north exit
■北米 hokubee　North America　　◎北極 hokkyoku　North Pole　　■敗北 haiboku　defeat / loss

側	字音　ソク soku 字訓　がわ gawa 意味　すぐ近く。そば。物の片 　　　面。	イ 仉 仴 側 側 側 側

■片側 katagawa　one side　　■裏側 uragawa　back side　　■東側 higashigawa　east side
◎左側 hidarigawa　left side　　◎側面 sokumen　side view / profile　　■側 soba　alongsid

列	字音　レツ retsu 字訓　— 意味　順番にならんだもの。な 　　　らべる。順序。	一 丆 歹 歹 列 列

◎列 retsu　line　　◎列車 ressha　train　　■列島 rettoo　chain of islands
■列席 resseki　attendance　　■整列 seeretsu　alignment　　■行列 gyooretsu　form a line / line up

練習問題
（れんしゅうもんだい）

1 ＿＿＿をひらがなで書きましょう。

1. 住所（じゅう　　　　　）　　2. 列（　　　　　　）

3. かばんの中（　　　　　）　　4. 東京都（　　　　きょうと）

5. 時間（じ　　　　）　　6. 西日本（　　　　にほん）

7. 南口（　　　　　ぐち）　　8. 北風（　　　　　かぜ）

9. 左側（ひだり　　　　）　　10. 側面（　　　　めん）

11. テレビの横（　　　　　）

12. コンサートは中止（　　　　し）になりました。

13. 家の近所（きん　　　　　）にコンビニはありません。

14. 本屋と花屋の間（　　　　　）にカフェがあります。

15. 横断歩道（　　　　だんほどう）を渡りましょう。

16. 次の列車（　　　　しゃ）はこの駅にはとまりません。

17. 関東（かん　　　　　）と関西（かん　　　　　）ではアクセントが違います。

2 日本地図を見て、□に漢字を書きましょう。

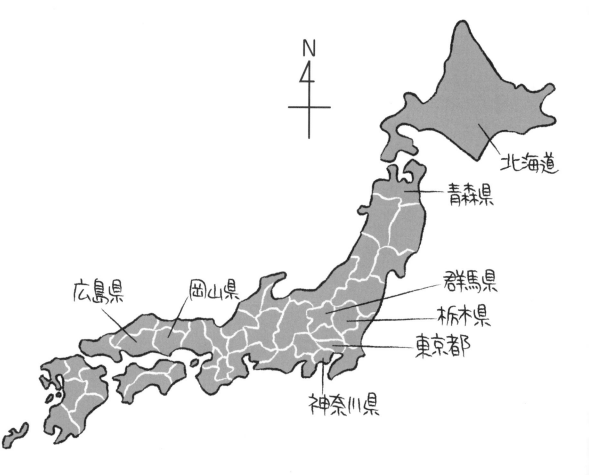

1. 北海道は、青森県の □ 側です。
2. 栃木県は、群馬県の □ 側です。
3. 神奈川県は、東京都の □ 側です。
4. 広島県は、岡山県の □ 側です。

3 □に漢字を書きましょう。

STEP **1**

1. □ 止 （ちゅうし） cancel
2. □ 日本 （にしにほん） Western Japan
3. 関 □ （かんとう） Kanto region
4. □ 車 （れっしゃ） train
5. 時 □ （じかん） time
6. □ 極 （なんきょく） South Pole
7. □ （れつ） line
8. □ 断 （おうだん） cross
9. □ （ひがし） east
10. 住 □ （じゅうしょ） address

STEP **2**

11. 人 □ （にんげん） human
12. □ （よこ） side
13. □ 央 （ちゅうおう） center
14. □ 暦 （せいれき） A.D.
15. □ 口 （みなみぐち） south exit
16. 関 □ （かんさい） Kansai region
17. □ 風 （きたかぜ） north wind
18. □ 違い （まちがい） mistake

第9課 位置・方角②

山	字音　サン san 字訓　やま yama 意味　やま。高くもりあげたもの。	丨　山　山

◎山 yama　mountain　　■山岳 sangaku　mountain　　■山林 sanrin　forest
■火山 kazan　volcano　　■登山 tozan　mountain climbing　　◎富士山 fujisan　Mount Fuji

川	字音　セン sen 字訓　かわ kawa 意味　かわ。水のながれ。	ノ　川　川

◎川 kawa　river　　■川上 kawakami　upper part of river　　■川岸 kawagishi　stream bank
■川下 kawashimo　lower part of river　　◎川沿い kawazoi　riverside　　■小川 ogawa　stream

池	字音　チ chi 字訓　いけ ike 意味　いけ。水などをためておくところ。	丶　丶　氵　汁　汕　池

◎池 ike　pond　　■ため池 tameike　reservoir　　■古池 furuike　old pond
◎電池 denchi　battery　　■貯水池 chosuichi　reservoir　　■乾電池 kandenchi　dry cell battery

海	字音　カイ kai 字訓　うみ umi 意味　うみ。人やものが集まるところ。	丶　氵　汀　汇　泦　海　海 海

◎海 umi　ocean　　■海外 kaigai　overseas　　◎海岸 kaigan　beach / coast
■海峡 kaikyoo　strait / channel　　■海水浴 kaisuiyoku　sea bathing　　■航海 kookai　navigation

港	字音　コウ koo 字訓　みなと minato 意味　みなと。船や飛行機が発着するところ。	氵　汀　洪　洪　洪　港 港

◎港 minato　port / harbor　　■港町 minatomachi　port town　　■漁港 gyokoo　fishery harbor
◎空港 kuukoo　airport　　■出港 shukkoo　departure　　■母港 bokoo　home port

田	字音　デン den 字訓　た ta 意味　たんぼや畑。特定のものを生み出すところ。	丨　冂　冊　田　田

■田 ta　rice paddy　　■田植え taue　rice planting　　■田畑 tahata　farm / field
◎田んぼ tanbo　rice field　　◎田園 den-en　field　　★田舎 inaka　countryside

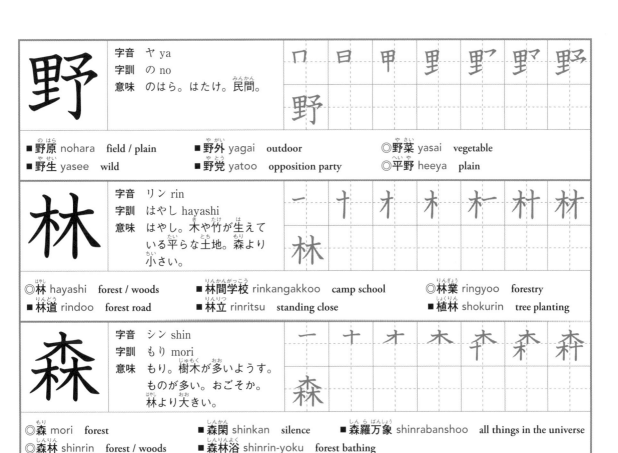

| 野 | 字音　ヤ ya
字訓　の no
意味　のはら。はたけ。民間。 | ロ | 日 | 甲 | 里 | 野 | 野 | 野 |
| | | 野 | | | | | | |

■ 野原 nohara　field / plain　　　■ 野外 yagai　outdoor　　　◎ 野菜 yasai　vegetable
■ 野生 yasee　wild　　　■ 野党 yatoo　opposition party　　　◎ 平野 heeya　plain

| 林 | 字音　リン rin
字訓　はやし hayashi
意味　はやし。木や竹が生えて
　　　いる平らな土地。森より
　　　小さい。 | 一 | 十 | オ | 木 | 木 | 杧 | 林 |
| | | 林 | | | | | | |

◎ 林 hayashi　forest / woods　　　■ 林間学校 rinkangakkoo　camp school　　　◎ 林業 ringyoo　forestry
■ 林道 rindoo　forest road　　　■ 林立 rinritsu　standing close　　　■ 植林 shokurin　tree planting

| 森 | 字音　シン shin
字訓　もり mori
意味　もり。樹木が多いようす。
　　　ものが多い。おごそか。
　　　林より大きい。 | 一 | 十 | オ | 木 | 杕 | 森 | 森 |
| | | 森 | | | | | | |

◎ 森 mori　forest　　　■ 森閑 shinkan　silence　　　■ 森羅万象 shinrabanshoo　all things in the universe
◎ 森林 shinrin　forest / woods　　　■ 森林浴 shinrin-yoku　forest bathing

練習問題

1　＿＿＿をひらがなで書きましょう。

1. 山（　　　　　　　　）　　　2. 川（　　　　　　　　）

3. 池（　　　　　　　　）　　　4. 海（　　　　　　　　）

5. 港（　　　　　　　　）　　　6. 林（　　　　　　　　）

7. 空港（くう　　　　　　　）　8. 野菜（　　　　　さい）

9. 森林（　　　　　　　　）　　10. 田んぼ（　　　　　んぼ）

11. 富士山（ふじ　　　　　　）は日本で一番高い山（　　　　　）です。

12. 毎日海岸（　　　　　がん）を散歩する。

13. 夏休みはみんなで田園（　　　　　えん）の生活を楽しみたい。

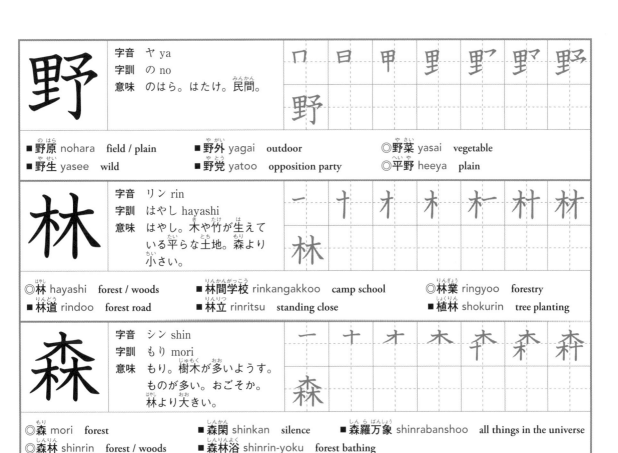

第10課

地形①

14. 森（　　　　　　）を守る。

15. 川沿い（　　　　　　　ぞい）の桜はとてもきれいです。

2 絵を見て、（　）に漢字を書きましょう。

1.（　　　　　　　）

2.（　　　　　　　）

3.（　　　　　　　）

4.（　　　　　　　）

5.（　　　　　　　）

6.（　　　　　　　）

3 ◻ から漢字を選びましょう。そして、（　）にひらがなを書きましょう。

例
（た ん ぼ）
田んぼ
（い な か）
舎

| 山 | 川 | 海 | 池 | 田 | 港 |

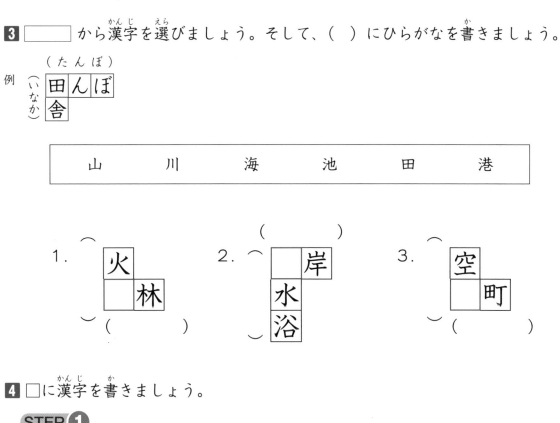

1. ⌒
火
林
⌒
（　　　　　）

2. ⌒
（　　　　　）
◻岸
水浴
⌒

3. ⌒
空
◻町
⌒
（　　　　　）

4 ◻に漢字を書きましょう。

STEP 1

1. ◻（みなと）port
2. ◻（うみ）sea
3. ◻（もり）forest
4. ◻（かわ）river
5. 電◻（でんち）battery
6. ◻（やま）mountain
7. ◻業（りんぎょう）forestry
8. ◻菜（やさい）vegetable

STEP 2

9. 火◻（かざん）volcano
10. ◻外（かいがい）overseas
11. 空◻（くうこう）airport
12. ◻◻浴（しんりんよく）forest bathing

地	字音　チ chi、ジ ji 字訓　— 意味　つち。ところ。位置。身分。性質。	一　十　土　扣　坤　地

◎地下 chika　underground　■地区 chiku　area　◎地図 chizu　map
■地名 chimee　name of places　■地面 jimen　ground / land　■地元 jimoto　local area

島	字音　トウ too 字訓　しま shima 意味　しま。水に囲まれた小さな陸地。	亻　冂　冐　島　鳥　鳥　島 島

◎島 shima　island　■島国 shimaguni　island country　■離れ島 hanarejima　isolated island
■孤島 kotoo　solitary island　◎列島 rettoo　chain of islands　■無人島 mujintoo　desert island

洋	字音　ヨウ yoo 字訓　— 意味　大きな海。世界を二つにわけた、それぞれの部分。「西洋」の略。	⺀　氵　汃　汃　洋　洋　洋 洋

■洋食 yooshoku　Western food　◎洋服 yoofuku　clothing　◎西洋 seeyoo　West /Occident
■東洋 tooyoo　Orient / East　■大西洋 taiseeyoo　Atlantic Ocean　■太平洋 taiheeyoo　Pacific Ocean

世	字音　セイ see、セ se 字訓　よ yo 意味　よのなか。人の一生。時代。	一　十　卅　世　世

◎世の中 yononaka　society　■世紀 seeki　century　■世界 sekai　earth / world
◎世話 sewa　trouble / care　■お世辞 oseji　flattery　■出世 shusse　success in life

界	字音　カイ kai 字訓　— 意味　くぎり。さかい。くぎられた世界。	丿　冂　田　甼　界　界　界 界

■業界 gyookai　industry　◎限界 genkai　limit　■財界 zaikai　financial world
■政界 seekai　political world　◎世界 sekai　world　■芸能界 geenookai　show business

図	字音　ズ zu、ト to 字訓　はか-る haka-ru 意味　はかりごと。ずめん。	丨　冂　冂　冈　図　図　図

■図る hakaru　contemplate / plan　■図 zu　chart / diagram　■図鑑 zukan　picture book
■図面 zumen　plan / blueprint　◎地図 chizu　map　◎図書館 toshokan　library

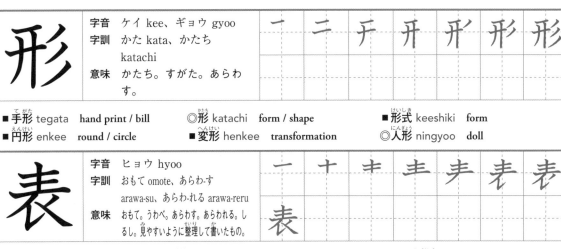

形	字音　ケイ kee、ギョウ gyoo 字訓　かた kata、かたち 　　　katachi 意味　かたち。すがた。あらわ 　　　す。	一　二　チ　开　开　形　形

■手形 tegata　hand print / bill　　◎形 katachi　form / shape　　■形式 keeshiki　form
■円形 enkee　round / circle　　■変形 henkee　transformation　　◎人形 ningyoo　doll

表	字音　ヒョウ hyoo 字訓　おもて omote、あらわ-す 　　　arawa-su、あらわ-れる arawa-reru 意味　おもて。うわべ。あらわす。あらわれる。し 　　　るし。見やすいように整理して書いたもの。	一　十　キ　キ　主　丰　表 表

◎表 omote　front　　■表す arawasu　symbolize / show　　■表情 hyoojoo　facial expression
■年表 nenpyoo　chronology　　◎発表 happyoo　announcement / publication　　■一覧表 ichiranhyoo　chart / list

裏	字音　リ ri 字訓　うら ura 意味　うら。物のうらがわ。う 　　　しろ。なか。内部。	一　亠　音　审　审　审　裏 裏

◎裏 ura　reverse / back　　■裏返し uragaeshi　turn over　　◎裏切る uragiru　betray
■裏付 urazuke　demonstrate　　■裏道 uramichi　back street　　■裏目 urame　purl

練習問題

1 ＿＿をひらがなで書きましょう。

1. 島（　　　　　　　）　　　　2. コインの表（　　　　　　　）

3. 紙の裏（　　　　　　）　　　　4. 世界（　　　　　　）

5. 地図（　　　　　　）　　　　6. 形（　　　　　　）

7. 西洋（せい　　　　　　）

8. 田中さんは赤い洋服（　　　　　　ふく）を着ています。

9. 来週ゼミで発表（はっ　　　　　　）します。

10. 駐車場は地下（　　　　　か）2階にあります。

11. 先生、お世話（お　　　　　わ）になりました。

2 線<small>せん</small>でむすび、漢字<small>かんじ</small>をつくりましょう。

例　氵　　　　　　山　（　　　）

1. 田　　　　　　　　介　（　　　）

2. 扌　　　　　　　　也　（　　　）

3. 开　　　　　　　　彡　（　　　）

4. 鳥　　　　　　　　羊　（　洋　）

3 ☐☐☐ から漢字<small>かんじ</small>を選<small>えら</small>びましょう。そして、（　）にひらがなを書<small>か</small>きましょう。

例
（れっとう）
列	島
	国
〔しまぐに〕

島	世	表	地	洋	図	形	界	裏

STEP ①

1. （　　　　）
☐	下
図	

2. | 西 | |
|---|---|
| | 服 |
（　　　　）

3. | | 世 |
|---|---|
| 限 | |
（　　　　）

STEP ②

4. （　　　　）
地	☐
書	
館	

5. | | 人 |
|---|---|
| 円 | ☐ |
（　　　　）

6. （　　　　　　）
☐	返し
切	
る	

7. （　　　　）
☐	話
の	
中	

8. （　　　　）
発	☐
	す

4 □に漢字を書きましょう。

STEP ❶

1. □下 （ちか） underground

2. □話 （せわ） care

3. 発□ （はっぴょう） announcement

4. □ （しま） island

5. 西□ （せいよう） West

6. 限□ （げんかい） limit

7. 人□ （にんぎょう） doll

8. □服 （ようふく） clothing

9. □ （かたち） form

10. □□ （ちず） map

11. □ （おもて） front

12. □ （うら） back

13. □書館 （としょかん） library

STEP ❷

14. □す （あらわす） symbolize / show

15. □付 （うらづけ） demonstrate

16. □情 （ひょうじょう） facial expression

17. 出□ （しゅっせ） success in life

18. □面 （ずめん） plan

19. □名 （ちめい） name of places

20. お□辞 （おせじ） flattery

21. □式 （けいしき） form

22. □返し （うらがえし） turn over

23. 無人□ （むじんとう） desert isaland

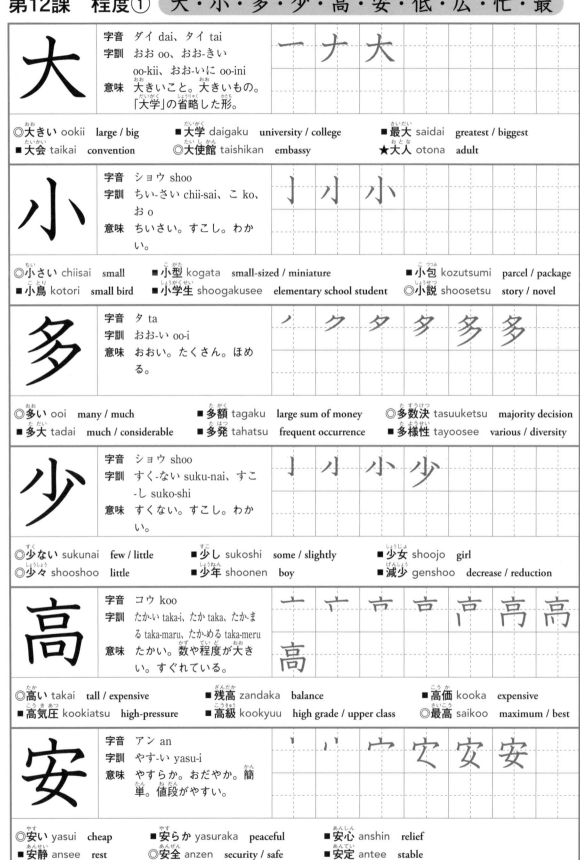

大

字音　ダイ dai、タイ tai
字訓　おお oo、おお-きい oo-kii、おお-いに oo-ini
意味　大きいこと。大きいもの。「大学」の省略した形。

一　ナ　大

◎大きい ookii　large / big　　■大学 daigaku　university / college　　■最大 saidai　greatest / biggest
■大会 taikai　convention　　◎大使館 taishikan　embassy　　★大人 otona　adult

小

字音　ショウ shoo
字訓　ちい-さい chii-sai、こ ko、お o
意味　ちいさい。すこし。わかい。

亅　刂　小

◎小さい chiisai　small　　■小型 kogata　small-sized / miniature　　■小包 kozutsumi　parcel / package
■小鳥 kotori　small bird　　■小学生 shoogakusee　elementary school student　　◎小説 shoosetsu　story / novel

多

字音　タ ta
字訓　おお-い oo-i
意味　おおい。たくさん。ほめる。

ノ　ク　タ　タ　多　多

◎多い ooi　many / much　　■多額 tagaku　large sum of money　　◎多数決 tasuuketsu　majority decision
■多大 tadai　much / considerable　　■多発 tahatsu　frequent occurrence　　■多様性 tayoosee　various / diversity

少

字音　ショウ shoo
字訓　すく-ない suku-nai、すこ-し suko-shi
意味　すくない。すこし。わかい。

亅　刂　小　少

◎少ない sukunai　few / little　　■少し sukoshi　some / slightly　　■少女 shoojo　girl
◎少々 shooshoo　little　　■少年 shoonen　boy　　■減少 genshoo　decrease / reduction

高

字音　コウ koo
字訓　たか-い taka-i、たか taka、たか-まる taka-maru、たか-める taka-meru
意味　たかい。数や程度が大きい。すぐれている。

一　亠　古　古　古　高　高　高

◎高い takai　tall / expensive　　■残高 zandaka　balance　　■高価 kooka　expensive
■高気圧 kookiatsu　high-pressure　　■高級 kookyuu　high grade / upper class　　◎最高 saikoo　maximum / best

安

字音　アン an
字訓　やす-い yasu-i
意味　やすらか。おだやか。簡単。値段がやすい。

丶　宀　宀　安　安　安

◎安い yasui　cheap　　■安らか yasuraka　peaceful　　■安心 anshin　relief
■安静 ansee　rest　　◎安全 anzen　security / safe　　■安定 antee　stable

低	字音 テイ tee 字訓 ひく-い hiku-i、ひく-める hiku-meru、ひく-まる hiku-maru 意味 ひくい。さげる。少ない。	ノ	イ	イ	仁	任	低	低

◎低い hikui　low　　■低温 teeon　cold / low temperature　　■低額 teegaku　low price
■低気圧 teekiatsu　low-pressure　　■低地 teechi　lowland　　◎最低 saitee　lowest / worst

広	字音 コウ koo 字訓 ひろ-い hiro-i、ひろ-まる hiro-maru、 ひろ-める hiro-meru、ひろ-がる hiro-garu、ひろ-げる hiro-geru 意味 ひろい。大きくする。	`	一	广	広	広		

◎広い hiroi　spacious / roomy　　■広場 hiroba　square / plaza　　■背広 sebiro　business suit
■広げる hirogeru　widen / extend　◎広告 kookoku　advertising　　■広報 koohoo　public relations / public information

忙	字音 ボウ boo 字訓 いそが-しい isoga-shii 意味 いそがしい。せわしい。	`	`	忄	忙	忙	忙	

◎忙しい isogashii　busy / occupied　　■忙殺 boosatsu　very busy　　■忙中閑あり boochuukan-ari　you can find leisure time even when you're busy
◎多忙 taboo　busy　　　　　■繁忙期 hanbooki　peak season / busy time

最	字音 サイ sai 字訓 もっと-も motto-mo 意味 もっとも。いちばん。	口	昌	旦	昌	昌	最	最
		最						

◎最も mottomo　the most　　■最近 saikin　recently / lately　　■最後 saigo　final
◎最高 saikoo　maximum　　■最終 saishuu　last　　　　　■最初 saisho　initially

練習問題

1 ＿＿＿をひらがなで書きましょう。

1. 広い（　　　　　）　　　2. 安い（　　　　　　）

3. 高い（　　　　　）　　　4. 忙しい（　　　　　　）

5. 多い（　　　　）

6. 妹はまた小説（　　　　　せつ）を読んでいます。

7. 今日は39度で、今年最高（　　　　　　）の暑さでした。

8. アメリカ大使館（　　　　　しかん）は、どこですか。

9. 安全（　　　　ぜん）に運転しましょう。

2 絵を見て、＿＿に入る言葉を選び、数字を書きましょう。同じ数字を2回使ってもいいです

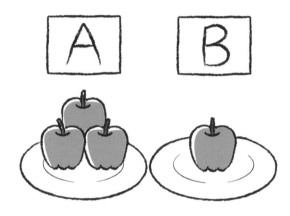

1. くじらは魚より＿＿＿。
2. 魚はくじらより＿＿＿。

3. AのリンゴはBより＿＿＿。
4. BのリンゴはAより＿＿＿。

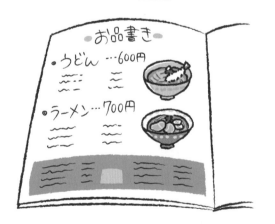

5. ラーメンはうどんより100円＿＿＿。
6. うどんはラーメンより100円＿＿＿。

7. 東京タワーは東京スカイツリーより＿＿＿。
8. 東京スカイツリーは東京タワーより＿＿＿。

（1）高い	（2）小さい	（3）多い	（4）広い
（5）大きい	（6）安い	（7）低い	（8）少ない

3 ＿＿の反対の言葉を書きましょう。

1. 大きい家⇔　（　　　　　　　　）家

2. 山が多い⇔　山が（　　　　　　　）

3. 値段が高い⇔　値段が（　　　　　　　）

4. 高いビル⇔　（　　　　　　　）ビル

5. せまい部屋⇔　（　　　　　　　）部屋

4 □に漢字を書きましょう。

STEP 1

1. □説（しょうせつ）novel

2. 最□（さいこう）maximum

3. □全（あんぜん）security

4. □忙（たぼう）busy

5. □低（さいてい）lowest / worst

6. □使館（たいしかん）embassy

7. □も（もっとも）the most

STEP 2

8. □級（こうきゅう）high grade

9. □温（ていおん）cold

10. □発（たはつ）frequent occurrence

11. □心（あんしん）relief

12. □□（おとな）adult

13. □場（ひろば）plaza

14. □気圧（こうきあつ）high-pressure

15. □気圧（ていきあつ）low-pressure

16. □定（あんてい）stable

太

字音　タイ tai、タ ta
字訓　ふと-い futo-i、ふと-る futo-ru
意味　ふとい。大きい。はじめ。

一 ナ 大 太

◎太い futoi　thick / fat　　　■太る futoru　grow fat　　　■太鼓 taiko　drum
■太平洋 taiheeyoo　Pacific Ocean　　　◎太陽 taiyoo　sun　　　■皇太子 kootaishi　crown prince

細

字音　サイ sai
字訓　ほそ-い hoso-i、ほそ-る hoso-ru、こま-か koma-ka、こま-かい koma-kai
意味　ほそい。ちいさい。くわしい。わずか。

く 幺 纟 糸 紵 紃 細 細

◎細い hosoi　thin / slight　　　◎細かい komakai　elaborate / detailed　　　■細菌 saikin　bacteria
■細工 saiku　skill　　　■細胞 saiboo　cell　　　■詳細 shoosai　in detail

近

字音　キン kin
字訓　ちか-い chika-i
意味　ちかい。ちかづく。

ノ イ F 斤 沂 近 近

◎近い chikai　close / near　　　■近頃 chikagoro　recently　　　■近づく chikazuku　approach
■近況 kinkyoo　current status　　　◎近所 kinjo　neighborhood　　　■接近 sekkin　proximity / approach

遠

字音　エン en、オン on
字訓　とお-い too-i
意味　とおい。関係がうすい。とおざける。

一 土 吉 专 袁 袁 遠 遠

◎遠い tooi　afar / far　　　■遠く tooku　distance　　　■待ち遠しい machidooshii　looking forward to
■遠方 enpoo　distant place　　　◎永遠 eien　eternity　　　■望遠鏡 booenkyoo　telescope

新

字音　シン shin
字訓　あたら-しい atara-shii、あら-た ara-ta、にい nii
意味　あたらしい。あたらしくする。

亠 立 立 辛 亲 新 新 新

◎新しい atarashii　new　　　■新館 shinkan　new building　　　■新人 shinjin　novice / new member
■新入生 shinnyuusee　freshman / entrant　　　■新年 shinnen　new year　　　◎新聞 shinbun　newspaper

古

字音　コ ko
字訓　ふる-い furu-i、ふる-す furu-su
意味　むかし。ふるい。

一 十 十 古 古

◎古い furui　old　　　■古着 furugi　old clothing　　　■使い古す tsukaifurusu　wear out
◎古典 koten　classic　　　■古風 kofuu　old-fashioned　　　■最古 saiko　the oldest

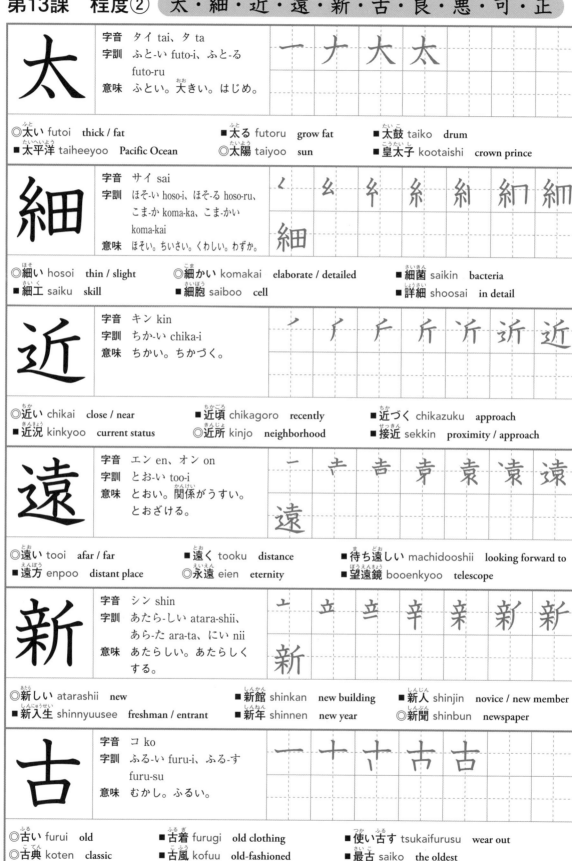

良	字音 リョウ ryoo 字訓 よ-い yo-i 意味 よい。すぐれている。	`	ゥ	ヲ	ョ	自	良	良

◎良い yoi　good / correct　　◎良識 ryooshiki　common sense　　■改良 kairyoo　refinement
■善良 zenryoo　good natured　　■不良品 furyoohin　defective article　　■優良 yuuryoo　excellent

悪	字音 アク aku、オ o 字訓 わる-い waru-i 意味 わるい。ただしくない。 　　よくない。おとっている。 　　にくむ。	一	一	币	币	亜	亜	亜
		悪						

◎悪い warui　bad　　◎悪口 waruguchi　slander　　■悪者 warumono　bad person
■意地悪 ijiwaru　spiteful / mean　　■悪意 akui　malice　　■悪化 akka　aggravation

可	字音 カ ka 字訓 — 意味 認める。よいと認めて許 　　すこと。できる。成績の 　　段階の一つ。	一	一	一	口	可		

■可 ka　acceptable　　■可決 kaketsu　passage　　■可燃物 kanenbutsu　burnable
◎可能 kanoo　able / possible　　◎許可 kyoka　permission　　■不可解 fukakai　strange

正	字音 セイ see、ショウ syoo 字訓 ただ-しい tada-shii、ただ- 　　す tada-su、まさ masa 意味 ただしい。なおす。ほん 　　とうの。	一	丁	下	下	正		

◎正しい tadashii　correct　　■正解 seekai　correct interpretation　　■正確 seekaku　precise
■訂正 teesee　correction　　◎正月 shoogatsu　first days New Year　　■正面 shoomen　front

練習問題

1 ____をひらがなで書きましょう。

1. 古い（　　　　　）　　　　2. 悪い（　　　　　）

3. 細い（　　　　　）　　　　4. 遠い（　　　　　）

5. 新しい（　　　　　）　　　6. 正しい（　　　　　）

7. 山田さんはとても頭が良（　　　）くて、ハンサムだ。

8. 近所（　　　じょ）にコンビニはありますか。

9. 太陽（　　　よう）は東からのぼる。

10. 新年（　　　ねん）明けましておめでとうございます。

11. 正月（　　　がつ）は何を食べますか。

2 ＿＿の反対の言葉を書きましょう。

1. 太い⇔（　　　　　　）

2. 近い⇔（　　　　　　）

3. 新しい⇔（　　　　　）

4. 良い⇔（　　　　　）

3 ☐ から漢字を選びましょう。そして、（　）にひらがなを書きましょう。

例　（たいよう）
　　太陽
　（ふとい）
　　太
　　い

| 太 細 新 良 近 正 悪 遠 |

1. （　　　　）
聞
し
い

2. （　　　　）
□い
所

3. （　　　　）
□い
か
い

4. （　　　　）
□しいい
月

5. （　　　　）
□い
口

6. （　　　　）
□識
い

4 □に漢字を書きましょう。

STEP ①

1. ［　］月（しょうがつ）first days New Year
2. ［　］い（ふとい）thick
3. ［　］聞（しんぶん）newspaper
4. ［　］所（きんじょ）neighborhood
5. ［　］かい（こまかい）elaborate
6. ［　］しい（あたらしい）new
7. ［　］口（わるぐち）slander
8. ［　］い（ふるい）old
9. ［　］しい（ただしい）correct
10. 許［　］（きょか）permission

STEP ②

11. ［　］化（あっか）aggravation
12. 永［　］（えいえん）eternity
13. ［　］者（わるもの）bad person
14. ［　］解（せいかい）correct interpretation
15. ［　］確（せいかく）precise
16. 望［　］鏡（ぼうえんきょう）telescope
17. ［　］入生（しんにゅうせい）freshman
18. ［　］典（こてん）classic
19. ［　］胞（さいぼう）cell
20. 不［　］品（ふりょうひん）defective article
21. ［　］る（ふとる）grow fat
22. 最［　］（さいこ）the olddest
23. ［　］能（かのう）able

私

字音	シ shi
字訓	わたくし watakushi、わたし watashi
意味	わたし。自分。個人のこと。自分のためだけの。ひそかに。

ノ　二　千　禾　禾　私　私

◎私 watasi・私 watakushi　I / myself　■私語 shigo　whisper　■私情 shijoo　personal feelings
■私鉄 shitetsu　private railroad　■私有地 shiyuuchi　private land　◎私立 shiritsu　private

僕

字音	ボク boku
字訓	―
意味	男性が自分をさしていうことば。めしつかい。

イ　イ　イ　伴　伴　僕　僕
僕

◎僕 boku　I / servant　◎公僕 kooboku　public servant　■下僕 geboku　servant

父

字音	フ fu
字訓	ちち chichi
意味	男親。年をとった男性。

ノ　ハ　父　父

◎父 chichi　father　■父親 chichioya　father　■父母 fubo　parents
■祖父 sofu　grandfather　◎お父さん otoosan　father / dad　★叔父・伯父・小父さん ojisan　uncle

母

字音	ボ bo
字訓	はは haha
意味	女親。親族の年長の女性。出身。

ㄑ　ㄐ　囚　囚　母

◎母 haha　mother　■母親 hahaoya　mother　■母国 bokoku　mother country
■祖母 sobo　grandmother　◎お母さん okaasan　mother / mom　★叔母・伯母・小母さん obasan　aunt

兄

字音	ケイ kee、キョウ kyoo
字訓	あに
意味	あに。年上の男のきょうだい。

丨　口　口　尸　兄

◎兄 ani　elder brother　■兄嫁 aniyome　older brother's wife　■義兄 gikee　brother-in-law
■兄弟 kyoodai　brother　■従兄弟 itoko　cousin　◎お兄さん oniisan　elder brother

弟

字音	テイ tee、ダイ dai、デ de
字訓	おとうと otooto
意味	おとうと。兄弟のなかで、年下の者。教え子。

丶　ソ　ㄚ　弟　弟　弟　弟

◎弟 otooto　younger brother　■弟分 otootobun　close younger male friend　■子弟 shitee　children / young perso
■師弟 shitee　master and pupil　◎兄弟 kyodai　brother　■弟子 deshi　disciple / apprentice

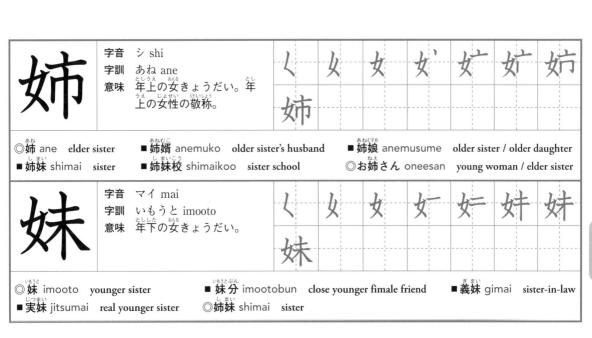

姉	字音	シ shi							
	字訓	あね ane	く	乄	女	女'	女゛	女ㇰ	姉
	意味	年上の女きょうだい。年上の女性の敬称。	姉						

◎姉 ane　elder sister　　　■姉婿 anemuko　older sister's husband　　　■姉娘 anemusume　older sister / older daughter
■姉妹 shimai　sister　　　■姉妹校 shimaikoo　sister school　　　◎お姉さん oneesan　young woman / elder sister

妹	字音	マイ mai							
	字訓	いもうと imooto	く	乄	女	女′	女ㇸ	妷	妹
	意味	年下の女きょうだい。	妹						

◎妹 imooto　younger sister　　　■妹分 imootobun　close younger fimale friend　　　■義妹 gimai　sister-in-law
■実妹 jitsumai　real younger sister　　　◎姉妹 shimai　sister

練習問題

1　＿＿をひらがなで書きましょう。

1. 私（　　　　　）　　　　2. 僕（　　　　　）

3. 父（　　　　　）　　　　4. 母（　　　　　）

5. 兄（　　　　　）

6. 私は弟（　　　　　）が三人います。

7. 姉（　　　　　）はアメリカではたらいています。

8. 妹（　　　　　）は10歳です。

9. お父さん（　　　　　）とお母さん（　　　　　）はお元気
　　ですか。

10. 山田さんのお兄さん（　　　　　）は知っています。しかし、お姉
　　さん（　　　　　）は知りません。

11. 弟は私立（　　　りつ）の中学校に入学しました。

12. これは兄弟（　　　　　）が大切にしている写真です。

2 線
_{せん}
でむすび、漢字
_{かんじ}
をつくりましょう。

例　女　　　　　業　（　　　）

1. 口　　　　　未　（　　　）

2. イ　　　　　ム　（　　　）

3. 女　　　　　儿　（　　　）

4. 禾　　　　　市　（　姉　）

3 絵
_え
を見
_み
て、□に漢字
_{かんじ}
を書
_か
きましょう。

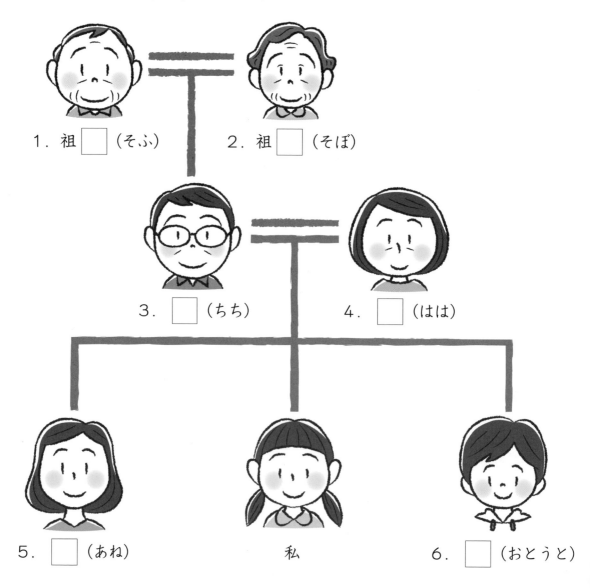

1. 祖□（そふ）　　　2. 祖□（そぼ）

3. □（ちち）　　　4. □（はは）

5. □（あね）　　　私　　　6. □（おとうと）

4 □に漢字を書きましょう。

STEP ❶

1. ☐ （わたし・わたくし）I/myself

2. ☐ （ちち）father

3. お☐ さん（おとうさん）father / dad

4. ☐ （はは）mother

5. お☐ さん（おかあさん）mother / mam

6. ☐ （あに）elder brother

7. お☐ さん（おにいさん）elder brother

8. ☐ （あね）elder sister

9. お☐ さん（おねえさん）elder sister

10. ☐ （おとうと）younger brother

11. ☐ （いもうと）younger sister

STEP ❷

12. ☐ 立（しりつ）大学 private university

13. ☐☐ （きょうだい）brother

14. ☐☐ （ふぼ）parents

15. ☐ 子（でし）disciple

16. ☐☐ （しまい）都市 sister city

17. ☐ 鉄（してつ）沿線 private railway line

18. 公☐ （こうぼく）public servant

19. 祖☐ （そふ）grandfather

20. 祖☐ （そぼ）grandmother

21. ☐ 国（ぼこく）mother country

22. ☐ （ぼく）I

23. ☐ 語（しご）whisper

57

第15課　家族②　親・子・家・族・夫・妻・主・奥

親

字音　シン shin
字訓　おや oya、した-しい shita-shii、した-しむ shita-shimu
意味　みうち。とくに、父母のこと。したしい。

立　立　立　辛　辛　親　親
親

◎親 oya　parent　　■親しい shitashii　close / intimate　　◎親切 shinsetsu　thoughtful / kind
■親善 shinzen　goodwill　　■親類 shinrui　relation　　■両親 ryooshin　parents

子

字音　シ shi、ス su
字訓　こ ko
意味　こども。たまご。小さいもの。干支の1番目、ねずみ。

フ　了　子

◎子ども kodomo　child　　■親子 oyako　parent and child　　◎お菓子 okashi　sweets
■帽子 booshi　hat　　■様子 yoosu　state / appearance　　★息子 musuko　son

家

字音　カ ka、ケ ke
字訓　いえ ie、や ya
意味　すまい。家庭。一族。

宀　宀　宇　宇　家　家
家

◎家 ie　house　　■大家 ooya　house owner / landlord　　■借家 shakuya　rented house
◎家庭 katee　home / family　　■家内 kanai　wife　　■作家 sakka　author

族

字音　ゾク zoku
字訓　—
意味　みうち。家柄。種類が同じものの集まり。

亠　方　方　方　㫃　㫃　族
族

■遺族 izoku　surviving family / bereaved family　　◎家族 kazoku　family　　■貴族 kizoku　aristocrat / nobility
■親族 shinzoku　relative　　◎水族館 suizokukan　aquarium　　■同族 doozoku　same race

夫

字音　フ fu、フウ fuu
字訓　おっと otto
意味　おっと。一人前の男。労働にたずさわる人。

一　二　夫　夫

◎夫 otto　husband　　■夫人 fujin　Mrs. / wife　　■漁夫 gyofu　fisherman
■農夫 noofu　farmer　　◎夫婦 fuufu　husband and wife　　■工夫 kufuu　devise / contrive

妻

字音　サイ sai
字訓　つま tsuma
意味　つま。結婚した男女のうちの女性のこと。

一　ラ　ヨ　圭　妻　妻　妻
妻

◎妻 tsuma　wife　　■妻子 saishi　wife and children　　■愛妻 aisai　wife / beloved wife
■先妻 sensai　former wife　　◎夫妻 fusai　husband and wife / Mr. and Mrs.　　■良妻 ryoosai　good wife

58

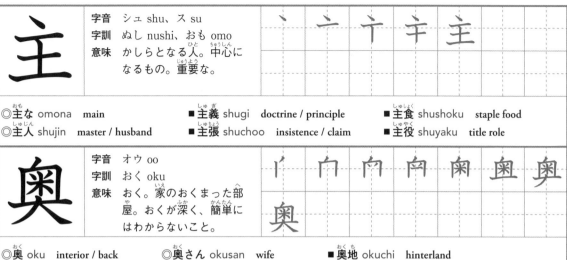

主	字音	シュ shu、ス su	＼ ＼ ＼ ＼
	字訓	ぬし nushi、おも omo	一 二 テ 主 主
	意味	かしらとなる人。中心になるもの。重要な。	

◎主な omona main　　■主義 shugi doctrine / principle　　■主食 shushoku staple food
◎主人 shujin master / husband　　■主張 shuchoo insistence / claim　　■主役 shuyaku title role

奥	字音	オウ oo	＼ 冂 冂 冉 南 南 奥
	字訓	おく oku	奥
	意味	おく。家のおくまった部屋。おくが深く、簡単にはわからないこと。	

◎奥 oku interior / back　　◎奥さん okusan wife　　■奥地 okuchi hinterland
■奥歯 okuba back teeth　　■奥行き okuyuki depth　　■奥義 oogi・奥義 okugi heart / secret

練習問題 (れんしゅうもんだい)

1 ＿＿をひらがなで書きましょう。

1. 家族（　　　　　）　　　　　2. 夫婦（　　　　　ふ）

3. 奥さん（　　　　さん）　　　4. 家（　　　　　）

5. 夫妻（　　　　　）　　　　　6. 子ども（　　ども）

7. 夫（　　　　　）　　　　　　8. 妻（　　　　　）

9. 田中さんはとても親切（　　　　せつ）です。

10. この家の奥（　　　　　　）に母が住んでいます。

11. 夏休みは水族館（すい　　　かん）に行こう。

12. 私はお菓子（おか　　　）が大好きです。

13. 今月の主（　　　　　）なニュースを発表します。

14. 家庭（　　　　てい）での教育が大切だ。

15. 山田さんのご主人（ご　　　じん）を知っていますか。

16. 親（　　　　）の意見を聞いてみましょう。

2 絵を見て、□□□から漢字を選びましょう。

1. (　　　　　　　)　　　　　　　　　　2. (　　　　　　　)

親子	夫妻	家族	両親	夫婦

3 □□□から漢字を選びましょう。そして、(　)にひらがなを書きましょう。

例
(しんせつ)
親切
(おやこ)
子

親	子	家	族	夫	妻	主	奥

STEP **1**

(　　　　　　)　　　　　(　　　　　　)　　　　　(　　　　　　)

1.  ＿人 食　　2. 水 家＿ 館　　3. ＿さん 地

STEP **2**

(　　　　　)　　　　　(　　　　　)

4.  作＿ 庭　　5. ＿婦 妻　　6. 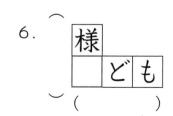 様 ＿ども

(　　　　　)

60

4 □に漢字を書きましょう。

STEP ①

1. ☐ （おや） parent

2. ☐☐ （かぞく） family

3. 夫☐ （ふさい） Mr. and Mrs.

4. ☐切 （しんせつ） kindness

5. ☐ （いえ） house

6. ☐人 （しゅじん） master / husband

7. ☐ （おっと） husband

8. ☐さん （おくさん） wife

9. ☐な （おもな） main

10. ☐ども （こども） child

STEP ②

11. ☐歯 （おくば） back teeth

12. エ☐ （くふう） devise

13. ☐しい （したしい） close

14. お菓☐ （おかし） sweets

15. ☐義 （しゅぎ） doctrine

16. 作☐ （さっか） author

17. ☐類 （しんるい） relation

18. ☐食 （しゅしょく） staple food

19. ☐婦 （ふうふ） husband and wife

20. 借☐ （しゃくや） rented house

21. 帽☐ （ぼうし） hat

22. ☐行き （おくゆき） depth

23. 両☐ （りょうしん） parents

人・婦・老・若・者・友・民・員

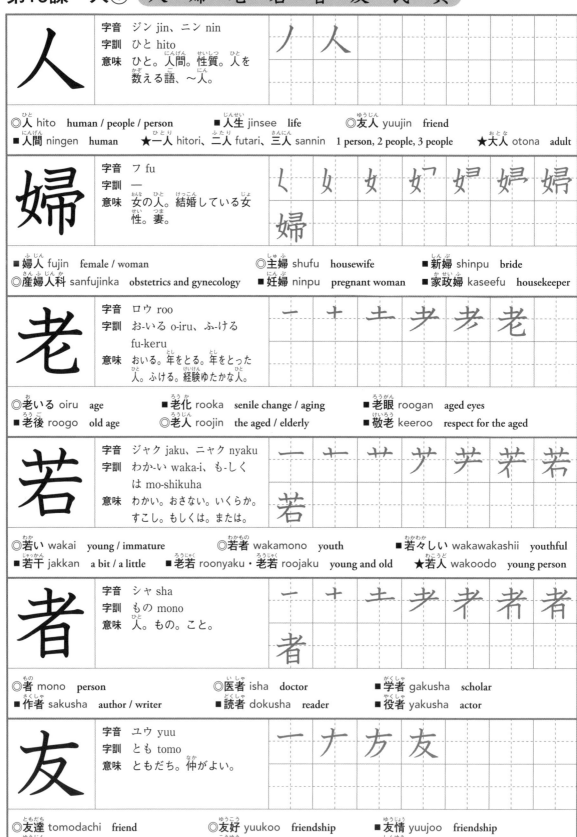

人

字音　ジン jin、ニン nin
字訓　ひと hito
意味　ひと。人間。性質。人を
　　　数える語、〜人。

書き順: ノ 人

◎人 hito　human / people / person　　■人生 jinsee　life　　◎友人 yuujin　friend
■人間 ningen　human　　★一人 hitori、二人 futari、三人 sannin　1 person, 2 people, 3 people　　★大人 otona　adult

婦

字音　フ fu
字訓　―
意味　女の人。結婚している女
　　　性。妻。

書き順: く 女 女 妒 妒 婦 婦

■婦人 fujin　female / woman　　◎主婦 shufu　housewife　　■新婦 shinpu　bride
◎産婦人科 sanfujinka　obstetrics and gynecology　　■妊婦 ninpu　pregnant woman　　■家政婦 kaseefu　housekeeper

老

字音　ロウ roo
字訓　お-いる o-iru、ふ-ける
　　　fu-keru
意味　おいる。年をとる。年をとった
　　　人。ふける。経験ゆたかな人。

書き順: 一 十 土 耂 耂 老

◎老いる oiru　age　　■老化 rooka　senile change / aging　　■老眼 roogan　aged eyes
■老後 roogo　old age　　◎老人 roojin　the aged / elderly　　■敬老 keeroo　respect for the aged

若

字音　ジャク jaku、ニャク nyaku
字訓　わか-い waka-i、も-しく
　　　は mo-shikuha
意味　わかい。おさない。いくらか。
　　　すこし。もしくは。または。

書き順: 一 十 艹 艹 芗 芳 若 若

◎若い wakai　young / immature　　◎若者 wakamono　youth　　■若々しい wakawakashii　youthful
■若干 jakkan　a bit / a little　　■老若 roonyaku・老若 roojaku　young and old　　★若人 wakoodo　young person

者

字音　シャ sha
字訓　もの mono
意味　人。もの。こと。

書き順: 一 十 土 耂 者 者 者 者

◎者 mono　person　　◎医者 isha　doctor　　■学者 gakusha　scholar
■作者 sakusha　author / writer　　■読者 dokusha　reader　　■役者 yakusha　actor

友

字音　ユウ yuu
字訓　とも tomo
意味　ともだち。仲がよい。

書き順: 一 ナ 方 友

◎友達 tomodachi　friend　　◎友好 yuukoo　friendship　　■友情 yuujoo　friendship
■友人 yuujin　companion / friend　　■交友 kooyuu　friend　　■親友 shin-yuu　close friend

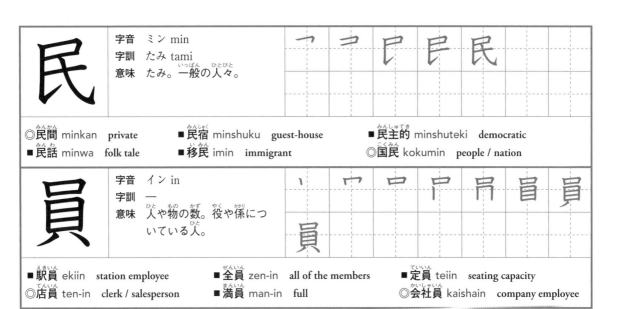

民	字音　ミン min 字訓　たみ tami 意味　たみ。一般の人々。	一　フ　尸　尸　民

◎民間 minkan　private　　■民宿 minshuku　guest-house　　■民主的 minshuteki　democratic
■民話 minwa　folk tale　　■移民 imin　immigrant　　◎国民 kokumin　people / nation

員	字音　イン in 字訓　— 意味　人や物の数。役や係について 　　いている人。	丶　宀　中　尸　呂　肙　員 員

■駅員 ekiin　station employee　　■全員 zen-in　all of the members　　■定員 teiin　seating capacity
◎店員 ten-in　clerk / salesperson　　■満員 man-in　full　　◎会社員 kaishain　company employee

第16課

人

①

練習問題

1 ＿＿をひらがなで書きましょう。

1. 人（　　　　　　）　　　2. 者（　　　　　　）

3. 主婦（しゅ　　　　）　　　4. 友達（　　　　　　だち）

5. 会社員（かいしゃ　　　　　　）　　6. 老いる（　　　　　）

7. いつも老人（　　　　　）は「いまの若者（　　　　　）は……」と
　言う。

8. 医者（い　　　　　）になるのが私の夢です。

9. そのスケート選手は多くの国民（こく　　　　　　）に愛されている。

10. 若い人（　　　　　）は元気でいいですね。

11. あのやさしい店員（てん　　　　　）さんは何という名前ですか。

12. 二人（　　　　　）ずつ並んでください。

13. あなたは移民（い　　　　　）問題についてどう思いますか。

14. 人生（　　　せい）で一番大切なことを教えてください。

2 絵を見て、□ から漢字を選んで数字を書きましょう。

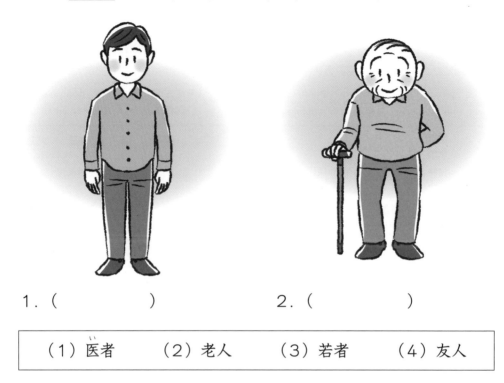

1. (　　　　　　)　　　　　2. (　　　　　　)

| （1）医者 | （2）老人 | （3）若者 | （4）友人 |

3 □ から漢字を選びましょう。そして、（　）にひらがなを書きましょう。

例
（わかもの）
若者
（わかいひと）
い人

| 人　　婦　　老　　若　　者　　友　　民　　員 |

STEP 1

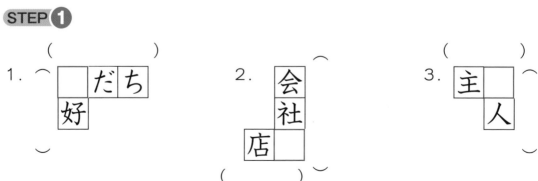

1. (　　　　　)
　□だち
　好

2. 会社
　店□
（　　　　　）

3. (　　　　　)
　主□
　　人

STEP ❷

4. ⌐
学
医
⌐　　⌐

5. ⌐
国
間
⌐　　⌐

6. ⌐
老
大
⌐　　⌐

7. （　　　）
後
い
る

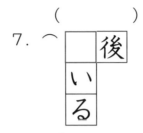

4 □に漢字を書きましょう。

STEP ❶

1. □□（ひとり）one person

2. 会社□（かいしゃいん）company employee

3. 主□（しゅふ）housewife

4. 老□（ろうじん）aged

5. 医□（いしゃ）doctor

6. □い（わかい）young / immature

STEP ❷

7. 親□（しんゆう）close friend

8. □間（にんげん）human

9. □□（おとな）adult

10. □主的（みんしゅてき）democratic

11. 産□□科（さんふじんか）obstetrics and gynecology

12. 満□（まんいん）full

13. □情（ゆうじょう）friendship

65

達

字音　タツ tatsu
字訓　—
意味　行き着く。なしとげる。とどく。すぐれる。知らせ。

一 十 土 吉 查 幸 達
達

- 達人 tatsujin　expert
- 上達 jootatsu　improvement
- 速達 sokutatsu　express
- 達成 tassee　accomplishment
- ◎友達 tomodachi　friend
- ◎配達 haitatsu　delivery

齢

字音　レイ ree
字訓　—
意味　とし。よわい。生まれてからの長さ。寿命の長さ。

丨 卜 止 歨 歩 歯 齢
齢

- 月齢 getsuree　age of the moon
- ◎高齢 kooree　old age
- 樹齢 juree　age of a tree
- 適齢 tekiree　suitable age
- ◎年齢 nenree　age / years
- 老齢 rooree　elderly

男

字音　ダン dan、ナン nan
字訓　おとこ otoko
意味　おとこ。むすこ。

丨 口 田 甲 男 男
男

- ◎男 otoko　male / man
- 男の子 otokonoko　male child / boy
- 男の人 otokonohito　adult man
- 男子 danshi　male / boy
- ◎男性 dansee　male sex / man
- 長男 choonan　eldest son

女

字音　ジョ jo、ニョ nyo、ニョウ nyoo
字訓　おんな onna、め me
意味　おんな。むすめ。

く 女 女
女

- ◎女 onna　female / woman
- 女神 megami　goddess
- 女子 joshi　girl / woman
- ◎女性 josee　female sex / woman
- 少女 shoojo　girl
- 女房 nyooboo　wife

性

字音　セイ see、ショウ shoo
字訓　—
意味　生まれながらの心のはたらき。物事の本質。男女、雄雌の区別。

丶 ハ 忄 忄 忄 性 性
性

- ◎性格 seekaku　personality
- 性質 seeshitsu　property
- 性能 seenoo　performance
- ◎性別 seebetsu　gender
- 相性 aishoo　congeniality
- 根性 konjoo　guts / spirit

師

字音　シ shi
字訓　—
意味　先生。教え、導く人。専門的な技術をもっている人。

亻 𠂤 𠂤 𠂤 𠂤 師
師

- ◎医師 ishi　doctor
- 恩師 onshi　former teacher
- ◎教師 kyooshi　instructor
- 講師 kooshi　teacher
- 看護師 kangoshi　nurse
- 美容師 biyooshi　beautician

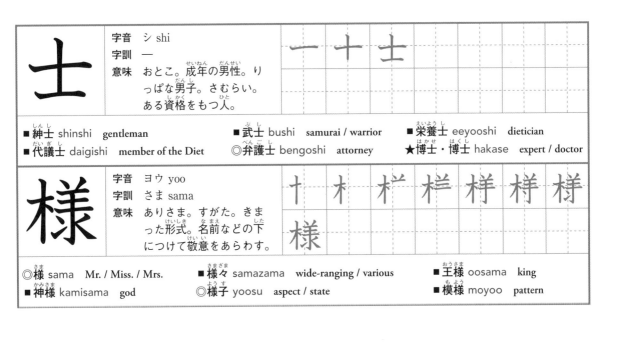

士	字音　シ shi 字訓　— 意味　おとこ。成年の男性。り 　　　っぱな男子。さむらい。 　　　ある資格をもつ人。	一　十　士

- ■ 紳士 shinshi　gentleman
- ■ 武士 bushi　samurai / warrior
- ■ 栄養士 eeyooshi　dietician
- ■ 代議士 daigishi　member of the Diet
- ◎ 弁護士 bengoshi　attorney
- ★ 博士・博士 hakase　expert / doctor

様	字音　ヨウ yoo 字訓　さま sama 意味　ありさま。すがた。きま 　　　った形式。名前などの下 　　　につけて敬意をあらわす。	十　才　产　样　样　样　样 様

- ◎ 様 sama　Mr. / Miss. / Mrs.
- ■ 様々 samazama　wide-ranging / various
- ■ 王様 oosama　king
- ■ 神様 kamisama　god
- ◎ 様子 yoosu　aspect / state
- ■ 模様 moyoo　pattern

練習問題

1　____をひらがなで書きましょう。

1. 女（　　　　　　　）

2. 男（　　　　　　　）

3. 教師（きょう　　　　　　）

4. 年齢（　　　　　　　　）

5. お客様（おきゃく　　　　　）

6. 日本人の友達（とも　　　　）がたくさんできました。

7. 姉は頭もいいし、性格（　　　　　かく）もいいです。

8. 田中さんはこのごろ様子（　　　　　す）が変です。

9. ピザの配達（はい　　　　　）を頼んだ。

10. 高齢（こう　　　　　）のドライバーは運転に注意しましょう。

11. 好きな男性（　　　　　）のタイプを教えてください。

12. 料理が得意な女性（　　　　　）を知っていますか。

13. この仕事は性別（　　　　べつ）を問いません。

14. それは弁護士（べんご　　　　　）に相談してください。

2 線でむすび、漢字をつくりましょう。

例　忄　　　　　　羊　（　　　）

1. 田　　　　　　　帀　（　　　）

2. 臽　　　　　　　令　（　　　）

3. 歯　　　　　　　力　（　　　）

4. 木　　　　　　　生　（　性　）

3 絵を見て、（　）に漢字を書きましょう。

1. 太郎さんは（　　）性です。　　　　3. 花子さんは（　　）性です。

2. 太郎さんのまわりに子ども（　　）　　4. 花子さんは看護（　　）です。
　がいます。

4 ┌─────┐から漢字を選びましょう。そして、（　）にひらがなを書きましょう。

例　
（ともだち）

達	齢	男	女	性	師	士	様

STEP ➊

1.
（　　　　　）

2.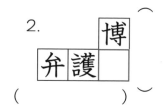
　　（　　　　　）

STEP ❷

3.
```
 医 ⌒
教  
```
(　　　　)

4.
```
  神 ⌒
 王  
```
(　　　　)

(　　　　　　)
5.
```
男  ⌒
 格
```

(　　　　　　)
6.
⌒
```
  の 子
房
```

5 □に漢字を書きましょう。

STEP ❶

1. 神□（かみさま）god

2. □（おとこ）の人　adult man

3. 年□（ねんれい）age

4. □□（じょせい）female sex

5. □子（ようす）aspect

6. 弁護□（べんごし）attorney

7. 配□（はいたつ）delivery

STEP ❷

8. □神（めがみ）goddess

9. 相□（あいしょう）congeniality

10. 看護□（かんごし）nurse

11. 模□（もよう）pattern

12. □成感（たっせいかん）accomplishment

13. 長□（ちょうなん）eldest son

14. 老□（ろうれい）elderly

| 朝 | 字音　チョウ choo
字訓　あさ asa
意味　あさ。ひととき。天子に
　　　お目にかかる。 | 一　十　古　古　直　卓　朝
朝 |

◎朝 asa　morning　　■朝寝坊 asaneboo　late riser　　■朝日 asahi　morning sun
◎毎朝 maiasa　every morning　　■朝食 chooshoku　breakfast　　■早朝 soochoo　early morning

| 昼 | 字音　チュウ chuu
字訓　ひる hiru
意味　ひる。ひるま。 | 一　コ　尸　尺　尽　昼　昼
昼 |

◎昼 hiru　noon　　■お昼 ohiru　lunch　　◎昼間 hiruma　daytime
■昼休み hiruyasumi　lunch break　　■昼寝 hirune　nap　　■昼食 chuushoku　lunch

| 夕 | 字音　セキ seki
字訓　ゆう yuu
意味　ゆうべ。ゆうがた。 | ノ　ク　夕 |

◎夕方 yuugata　evening　　■夕刊 yuukan　evening newspaper　　■夕食 yuushoku　dinner / supper
◎夕飯 yuuhan　dinner / supper　　■夕日 yuuhi　evening sun　　■夕べ yuube　last night / evening

| 夜 | 字音　ヤ ya
字訓　よ yo、よる yoru
意味　よる。 | 一　一　广　产　疒　夜　夜
夜 |

■夜更かし yofukashi　staying up late　　◎夜 yoru　night　　■夜間 yakan　at night / nighttime
■夜景 yakee　night view　　◎今夜 kon-ya　tonight　　■深夜 shin-ya　midnight

| 晩 | 字音　バン ban
字訓　—
意味　日ぐれから夜にかけての
　　　ころ。終わりに近い。 | Π　日　日'　昈　晄　晩　晩
晩 |

◎晩ご飯 bangohan　dinner　　■晩餐会 bansankai　dinner party　　■晩酌 banshaku　evening drink
■晩年 bannen　later in life　　◎今晩 konban　tonight　　■毎晩 maiban　every night

| 毎 | 字音　マイ mai
字訓　—
意味　そのたびごとに。〜につ
　　　き。〜あたり。 | ノ　仁　仁　毎　毎　毎 |

■毎朝 maiasa　every morning　　■毎回 maikai　every time　　■毎週 maishuu　every week
◎毎月 maitsuki　every month　　■毎年 maitoshi　every year　　◎毎日 mainichi　every day

先	字音　セン sen 字訓　さき saki 意味　前のほう。早いほう。今 　　　より前。	ノ　ヶ　生　生　生　先

■ 先 saki　　ahead / previous　　　　■ 先程 sakihodo　　some time ago / just now　　　◎ 先月 sengetsu　　last month
■ 先日 senjitsu　the other day　　　◎ 先生 sensee　teacher　　　　　　　　　　　　■ 先着 senchaku　arriving first

練習問題

1 ＿＿＿をひらがなで書きましょう。

1. 朝（　　　　　　　）　　　　　2. 昼（　　　　　　　）

3. 夜（　　　　　　　）　　　　　4. 夕方（　　　　がた）

5. 今夜（こん　　　　　）　　　　6. 毎晩（　　　　　　　）

7. 先月（　　　　げつ）　　　　　8. 毎日（　　　　にち）

9. 今晩（こん　　　　　）お電話をします。

10. 毎月（　　　　つき）家族でドライブをします。

11. 先生は毎朝（　　　　　　　）ジョギングをするそうです。

12. 晩ご飯（　　　　ごはん）はハンバーグを食べました。

13. 昼休み（　　　　やすみ）は12時からです。

14. 夕飯（　　　　はん）は私が作ります。

2 線でむすび、漢字をつくりましょう。

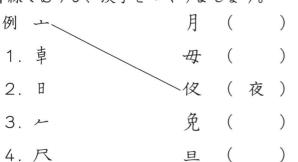

例　亠　　　　　　　月　（　　　）

1. 卓　　　　　　　　母　（　　　）

2. 日　　　　　　　　伩　（　夜　）

3. 亠　　　　　　　　免　（　　　）

4. 尺　　　　　　　　旦　（　　　）

3 田中さんに手紙を書きました。（　）に入る漢字を □ から選びましょう。

田中様

お世話になっております。

1.（せんじつ）は、お忙しい中をありがとうございました。

私は、あれから2.（まいにち）日本語を勉強しています。

いつ休みがとれるかは3.（み）定ですが、

決まったら、すぐにお知らせします。

4.（あさゆう）はまだ冷えるので、

お体にはくれぐれもお気をつけください。

1.（　　　）　2.（　　　）　3.（　　　）　4.（　　　）

今日	先日	毎日	毎週
未	末	朝昼	朝夕

3 □ から漢字を選びましょう。そして、（　）にひらがなを書きましょう。

例
（まいつき）
（まいにち）
毎	月
日	

朝	昼	夕	夜	晩	毎	先

STEP ❶

1.（　　　　　）
毎	
	食
（　　　　　）

2.（　　　　　）
	生
月	
（　　　　　）

3.（　　　　　）
	方
	飯
（　　　　　）

STEP ②

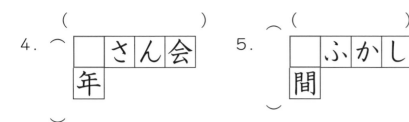

4. （ 　　　 ）
□ さ ん 会
年

5. （ 　　　 ）
□ ふ か し
間

6. （ 　　　 ）
お
□ 休 み
（ 　　　 ）

4 □に漢字を書きましょう。

STEP ①

1. □間 （ひるま） daytime

2. □日 （まいにち） every day

3. □生 （せんせい） teacher

4. 今□ （こんや） tonight

5. □ごはん （ばんごはん） dinner

6. □□ （まいあさ） every morning

STEP ②

7. □食 （ちょうしょく） breakfast

8. □食 （ちゅうしょく） lunch

9. □着 （せんちゃく） arriving fast

10. □回 （まいかい） every time

11. □週 （せんしゅう） last week

12. □□ （まいばん） every night

13. □寝 （ひるね） nap

14. 深□ （しんや） midnight

15. □刊 （ゆうかん） evening newspaper

16. □更かし （よふかし） staying up late

17. □程 （さきほど） some time ago / just now

第18課

時間②

73

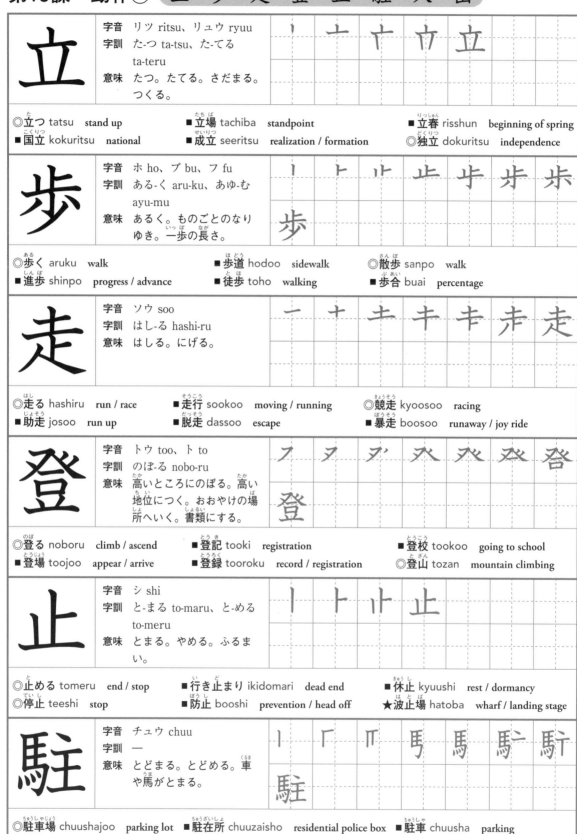

立

字音　リツ ritsu、リュウ ryuu
字訓　た-つ ta-tsu、た-てる ta-teru
意味　たつ。たてる。さだまる。つくる。

◎立つ tatsu　stand up　■立場 tachiba　standpoint　■立春 risshun　beginning of spring
■国立 kokuritsu　national　■成立 seeritsu　realization / formation　◎独立 dokuritsu　independence

歩

字音　ホ ho、ブ bu、フ fu
字訓　ある-く aru-ku、あゆ-む ayu-mu
意味　あるく。ものごとのなりゆき。一歩の長さ。

◎歩く aruku　walk　■歩道 hodoo　sidewalk　◎散歩 sanpo　walk
■進歩 shinpo　progress / advance　■徒歩 toho　walking　■歩合 buai　percentage

走

字音　ソウ soo
字訓　はし-る hashi-ru
意味　はしる。にげる。

◎走る hashiru　run / race　■走行 sookoo　moving / running　◎競走 kyoosoo　racing
■助走 josoo　run up　■脱走 dassoo　escape　■暴走 boosoo　runaway / joy ride

登

字音　トウ too、ト to
字訓　のぼ-る nobo-ru
意味　高いところにのぼる。高い地位につく。おおやけの場所へいく。書類にする。

◎登る noboru　climb / ascend　■登記 tooki　registration　■登校 tookoo　going to school
■登場 toojoo　appear / arrive　■登録 tooroku　record / registration　◎登山 tozan　mountain climbing

止

字音　シ shi
字訓　と-まる to-maru、と-める to-meru
意味　とまる。やめる。ふるまい。

◎止める tomeru　end / stop　■行き止まり ikidomari　dead end　■休止 kyuushi　rest / dormancy
◎停止 teeshi　stop　■防止 booshi　prevention / head off　★波止場 hatoba　wharf / landing stage

駐

字音　チュウ chuu
字訓　—
意味　とどまる。とどめる。車や馬がとまる。

◎駐車場 chuushajoo　parking lot　■駐在所 chuuzaisho　residential police box　■駐車 chuusha　parking
■駐屯 chuuton　stationed troops　◎駐日 chuunichi　resident in Japan　■常駐 joochuu　continuous presence

入	字音　ニュウ nyuu 字訓　い-る i-ru、い-れる i-reru、 　　　はい-る hai-ru 意味　外から内にはいる。中に 　　　いれる。	ノ　入

◎入り口・入口 iriguchi　entrance　　　◎入る hairu　go in / enter　　　■入院 nyuuin　hospitalization
■入学 nyuugaku　entrance into school　　■入試 nyuushi　entrance examination　　■収入 shuunyuu　income

出	字音　シュツ shutsu、スイ sui 字訓　で-る de-ru、だ-す da-su 意味　でる。あらわれる。参加 　　　する。	一　十　屮　出　出

◎出口 deguchi　exit　　　　　　◎出る deru　appear / come out　　■出社 shussha　going to work
■出身 shusshin　be from / graduate　　■外出 gaishutsu　going out　　　■支出 shishutsu　expense

練習問題

1 ＿＿をひらがなで書きましょう。

1. 出口（　　　　ぐち）　　　　　2. 散歩（さん　　　　）

3. 駐車場（　　　　しゃじょう）　　4. 入り口（　　　りぐち）

5. 歩く（　　　　）　　　　　　　6. 立つ（　　　　）

7. 走る（　　　　）　　　　　　　8. 止める（　　　　）

9. 入る（　　　　）　　　　　　10. 出る（　　　　）

11. この山を登（　　　　）るのは大変です。

12. 信号が赤になったら、車を停止（てい　　　　）しなければなりません。

13. どちらが速いか競走（きょう　　　　）しましょう。

14. 私の趣味は登山（　　　ざん）です。

15. アメリカは1776年にイギリスから独立（どく　　　　）しました。

16. スミス氏はアメリカの駐日（　　　にち）大使です。

17. 転職をして収入（しゅう　　　　）が増えた。

2 線でむすび、漢字をつくりましょう。

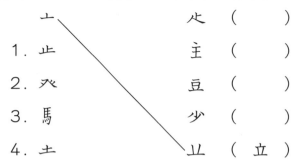

1. 止　　　　　疋　（　　　）
2. 癶　　　　　主　（　　　）
3. 馬　　　　　豆　（　　　）
4. 土　　　　　少　（　　　）
　　　　　　　　亠　（　立　）

3 (A)(B) のうち、道路標識の意味が正しいのはどちらですか？

1. (A) 車はその道を走ってよい

　　(B) 車はその道を走ってはいけない

答え（　　　）

2. (A) 車を止めてはいけない

　　(B) 車を止めてもよい

答え（　　　）

3. (A) 車はそこから出なければならない

　　(B) 車はそこに入ってはいけない

答え（　　　）

4 □に漢字を書きましょう。

STEP ①

1. □く （あるく） walk

2. □る （はしる） run

3. □車場 （ちゅうしゃじょう） parking lot

4. 独□ （どくりつ） independence

5. □る （のぼる） climb

6. □る （でる） come out

7. □る （はいる） enter

8. 停□ （ていし） stop

9. □日 （ちゅうにち） resident in Japan

10. □リ口 （いりぐち） entrance

11. □口 （でぐち） exit

STEP ②

12. □場 （たちば） standpoint

13. □行 （そうこう） running

14. 外□ （がいしゅつ） going out

15. □道 （ほどう） sidewalk

16. 行き□まり （いきどまり） dead end

17. □学 （にゅうがく） entrance into school

18. □身 （しゅっしん） be from

19. □校 （とうこう） going to school

20. 国□ （こくりつ） national

21. 防□ （ぼうし） prevention

22. 進□ （しんぽ） progress

23. □試 （にゅうし） entrance examination

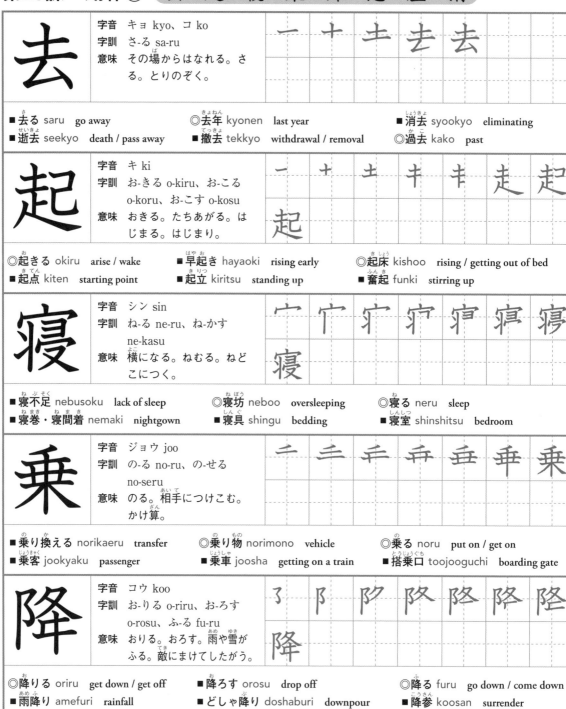

去

字音　キョ kyo、コ ko
字訓　さ-る sa-ru
意味　その場からはなれる。さる。とりのぞく。

一　十　土　去　去

- ■去る saru　go away
- ◎去年 kyonen　last year
- ■消去 syookyo　eliminating
- 逝去 seekyo　death / pass away
- ■撤去 tekkyo　withdrawal / removal
- ◎過去 kako　past

起

字音　キ ki
字訓　お-きる o-kiru、お-こる o-koru、お-こす o-kosu
意味　おきる。たちあがる。はじまる。はじまり。

一　十　土　キ　キ　走　起
起

- ◎起きる okiru　arise / wake
- ■早起き hayaoki　rising early
- ◎起床 kishoo　rising / getting out of bed
- ■起点 kiten　starting point
- ■起立 kiritsu　standing up
- ■奮起 funki　stirring up

寝

字音　シン sin
字訓　ね-る ne-ru、ね-かす ne-kasu
意味　横になる。ねむる。ねどこにつく。

宀　宀　疒　疒　疒　寑　寝
寝

- ■寝不足 nebusoku　lack of sleep
- ◎寝坊 neboo　oversleeping
- ■寝る neru　sleep
- ■寝巻・寝間着 nemaki　nightgown
- ■寝具 shingu　bedding
- 寝室 shinshitsu　bedroom

乗

字音　ジョウ joo
字訓　の-る no-ru、の-せる no-seru
意味　のる。相手につけこむ。かけ算。

二　三　千　垂　垂　乗　乗

- ■乗り換える norikaeru　transfer
- ◎乗り物 norimono　vehicle
- ◎乗る noru　put on / get on
- ■乗客 jookyaku　passenger
- ■乗車 joosha　getting on a train
- ■搭乗口 toojooguchi　boarding gate

降

字音　コウ koo
字訓　お-りる o-riru、お-ろす o-rosu、ふ-る fu-ru
意味　おりる。おろす。雨や雪がふる。敵にまけてしたがう。

阝　阝　阝　降　降　降　降
降

- ◎降りる oriru　get down / get off
- ■降ろす orosu　drop off
- ◎降る furu　go down / come down
- ■雨降り amefuri　rainfall
- ■どしゃ降り doshaburi　downpour
- ■降参 koosan　surrender

急

字音　キュウ kyuu
字訓　いそ-ぐ iso-gu
意味　いそぐ。はやい。とつぜん。傾斜がきつい。

ノ　ク　ク　刍　刍　刍　急
急

- ◎急ぐ isogu　rush / hurry
- ◎急行 kyuukoo　express
- ■急激 kyuugeki　sudden
- ■緊急 kinkyuu　urgency / emergency
- ■準急 junkyuu　local express
- ■特急 tokkyuu　limited express

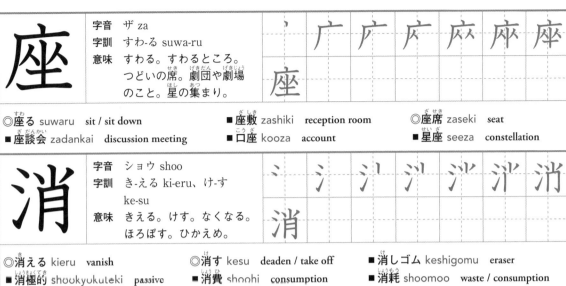

座	字音　ザ za 字訓　すわ-る suwa-ru 意味　すわる。すわるところ。 　　　つどいの席。劇団や劇場 　　　のこと。星の集まり。	丶	广	广	庁	応	座	座
		座						

◎座る suwaru　sit / sit down　　　■座敷 zashiki　reception room　　　◎座席 zaseki　seat
■座談会 zadankai　discussion meeting　　　■口座 kooza　account　　　■星座 seeza　constellation

消	字音　ショウ shoo 字訓　き-える ki-eru、け-す 　　　ke-su 意味　きえる。けす。なくなる。 　　　ほろぼす。ひかえめ。	丶	冫	氵	氵	氵	氵	消
		消						

◎消える kieru　vanish　　　◎消す kesu　deaden / take off　　　■消しゴム keshigomu　eraser
■消極的 shookyokuteki　passive　　　■消費 shoohi　consumption　　　■消耗 shoomoo　waste / consumption

練習問題
れん しゅう もん だい

1 ＿＿＿をひらがなで書きましょう。
か

1. 去年（　　　　　ねん）　　　　2. 起床（　　　　　しょう）

3. 乗り物（　　　　　もの）　　　　4. 急行（　　　　　こう）

5. 座席（　　　　　せき）

6. 今日は早く起（　　　　　）きました。
　　　　　　はや

7. バスはどこから乗（　　　　　）るのですか。

8. 雨が降（　　　　　）ってきました。
　あめ

9. うるさいのでテレビを消（　　　　　）してください。

10. 急（　　　　　）いで家に戻りました。
　　　　　　　　　　もど

11. 寝坊（　　　ぼう）して遅刻しました。
　　　　　　　　　ち こく

12. 立っている人はあぶないので、座（　　　　　）ってください。

13. いつも何時に寝（　　　　　）るのですか。

14. 過去（か　　　　　）には戻れません。
　　　　　　　　　　　もど

2 線でむすび、漢字をつくりましょう。

例　走 ―――――――――― 肖　（　　　）

1. 宀　　　　　　　　　坐　（　　　）

2. 阝　　　　　　　　　夅　（　　　）

3. 广　　　　　　　　　己　（　起　）

4. 氵　　　　　　　　　寝　（　　　）

3 絵を見て、反対の意味を漢字で書きましょう。

1. 電気がつく　　⇔　　電気が（　　　）える

2. 起きる　　⇔　　（　　　）る

3. 電車を降りる　　⇔　　電車に（　　　）る

4．イスから立ち上がる　　　⇔　　　イスに（　　　）る

4 □に漢字を書きましょう。

1. ☐ える（きえる）vanish

2. 過 ☐ （かこ）past

3. ☐ きる（おきる）wake

4. ☐ り換える（のりかえる）transfer

5. ☐ る（ねる）sleep

6. ☐ ぐ（いそぐ）hurry

7. ☐ す（けす）put out

8. 特 ☐ （とっきゅう）limited express

9. ☐ る（すわる）sit down

10. ☐ る（のる）get on

11. ☐ りる（おりる）get off

12. ☐ 行（きゅうこう）express

13. ☐ る（さる）go away

14. ☐ 客（じょうきゃく）passenger

15. 雨 ☐ り（あめふり）rainfall

16. ☐ 立（きりつ）standing up

17. ☐ 車（じょうしゃ）getting on a train

第20課 動作②

81

第21課　動作③／時間③　泳・泣・笑・観・末・次・予・定

泳
字音　エイ ee
字訓　およ-ぐ oyo-gu
意味　およぐ。およぎ。

◎泳ぐ oyogu　swim　■平泳ぎ hiraoyogi　breaststroke　■競泳 kyooee　swimming race
◎水泳 suiee　bathing / swimming　■背泳 haiee　backstroke　■遊泳禁止 yuueekinshi　no swimming

泣
字音　キュウ kyuu
字訓　な-く na-ku
意味　なく。なみだを流してなく。

■泣き言 nakigoto　complaint　■泣き虫 nakimushi　crybaby　■泣き止む nakiyamu　stop crying
◎泣く naku　cry　◎うそ泣き usonaki　fake crying　■号泣 gookyuu　wailing

笑
字音　ショウ shoo
字訓　わら-う wara-u、え-む e-mu
意味　わらう。わらい。ほほえむ。動作をあらわす語の前につけて、謙遜の意をあらわす。

■笑い話 waraibanashi　funny story　◎笑う warau　express mirth / laugh　■大笑い oowarai　good laugh
◎微笑む hohoemu　smile　■苦笑 kushoo　forced smile　★笑顔 egao　smile

観
字音　カン kan
字訓　―
意味　見る。くわしく見る。ながめる。考える。考え方。

◎観客 kankyaku　spectator　◎観察 kansatsu　observation　■観戦 kansen　watching game
■楽観 rakkan　optimistic view　■客観 kyakkan　object　■主観 shukan　subject

末
字音　マツ matsu、バツ batsu
字訓　すえ sue
意味　物のはし。もとから遠いほう。おわりのほう。つまらない。ひくいほう。粉。

■末 sue　end　◎末っ子 suekko　youngest child　■粉末 funmatsu　powder
◎月末 getsumatsu　end of month　■始末 shimatsu　disposal　■粗末 somatsu　poor

次
字音　ジ ji、シ shi
字訓　つ-ぐ tsu-gu、つぎ tsugi
意味　つぎ。2番目。順番。回数や度数をあらわすことば。

◎次 tsugi　next　■次々に tsugitsugini　one after another　◎次回 jikai　next time
■次男 jinan　second son　■目次 mokuji　contents　■次第に shidaini　gradually

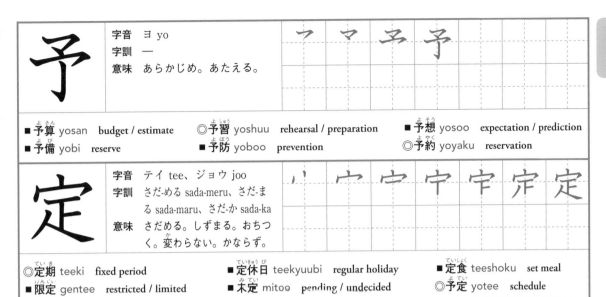

予	字音　ヨ yo 字訓　— 意味　あらかじめ。あたえる。	フ　マ　ヌ　予

■<ruby>予算<rt>よさん</rt></ruby> yosan　budget / estimate　　◎<ruby>予習<rt>よしゅう</rt></ruby> yoshuu　rehearsal / preparation　　■<ruby>予想<rt>よそう</rt></ruby> yosoo　expectation / prediction
■<ruby>予備<rt>よび</rt></ruby> yobi　reserve　　　　　　　　■<ruby>予防<rt>よぼう</rt></ruby> yoboo　prevention　　　　　　　◎<ruby>予約<rt>よやく</rt></ruby> yoyaku　reservation

定	字音　テイ tee、ジョウ joo 字訓　さだめる sada-meru、さだ-ま 　　　る sada-maru、さだ-か sada-ka 意味　さだめる。しずまる。おちつ 　　　く。変わらない。かならず。	丶　宀　宀　宀　宀　定　定

◎<ruby>定期<rt>ていき</rt></ruby> teeki　fixed period　　　　　■<ruby>定休日<rt>ていきゅうび</rt></ruby> teekyuubi　regular holiday　　■<ruby>定食<rt>ていしょく</rt></ruby> teeshoku　set meal
■<ruby>限定<rt>げんてい</rt></ruby> gentee　restricted / limited　　■<ruby>未定<rt>みてい</rt></ruby> mitoo　pending / undecided　　◎<ruby>予定<rt>よてい</rt></ruby> yotee　schedule

<ruby>練習問題<rt>れんしゅうもんだい</rt></ruby>

1 ＿＿＿をひらがなで<ruby>書<rt>か</rt></ruby>きましょう。

1. <u>予定</u>（　　　　　　　）　　　　2. <u>次</u>（　　　　　　　　）

3. <u>笑</u>う（　　　　　　　）　　　　4. <u>泣</u>く（　　　　　　　　　）

5. <u>泳</u>ぐ（　　　　　　　）　　　6. <u>観察</u>（　　　　　さつ）

7. チケットの<u>予約</u>（　　　　　やく）はインターネットからできますか。

8. 私は<u>水泳</u>（すい　　　　　）が<ruby>得意<rt>とくい</rt></ruby>です。

9. <u>次回</u>（　　　　　　かい）は8月10日水曜日になります。

10. <u>月末</u>（げつ　　　　　）いつも銀行は<ruby>混<rt>こ</rt></ruby>んでいる。

11. <ruby>赤<rt>あか</rt></ruby>ちゃんは<u>微笑</u>（ほほ　　　　　）みながらバイバイをした。

12. 明日はプールで<u>泳</u>（　　　　　　　）ぎましょう。

13. <u>予習</u>（　　　　　　しゅう）をしましたか。

14. <u>笑</u>（　　　　　） <ruby>失礼<rt>しつれい</rt></ruby>です。

15. <u>泣</u>（　　　　　）きながら<ruby>寝<rt>ね</rt></ruby>てしまいました。

16. 笑顔（　　　　　　　　）がすてきな方ですね。

17. 次（　　　　　　）から次（　　　　　　　　　）へとアイデアが浮かぶ。

2　□□□から漢字を選びましょう。そして、（　）にひらがなを書きましょう。

例
（きょうえいぷーる）
| 競 | 泳 | プ | ー | ル |
（およぐ）

| 笑 | 泳 | 観 | 次 | 泣 | 末 | 定 | 予 |

（　　　　　　）
1.
う	そ		き
	き
	止
	む

（　　　　　）
2.
週□
□っ子

（　　　　　）
3.
□回
第□に

STEP ②

（　　　　　）
4.
□習
約□

（　　　　　）
5.
□い話
□顔

（　　　　　）
6.
□客
劇□

（　　　　　）
7.
□食
休□
□日

84

3 □に漢字を書きましょう。

STEP ①

1. □ぐ （およぐ） swim

2. 予□ （よてい） schedule

3. □回 （じかい） next time

4. 月□ （げつまつ） end of month

5. 水□ （すいえい） swimming

6. □約 （よやく） reservation

7. □う （わらう） laugh

8. □く （なく） cry

9. □ （つぎ） next

STEP ②

10. 目□ （もくじ） を見たら、おもしろそうなのでその本を買うことに決めた。

11. 妹は□っこ （すえっこ） なので、大人になっても甘えてばかりいる。

12. 優勝を決めた選手に□客 （かんきゃく） は大きな拍手を送った。

13. ここは遊□禁止 （ゆうえいきんし） です。

14. □食 （ていしょく） は1000円です。

15. 夏休みの旅行に行く□算 （よさん） を立ててみた。

16. 幼稚園の先生はいつも子どもたちを注意深く□察 （かんさつ） しています。

17. かぜを□防 （よぼう） するために、手を洗いましょう。

18. あの選手が優勝するなんて、まったく□想 （よそう） もしなかった。

19. 11月になり、□第 （しだい） に寒くなってきた。

20. どんなスポーツにも一□ （いってい） のルールがある。

21. 山田さんは□顔 （えがお） がすてきな女性です。

22. その作品が好きか嫌いかは主□的 （しゅかんてき） な問題だ。

23. □習 （よしゅう） をしてから授業を受けてください。

第22課　建築①　宅・戸・校・窓・壁・門・館・室

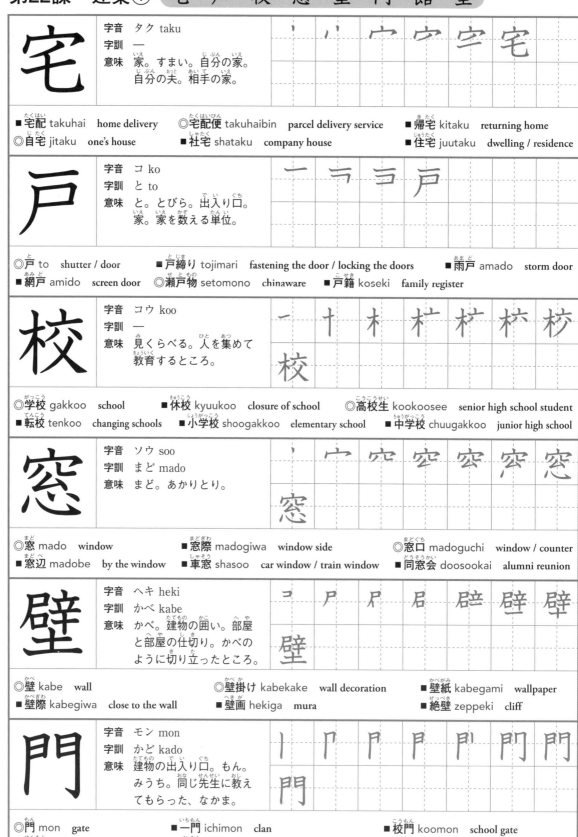

宅

字音　タク taku
字訓　—
意味　家。すまい。自分の家。
　　　自分の夫。相手の家。

筆順：`丶 冖 宀 宇 宅 宅`

- ■ 宅配 takuhai　home delivery
- ◎ 宅配便 takuhaibin　parcel delivery service
- ■ 帰宅 kitaku　returning home
- ◎ 自宅 jitaku　one's house
- ■ 社宅 shataku　company house
- ■ 住宅 juutaku　dwelling / residence

戸

字音　コ ko
字訓　と to
意味　と。とびら。出入り口。
　　　家。家を数える単位。

筆順：`一 ラ 戸 戸`

- ◎ 戸 to　shutter / door
- ■ 戸締り tojimari　fastening the door / locking the doors
- ■ 雨戸 amado　storm door
- ■ 網戸 amido　screen door
- ◎ 瀬戸物 setomono　chinaware
- ■ 戸籍 koseki　family register

校

字音　コウ koo
字訓　—
意味　見くらべる。人を集めて
　　　教育するところ。

筆順：`一 十 木 杧 栌 栌 柼 校`

- ◎ 学校 gakkoo　school
- ■ 休校 kyuukoo　closure of school
- ◎ 高校生 kookoosee　senior high school student
- ■ 転校 tenkoo　changing schools
- ■ 小学校 shoogakkoo　elementary school
- ■ 中学校 chuugakkoo　junior high school

窓

字音　ソウ soo
字訓　まど mado
意味　まど。あかりとり。

筆順：`丶 宀 空 空 穷 穷 窓 窓`

- ◎ 窓 mado　window
- ■ 窓際 madogiwa　window side
- ◎ 窓口 madoguchi　window / counter
- ■ 窓辺 madobe　by the window
- ■ 車窓 shasoo　car window / train window
- ◎ 同窓会 doosookai　alumni reunion

壁

字音　ヘキ heki
字訓　かべ kabe
意味　かべ。建物の囲い。部屋
　　　と部屋の仕切り。かべの
　　　ように切り立ったところ。

筆順：`コ 尸 戸 居 辟 辟 壁 壁`

- ◎ 壁 kabe　wall
- ◎ 壁掛け kabekake　wall decoration
- ■ 壁紙 kabegami　wallpaper
- ■ 壁際 kabegiwa　close to the wall
- ■ 壁画 hekiga　mura
- ■ 絶壁 zeppeki　cliff

門

字音　モン mon
字訓　かど kado
意味　建物の出入り口。もん。
　　　みうち。同じ先生に教え
　　　てもらった、なかま。

筆順：`丨 冂 冂 門 門 門 門 門`

- ◎ 門 mon　gate
- ■ 一門 ichimon　clan
- ■ 校門 koomon　school gate
- ◎ 専門 senmon　specialty
- ■ 部門 bumon　category / department
- ■ 名門 meemon　prestigious

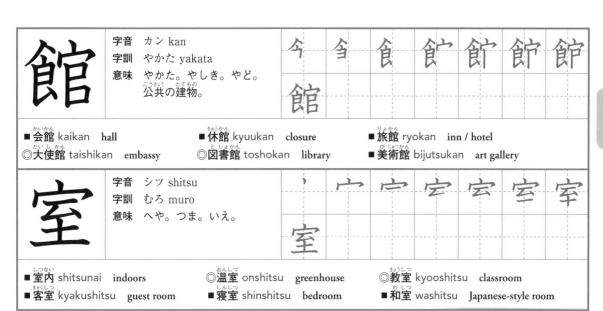

| 館 | 字音　カン kan
字訓　やかた yakata
意味　やかた。やしき。やど。
　　　公共の建物。 | 今　今　食　飣　飣　飣　館
館 |

- ■会館 kaikan　hall
- ◎大使館 taishikan　embassy
- ■休館 kyuukan　closure
- ◎図書館 toshokan　library
- ■旅館 ryokan　inn / hotel
- ■美術館 bijutsukan　art gallery

| 室 | 字音　シツ shitsu
字訓　むろ muro
意味　へや。つま。いえ。 | 丶　宀　宀　安　宏　室　室
室 |

- ■室内 shitsunai　indoors
- ■客室 kyakushitsu　guest room
- ◎温室 onshitsu　greenhouse
- ■寝室 shinshitsu　bedroom
- ◎教室 kyooshitsu　classroom
- ■和室 washitsu　Japanese-style room

練習問題

1　＿＿＿をひらがなで書きましょう。

1. 壁（　　　　）
2. 学校（がっ　　　　）
3. 門（　　　　）
4. 大使館（たいし　　　　）
5. 自宅（じ　　　　）
6. 宅配便（　　　　はいびん）
7. 兄も姉も高校生（こう　　　　せい）です。
8. 暑いので、教室（きょう　　　　）の窓（　　　　）を全部開けましょう。
9. 毎日図書館（としょ　　　　）で勉強する。
10. 田中さんの専門（せん　　　　）は言語学です。

2　正しい読み方を選びましょう。

例　同窓会に参加する。　　　　答え（　A　）

　　（A）そう　（B）まど

1. 壁紙を変える。　　　　　　　答え（　　　）

　　(A) へき　(B) かべ

2. 今日は休校です。　　　　　　答え（　　　）

　　(A) こう　(B) がく

3. 中川さんから宅配便が届きました。　答え（　　　）

　　(A) いえ　(B) たく

4. あの大学は名門だ。　　　　　答え（　　　）

　　(A) もん　(B) かど

5. 館内は禁煙です。　　　　　　答え（　　　）

　　(A) かん　(B) やかた

6. 別室でお待ちください。　　　答え（　　　）

　　(A) むろ　(B) しつ

7. 戸締りの確認をお願いします。　　答え（　　　）

　　(A) と　(B) こ

3 絵を見て、□□□□から漢字を選びましょう。

1. （　　　　）　　　2. （　　　　）　　　3. （　　　　）

| 室 | 窓 | 宅 | 家 | 戸 | 入門 | 校門 | 裏門 |

4 線^{せん}でむすび、漢字^{かんじ}をつくりましょう。

例　尸 ────── 毛　（　　　）

1. 宀　　　　　　　　　勹　（　門　）
2. 才　　　　　　　　　官　（　　　）
3. 辟　　　　　　　　　交　（　　　）
4. 飠　　　　　　　　　土　（　　　）

5 □に漢字^{かんじ}を書^かきましょう。

STEP ①

1. □（と）door
2. 教□（きょうしつ）classroom
3. 学□（がっこう）school
4. 専□（せんもん）specialty
5. 大使□（たいしかん）emabassy
6. 自□（じたく）one's house
7. □口（まどぐち）window / counter

STEP ②

8. 旅□（りょかん）とホテルはどこが違^{ちが}うのですか。
9. 出□（でまど）にきれいな花^{はな}を飾^{かざ}ってみました。
10. 駅^{えき}の近くに新しい住□（じゅうたく）が次々に建^たっている。
11. この辺^{へん}の避難^{ひなん}所は近くの小学校^{がっ}の体育□（たいいくかん）です。
12. 茶道部^{さどうぶ}はいつも和□（わしつ）で稽古^{けいこ}をしている。
13. 雨^{あめ}や風^{かぜ}がひどいので、昼間から雨□（あまど）を閉^しめた。
14. おみやげに瀬□物（せともの）の茶^{ちゃ}わんを買^かった。
15. 科学^{かがく}には多くの部□（ぶもん）がある。

第23課　建築②　局・部・屋・堂・院・工・場・店

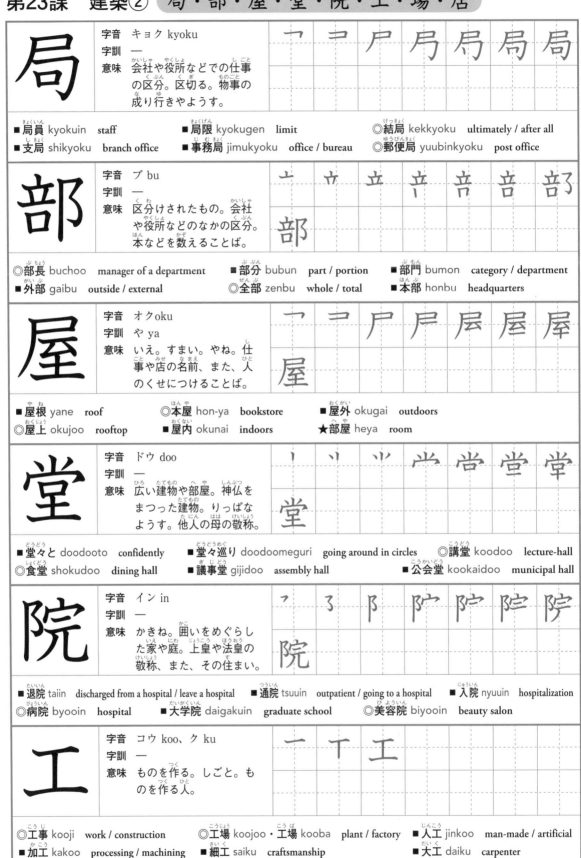

局

字音　キョク kyoku
字訓　—
意味　会社や役所などでの仕事の区分。区切る。物事の成り行きやよう。

ー　コ　尸　弖　局　局　局

■ 局員 kyokuin　staff
■ 支局 shikyoku　branch office
■ 局限 kyokugen　limit
■ 事務局 jimukyoku　office / bureau
◎ 結局 kekkyoku　ultimately / after all
◎ 郵便局 yuubinkyoku　post office

部

字音　ブ bu
字訓　—
意味　区分けされたもの。会社や役所などのなかの区分。本などを数えることば。

亠　立　立　音　音　音　部
部

◎ 部長 buchoo　manager of a department
■ 外部 gaibu　outside / external
■ 部分 bubun　part / portion
◎ 全部 zenbu　whole / total
■ 部門 bumon　category / department
■ 本部 honbu　headquarters

屋

字音　オク oku
字訓　や ya
意味　いえ。すまい。やね。仕事や店の名前、また、人のくせにつけることば。

ー　コ　尸　尸　屌　屋　屋
屋

■ 屋根 yane　roof
◎ 屋上 okujoo　rooftop
◎ 本屋 hon-ya　bookstore
■ 屋内 okunai　indoors
■ 屋外 okugai　outdoors
★ 部屋 heya　room

堂

字音　ドウ doo
字訓　—
意味　広い建物や部屋。神仏をまつった建物。りっぱなようす。他人の母の敬称。

ゝ　ゝ　ツ　半　尚　堂　堂
堂

■ 堂々と doodooto　confidently
◎ 食堂 shokudoo　dining hall
■ 堂々巡り doodoomeguri　going around in circles
■ 議事堂 gijidoo　assembly hall
◎ 講堂 koodoo　lecture-hall
■ 公会堂 kookaidoo　municipal hall

院

字音　イン in
字訓　—
意味　かきね。囲いをめぐらした家や庭。上皇や法皇の敬称、また、その住まい。

ⁿ　ｺ　阝　阝　陀　陀　陀
院

■ 退院 taiin　discharged from a hospital / leave a hospital
◎ 病院 byooin　hospital
■ 通院 tsuuin　outpatient / going to a hospital
■ 大学院 daigakuin　graduate school
■ 入院 nyuuin　hospitalization
◎ 美容院 biyooin　beauty salon

工

字音　コウ koo、ク ku
字訓　—
意味　ものを作る。しごと。ものを作る人。

一　丁　工

◎ 工事 kooji　work / construction
■ 加工 kakoo　processing / machining
◎ 工場 koojoo・工場 kooba　plant / factory
■ 細工 saiku　craftsmanship
■ 人工 jinkoo　man-made / artificial
■ 大工 daiku　carpenter

90

場	字音　ジョウ joo 字訓　ば ba 意味　事がおこなわれ、人があ 　　　つまるところ。	一　十　土　圵　坦　坦　場 場

◎場所 basho　location　　■場面 bamen　scene　　■式場 shikijoo　ceremonial hall
■出場 shutsujoo　entry　　■退場 taijoo　leaving　　◎登場 toojoo　appearance

店	字音　テン ten 字訓　みせ mise 意味　みせ。品物を並べて売る 　　　場所。	丶　亠　广　庁　庄　店　店 店

◎店 mise　shop　　◎店員 ten-in　clerk / salesperson　　■開店 kaiten　opening of store
■閉店 heeten　closing of store　　■本店 honten　main store　　■代理店 dairiten　agency / distributor

練習問題

1　＿＿＿をひらがなで書きましょう。

1．工場（　　　　　　　　）

2．郵便局（ゆうびん　　　　　）

3．店（　　　　）

4．食堂（しょく　　　　　）

5．病院（びょう　　　　　）

6．銀行のとなりに本屋（ほん　　　）があります。

7．このビルの屋上（　　　じょう）から富士山がよく見える。

8．全部（ぜん　　　）で1800円になります。

9．せまいのでピアノを置く場所（　　　しょ）がない。

10．その道は工事（　　　　じ）をしています。

11．火曜日は、美容院（びよう　　　　　）は休みです。

12．そのスーパーに店員（　　　いん）は何人いますか。

2 絵を見て、◻️ から漢字を選びましょう。

1. (　　　　　)

2. (　　　　　)

3. (　　　　　)

4. (　　　　　)

工場　　屋上　　屋根　　郵便局　　食堂　　部屋　　病院　　本店

3 ◻️ から漢字を選びましょう。そして、(　)にひらがなを書きましょう。

例

郵便局（ゆうびんきょく）
放送局（ほうそうきょく）

局　　屋　　院　　場　　部　　堂　　工　　店

STEP **1**

1. （　　　　） 全□ ╱ 長

2. （　　　　） □上 根

3. 登□ 所 （　　　　）

STEP **2**

4. 公会 □々めぐり （　　　　　　　）

5. 美容 入□ （　　　　）

4 □に漢字を書きましょう。

STEP **1**

1. 病□（びょういん）hospital

2. 講□（こうどう）lecture hall

3. □場（こうじょう）factory

4. □員（てんいん）clerk

5. □所（ばしょ）location

6. 郵便□（ゆうびんきょく）post office

STEP **2**

7. 山田さんは4月から課長から□長（ぶちょう）になった。

8. 国会議事□（こっかいぎじどう）は永田町にある。

9. 人□（じんこう）的に雨を降らせることはそんなに難しいことではない。

10. 開□（かいてん）は何時ですか。

11. 祖父は大□（だいく）で大きな家をたくさん建てたそうだ。

12. 結□（けっきょく）その話は実現しなかった。

13. 田中さんは□々（どうどう）と自分の意見を述べた。

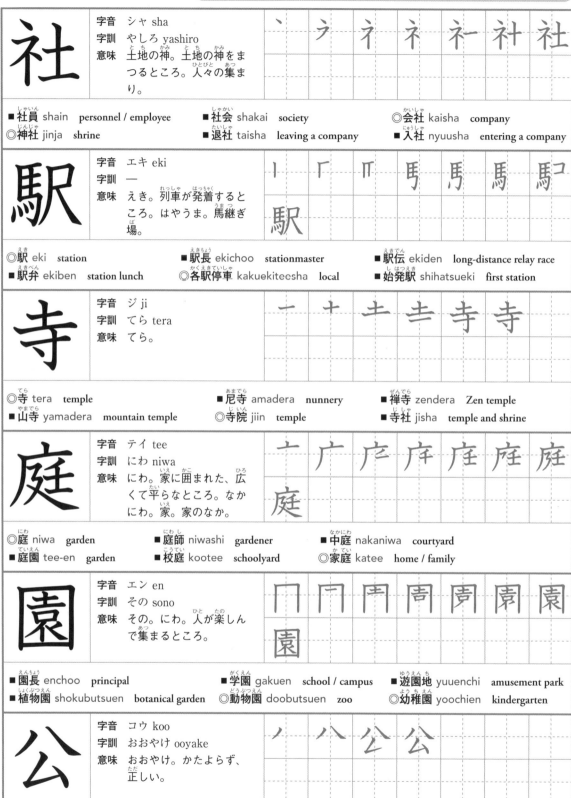

社

字音　シャ sha
字訓　やしろ yashiro
意味　土地の神。土地の神をまつるところ。人々の集まり。

筆順：丶　ラ　オ　ネ　ネ　社　社

■社員 shain　personnel / employee　■社会 shakai　society　◎会社 kaisha　company
◎神社 jinja　shrine　■退社 taisha　leaving a company　■入社 nyuusha　entering a company

駅

字音　エキ eki
字訓　—
意味　えき。列車が発着するところ。はやうま。馬継ぎ場。

筆順：丨　厂　厂　馬　馬　馬　駅　駅

◎駅 eki　station　■駅長 ekichoo　stationmaster　■駅伝 ekiden　long-distance relay race
■駅弁 ekiben　station lunch　◎各駅停車 kakuekiteosha　local　■始発駅 shihatsueki　first station

寺

字音　ジ ji
字訓　てら tera
意味　てら。

筆順：一　十　土　寺　寺　寺

◎寺 tera　temple　■尼寺 amadera　nunnery　■禅寺 zendera　Zen temple
■山寺 yamadera　mountain temple　◎寺院 jiin　temple　■寺社 jisha　temple and shrine

庭

字音　テイ tee
字訓　にわ niwa
意味　にわ。家に囲まれた、広くて平らなところ。なかにわ。家。家のなか。

筆順：亠　广　庄　庄　庄　庭　庭

◎庭 niwa　garden　■庭師 niwashi　gardener　■中庭 nakaniwa　courtyard
■庭園 tee-en　garden　■校庭 kootee　schoolyard　◎家庭 katee　home / family

園

字音　エン en
字訓　その sono
意味　その。にわ。人が楽しんで集まるところ。

筆順：冂　冂　冃　圊　哥　園　園　園

■園長 enchoo　principal　■学園 gakuen　school / campus　■遊園地 yuuenchi　amusement park
■植物園 shokubutsuen　botanical garden　◎動物園 doobutsuen　zoo　◎幼稚園 yoochien　kindergarten

公

字音　コウ koo
字訓　おおやけ ooyake
意味　おおやけ。かたよらず、正しい。

筆順：丿　八　公　公

◎公園 kooen　park　■公演 kooen　performance　■公開 kookai　open / opening
■公式 kooshiki　official / formula　■公平 koohee　fair　◎公務員 koomuin　public service worker

石	字音　セキ seki、シャク shaku、コク koku 字訓　いし ishi 意味　いし。いわ。いしのようにかたいもの。	一 丆 丆 石 石

◎石 ishi　stone　　　◎石鹸 sekken　soap　　　■石油 sekiyu　petroleum
■宝石 hooseki　precious stone　　■大理石 dairiseki　marble　　■磁石 jishaku　magnet

鉄	字音　テツ tetsu 字訓　― 意味　てつ。金属の一つ。武器。かたくて強い。「鉄道」の略。	𠂉 乄 牛 金 金 釸 鈇 鉄

◎鉄 tetsu　iron　　　■鉄筋 tekkin　reinforcing steel　　　■鉄則 tessoku　ironclad rule
■鉄道 tetsudoo　railroad　　■鉄砲 teppoo　firearm / gun　　◎地下鉄 chikatetsu　subway

銀	字音　ギン gin 字訓　― 意味　ぎん。金属の一つ。ぎんのように白くうつくしいもの。	乄 牛 金 釒 鈩 鈤 銀 銀

◎銀 gin　silver　　　■銀貨 ginka　silver coin　　　■銀河 ginga　Milky Way galaxy
◎銀行 ginkoo　bank　　■銀婚式 ginkonshiki　silver wedding anniversary　　■銀世界 ginsekai　snowy world

銅	字音　ドウ doo 字訓　― 意味　どう。金属の一つ。	乄 牛 金 金 釘 鈤 銅 銅

◎銅 doo　bronze / copper　　　■銅貨 dooka　copper coin　　　■銅器 dooki　copperware
■銅線 doosen　copper wire　　◎銅像 doozoo　bronze statue　　■青銅 seedoo　bronze

練習問題

1　＿＿＿をひらがなで書きましょう。

1. 庭（　　　　）

2. 公園（　　　　）

3. 地下鉄（ちか　　　　）

4. 石（　　　　）

5. 幼稚園（ようち　　　　）を探しています。

6. 父は会社（かい　　　　）で働いています。

7. 銀行（　　　　こう）でお金をおろします。

8. この電車は各駅停車（かく　　　　ていしゃ）ですか。

9. 寺（　　　　）にお参りをする。

10. 上野に西郷隆盛の銅像（　　　　ぞう）が建っています。

2 絵を見て、 ☐☐☐ から漢字を選び、数字を書きましょう。

1. 遊☐地（　　　　）

2. 金閣☐（　　　　）

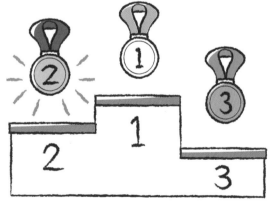

3. ☐メダル（　　　　）

4. ☐けん（　　　　）

（1）園　（2）駅　（3）寺　（4）庭　（5）石　（6）鉄　（7）銀　（8）公

3 [___]から漢字を選びましょう。そして、（　）にひらがなを書きましょう。

例
（ちかてつ）
| 地 | 下 | 鉄 |（てつどう）
| | | 道 |

| 石 | 鉄 | 園 | 社 | 駅 | 寺 | 公 | 銀 |

1. （　　　　）
| 動 |
| 物 |
| 遊 | 地 |
（　　　　）

2. （　　　　）
| | 油 |
| け |
| ん |
（　　　　）

3. （　　　　）
| | 務 | 員 |
| 園 |
（　　　　）

4. （　　　　）
| 始 |
| 発 |
| | 前 |
（　　　　）

5. （　　　　）
	入
神	
	式

6. （　　　　）
| | 婚 | 式 |
| 行 |
（　　　　）

4 □に漢字を書きましょう。

STEP ①

1. 会□（かいしゃ）company

2. □院（じいん）temple

3. 校□（こうてい）schoolyard

4. 幼稚□（ようちえん）kindergarten

5. 家□（かてい）home / family

STEP ②

6. 次の電車は各□（かくえき）に止まります。

7. 私の父は□務員（こうむいん）です。

8. 兄は□道（てつどう）ファンで、よく写真を撮りに出かける。

97

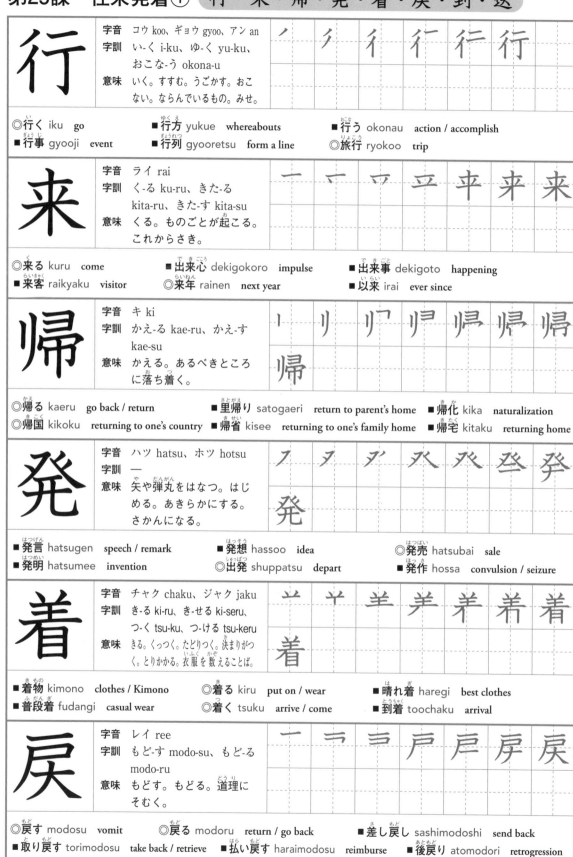

行	字音	コウ koo、ギョウ gyoo、アン an	ノ ク 彳 行 行 行
	字訓	い-く i-ku、ゆ-く yu-ku、おこな-う okona-u	
	意味	いく。すすむ。うごかす。おこない。ならんでいるもの。みせ。	

◎行く iku　go　　　■行方 yukue　whereabouts　　　■行う okonau　action / accomplish
■行事 gyooji　event　　　■行列 gyooretsu　form a line　　　◎旅行 ryokoo　trip

来	字音	ライ rai	一 ｢ 厂 平 平 来 来
	字訓	く-る ku-ru、きた-る kita-ru、きた-す kita-su	
	意味	くる。ものごとが起こる。これからさき。	

◎来る kuru　come　　　■出来心 dekigokoro　impulse　　　■出来事 dekigoto　happening
■来客 raikyaku　visitor　　　◎来年 rainen　next year　　　■以来 irai　ever since

帰	字音	キ ki	｜ リ リ' リ冖 帰 帰 帰
	字訓	かえ-る kae-ru、かえ-す kae-su	帰
	意味	かえる。あるべきところに落ち着く。	

◎帰る kaeru　go back / return　　　■里帰り satogaeri　return to parent's home　　　■帰化 kika　naturalization
◎帰国 kikoku　returning to one's country　　　■帰省 kisee　returning to one's family home　　　■帰宅 kitaku　returning home

発	字音	ハツ hatsu、ホツ hotsu	フ ㇆ ㇅ 癶 癶 癶 癶
	字訓	―	発
	意味	矢や弾丸をはなつ。はじめる。あきらかにする。さかんになる。	

■発言 hatsugen　speech / remark　　　■発想 hassoo　idea　　　◎発売 hatsubai　sale
■発明 hatsumee　invention　　　◎出発 shuppatsu　depart　　　■発作 hossa　convulsion / seizure

着	字音	チャク chaku、ジャク jaku	丷 ㇡ 羊 羊 羊 羍 着
	字訓	き-る ki-ru、き-せる ki-seru、つ-く tsu-ku、つ-ける tsu-keru	着
	意味	きる。くっつく。たどりつく。決まりがつく。とりかかる。衣服を数えることば。	

■着物 kimono　clothes / Kimono　　　◎着る kiru　put on / wear　　　■晴れ着 haregi　best clothes
■普段着 fudangi　casual wear　　　◎着く tsuku　arrive / come　　　■到着 toochaku　arrival

戻	字音	レイ ree	一 ｢ ㇕ 戸 戸 戻 戻
	字訓	もど-す modo-su、もど-る modo-ru	
	意味	もどす。もどる。道理にそむく。	

◎戻す modosu　vomit　　　◎戻る modoru　return / go back　　　■差し戻し sashimodoshi　send back
■取り戻す torimodosu　take back / retrieve　　　■払い戻す haraimodosu　reimburse　　　■後戻り atomodori　retrogression

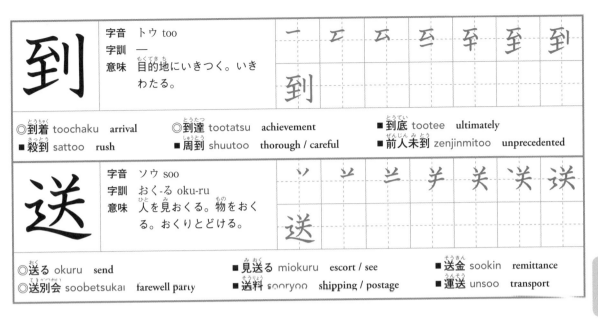

到	字音	トウ too	一	工	云	五	至	至	到
	字訓	―	到						
	意味	目的地にいきつく。いきわたる。							

◎到着 toochaku　arrival　　◎到達 tootatsu　achievement　　■到底 tootee　ultimately
■殺到 sattoo　rush　　■周到 shuutoo　thorough / careful　　■前人未到 zenjinmitoo　unprecedented

送	字音	ソウ soo	ソ	ソ	当	关	关	送	送
	字訓	おく-る oku-ru	送						
	意味	人を見おくる。物をおくる。おくりとどける。							

◎送る okuru　send　　■見送る miokuru　escort / see　　■送金 sookin　remittance
◎送別会 soobetsukai　farewell party　　■送料 sooryoo　shipping / postage　　■運送 unsoo　transport

れんしゅうもんだい　練習問題

1 ＿＿＿をひらがなで書きましょう。

1. 行く（　　　　）
2. 戻す（　　　　　）
3. 来る（　　　　）
4. 帰る（　　　　　）
5. 着る（　　　　）
6. 着く（　　　　）
7. 戻る（　　　　　）
8. 送る（　　　　　）
9. 飛行機は13時に到着（　　　　　　）した。
10. クリスマスにプレゼントを送（　　　　）ります。
11. 私は一人で旅行（りょ　　　　）をするのが好きです。
12. 明日は朝7時に出発（しゅっ　　　　）します。
13. 土曜日に田中さんの送別会（　　　　べつかい）をします。
14. 来年（　　　　ねん）、妹は15歳になります。
15. 私はその本の発売（　　　　ばい）を楽しみにしています。

2 文を読んで、□ の中から漢字を選びましょう。同じ漢字を2回使ってもいいです。

> ### ヤンさんの日記

今朝、母が国から日本へ（1.　　　）ました。

母は朝8時に空港に（2.　　　）きました。

日曜日、大学の卒業式が（3.　　　）われ

るからです。

明日、母といっしょに、デパートへ買い物

に（4.　　　）きます。

私は卒業式で着物を（5.　　　）るつもりです。

写真をたくさんとって、父に（6.　　　）るつもりです。

卒業式の次の日、母は国に（7.　　　）ります。

帰　　　送　　　行　　　着　　　来

3 反対の言葉を □ から選びましょう。

1. 行く⇔（　　　）る
2. 出発する⇔（　　　）する
3. 出迎える⇔見（　　　）る
4. 出国する⇔（　　　）する

到達　　　来　　　入国　　　到着　　　戻　　　送

4 正しい文を選びましょう。

1. （A）夏休みには、毎年帰省します。　答え（　　　）

　　（B）夏休みには、毎年帰化します。

2. （A）田中さんが、私の家に来る。　答え（　　　）

　　（B）田中さんが、私の家に行く。

3. （A）いま、荷物が着きました。　答え（　　　）

　　（B）いま、荷物が送りました。

4．(A) 今日は、会社に戻りません。　　答え（　　　）

　　(B) 今日は、会社に戻しません。

5．(A) 私はもうすぐ、国に帰します。　答え（　　　）

　　(B) 私はもうすぐ、国に帰ります。

6．(A) 明日は早く出発します。　　　答え（　　　）

　　(B) 明日は早く出発になります。

7．(A) セーターを着る。　　　　　　答え（　　　）

　　(B) セーターを着く。

8．(A) 本棚に本を戻す。　　　　　　答え（　　　）

　　(B) 本棚に本を戻る。

5 □に漢字を書きましょう。

STEP ①

1．□く（いく）go

2．□年（らいねん）next year

3．出□（しゅっぱつ）departure

4．□売（はつばい）sale

5．旅□（りょこう）trip

6．□る（くる）come

7．□着（とうちゃく）arrival

STEP ②

8．図書館で読んだ本を元の場所に□す（もどす）。

9．友達が国に帰るので□別会（そうべつかい）をした。

10．父は毎晩9時ごろに□宅（きたく）する。

11．カラオケを□明（はつめい）したのは日本人だそうだ。

12．人気があるラーメン屋の前に□列（ぎょうれつ）ができている。

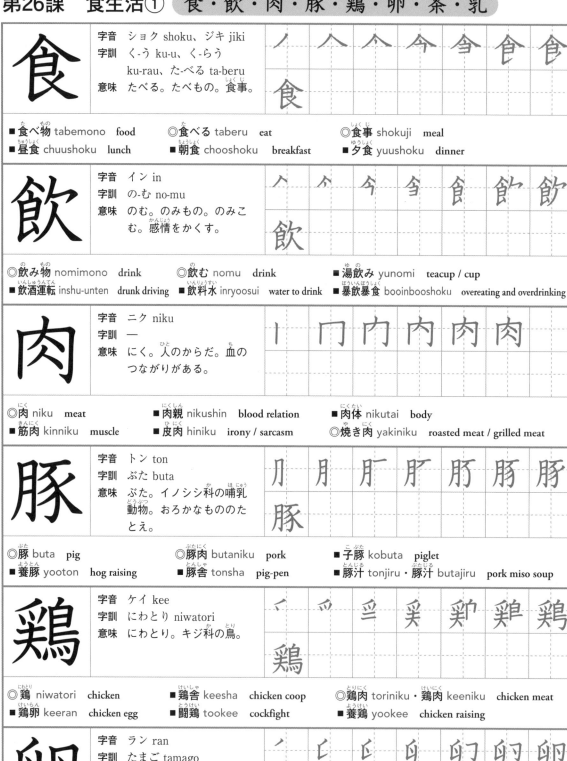

	字音　ショク shoku、ジキ jiki 字訓　く-う ku-u、く-らう 　　　 ku-rau、た-べる ta-beru 意味　たべる。たべもの。食事。	食

■ 食べ物 tabemono　food　　◎食べる taberu　eat　　◎食事 shokuji　meal
■ 昼食 chuushoku　lunch　　■ 朝食 chooshoku　breakfast　　■ 夕食 yuushoku　dinner

	字音　イン in 字訓　の-む no-mu 意味　のむ。のみもの。のみこ 　　　む。感情をかくす。	飲

◎飲み物 nomimono　drink　　◎飲む nomu　drink　　■ 湯飲み yunomi　teacup / cup
■ 飲酒運転 inshu-unten　drunk driving　■ 飲料水 inryoosui　water to drink　■ 暴飲暴食 booinbooshoku　overeating and overdrinking

	字音　ニク niku 字訓　— 意味　にく。人のからだ。血の 　　　つながりがある。	肉

◎肉 niku　meat　　■ 肉親 nikushin　blood relation　　■ 肉体 nikutai　body
■ 筋肉 kinniku　muscle　　■ 皮肉 hiniku　irony / sarcasm　　◎焼き肉 yakiniku　roasted meat / grilled meat

	字音　トン ton 字訓　ぶた buta 意味　ぶた。イノシシ科の哺乳 　　　動物。おろかなもののた 　　　とえ。	豚

◎豚 buta　pig　　◎豚肉 butaniku　pork　　■ 子豚 kobuta　piglet
■ 養豚 yooton　hog raising　　■ 豚舎 tonsha　pig-pen　　■ 豚汁 tonjiru・豚汁 butajiru　pork miso soup

	字音　ケイ kee 字訓　にわとり niwatori 意味　にわとり。キジ科の鳥。	鶏

◎鶏 niwatori　chicken　　■ 鶏舎 keesha　chicken coop　　◎鶏肉 toriniku・鶏肉 keeniku　chicken meat
■ 鶏卵 keeran　chicken egg　　■ 闘鶏 tookee　cockfight　　■ 養鶏 yookee　chicken raising

	字音　ラン ran 字訓　たまご tamago 意味　たまご。	卵

◎卵 tamago　egg　　■ 生卵 namatamago　raw egg　　◎ゆで卵 yudetamago　boiled egg
■ 卵黄 ranoo　egg yolk　　■ 産卵 sanran　egg-laying　　■ 卵白 ranpaku　egg white

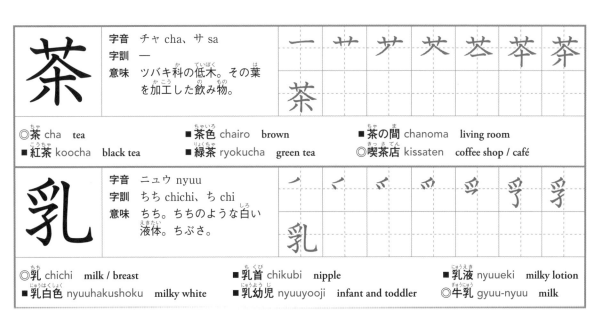

茶	字音	チャ cha、サ sa	一	サ	サ	艾	苯	苯	茶
	字訓	―	茶						
	意味	ツバキ科の低木。その葉を加工した飲み物。							

◎茶 cha　tea　　■茶色 chairo　brown　　■茶の間 chanoma　living room
■紅茶 koocha　black tea　　■緑茶 ryokucha　green tea　　◎喫茶店 kissaten　coffee shop / café

乳	字音	ニュウ nyuu	ノ	⺊	⺈	孚	孚	孚	孚
	字訓	ちち chichi、ち chi	乳						
	意味	ちち。ちちのような白い液体。ちぶさ。							

◎乳 chichi　milk / breast　　■乳首 chikubi　nipple　　■乳液 nyuueki　milky lotion
■乳白色 nyuuhakushoku　milky white　　■乳幼児 nyuuyooji　infant and toddler　　◎牛乳 gyuu-nyuu　milk

第26課　食生活①

練習問題
れん しゅう もん だい

1　＿＿をひらがなで書きましょう。

1. 食事（　　　　　　じ）

2. 豚肉（　　　　　）

3. 鶏肉（　　　　　）

4. 飲み物（　　　もの）

5. 乳（　　　　　）

6. 毎日、牛乳（ぎゅう　　　　　）を飲みます。

7. あなたの好きな食べ物（　　　もの）はなんですか？

8. ゆで卵（　　　　　）をじょうずに作りました。

9. 喫茶店（きっ　　　　てん）に行きましょう。

10. コーヒーより紅茶（こう　　　　）のほうが好きです。

11. 焼き肉（やき　　　　）は好きですか。

12. 鶏（　　　　　　）が卵（　　　　　　）を温めています。

103

2 絵を見て、□□□ から漢字を選びましょう。そして、＿＿にひらがなを書きましょう。

1. (　　　　　　　) ＿＿＿＿＿　　2. (　　　　　　　) ＿＿＿＿＿

3. (　　　　　　　) ＿＿＿＿＿　　4. (　　　　　　　) ＿＿＿＿＿

お茶　　紅茶　　喫茶店　　茶家　　卵　　牛乳　　牛肉　　子豚

3 □□□ から漢字を選びましょう。そして ( ) にひらがなを書きましょう。

例　(しょくせいかつ)
食生活
(たべもの)
食べ物

食　　飲　　出　　入　　乳　　茶　　卵　　肉

104

STEP ❶

1. （　　　　　）
   □ み 物
   む

2. （　　　　　）
   焼
   き
   豚 □

3. （　　　　　）
   □ べ る
   事

STEP ❷

4. （　　　　　）
   牛
   □ 白 色

5. （　　　　　）
   緑
   喫 □ 店

6. （　　　　　）
   ゆ で □
   黄

4 □に漢字を書きましょう。

STEP ❶

1. お □（ちゃ）tea

2. □ む（のむ）drink

3. □ べる（たべる）eat

4. ゆで □（ゆでたまご）boiled egg

5. 牛 □（ぎゅうにゅう）milk

6. □（にわとり）chicken

STEP ❷

7. □ 酒運転（いんしゅうんてん）は絶対にしてはいけない。

8. ウミガメの産 □（さんらん）を見たことがありますか。

9. 母は父にいつも皮 □（ひにく）を言っている。

10. 朝 □（ちょうしょく）はバイキングになさいますか。

11. この温泉の湯は □ 白色（にゅうはくしょく）をしている。

12. 最近、喫 □ 店（きっさてん）があまり見られなくなった。

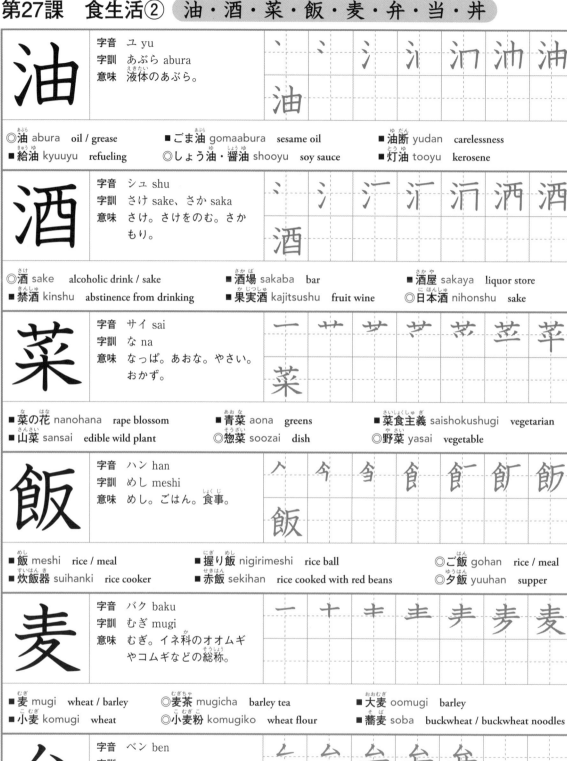

油

字音　ユ yu
字訓　あぶら abura
意味　液体のあぶら。

、　　　氵　　氵　汀　油　油
油

◎油 abura　oil / grease　　■ごま油 gomaabura　sesame oil　　■油断 yudan　carelessness
■給油 kyuuyu　refueling　　◎しょう油・醤油 shooyu　soy sauce　　■灯油 tooyu　kerosene

酒

字音　シュ shu
字訓　さけ sake、さか saka
意味　さけ。さけをのむ。さかもり。

氵　氵　汀　沪　沥　酒　酒
酒

◎酒 sake　alcoholic drink / sake　　■酒場 sakaba　bar　　■酒屋 sakaya　liquor store
■禁酒 kinshu　abstinence from drinking　　■果実酒 kajitsushu　fruit wine　　◎日本酒 nihonshu　sake

菜

字音　サイ sai
字訓　な na
意味　なっぱ。あおな。やさい。おかず。

一　艹　芯　芯　芯　芏　菜
菜

■菜の花 nanohana　rape blossom　　■青菜 aona　greens　　■菜食主義 saishokushugi　vegetarian
■山菜 sansai　edible wild plant　　◎惣菜 soozai　dish　　◎野菜 yasai　vegetable

飯

字音　ハン han
字訓　めし meshi
意味　めし。ごはん。食事。

𠆢　今　今　𩙿　飣　飯　飯
飯

■飯 meshi　rice / meal　　■握り飯 nigirimeshi　rice ball　　◎ご飯 gohan　rice / meal
■炊飯器 suihanki　rice cooker　　■赤飯 sekihan　rice cooked with red beans　　◎夕飯 yuuhan　supper

麦

字音　バク baku
字訓　むぎ mugi
意味　むぎ。イネ科のオオムギやコムギなどの総称。

一　十　キ　圭　麦　麦　麦

■麦 mugi　wheat / barley　　◎麦茶 mugicha　barley tea　　■大麦 oomugi　barley
■小麦 komugi　wheat　　◎小麦粉 komugiko　wheat flour　　■蕎麦 soba　buckwheat / buckwheat noodles

弁

字音　ベン ben
字訓　―
意味　わきまえる。語る。話しぶり。花びら。液体などの出入りを調整するもの。

ㄥ　ㄥ　ㄥ　弁　弁

◎弁解 benkai　excuse / apology　　■弁護 bengo　defense　　■弁償 benshoo　compensation
◎弁当 bentoo　box lunch　　■弁論 benron　pleading　　■代弁 daiben　speak for

当	字音　トウ too 字訓　あ-たる a-taru、あ-てる a-teru 意味　あたる。になう。さしあたっての。この。その。	㇒ ㇔ ㅛ 当 当 当

◎**当たる** ataru　face / confront　　■**当てる** ateru　guess / apply　　◎**当日** toojitsu　current day / the day
■**当選** toosen　election　　■**当然** toozen　of course　　■**当番** tooban　duty

丼	字音　一 字訓　どんぶり donburi、どん don 意味　茶碗を大きくしたような器。どんぶりに盛った料理。	一 二 ナ 井 丼

◎**丼** donburi　bowl　　■**丼勘定** donburikanjoo　approximate estimation　　■**丼鉢** donbiribachi　bowl
■**丼飯** donburimeshi　bowl of rice　　■**牛丼** gyuudon　bowl of rice and beef　　◎**天丼** tendon　tempura bowl

練 習 問 題

1　＿＿＿をひらがなで書きましょう。

1. 油（　　　　　）　　　　　2. 野菜（や　　　　）

3. 弁当（　　　　　　）　　　4. 酒（　　　　　）

5. 夕飯（ゆう　　　　）　　　6. 天丼（てん　　　　）

7. 宝くじで百万円当（　　　）たってびっくりした。

8. 父の誕生日に日本酒（にほん　　　　　）をプレゼントした。

9. お昼ご飯（ご　　　　　）にラーメンを食べた。

10. 暑いので、麦茶（　　　　ちゃ）を飲みましょう。

11. 刺身にはしょう油（　　　）をつけます。

12. パンは小麦粉（こ　　　こ）から作られる。

13. キャンプの当日（　　　　じつ）はいい天気だった。

14. 中華料理ではごま油（ごま　　　　　）をよく使います。

15. 田中さんは弁解（　　　　かい）ばかりしている。

107

2 絵を見て、□□□から漢字を選びましょう。

1. (　　　　　)　　　　　2. (　　　　　)

3. (　　　　　)　　　　　4. (　　　　　)

日本酒　　洋酒　　弁当　　定食　　野菜　　野草　　天丼　　牛丼

3 □□□から漢字を選びましょう。そして（　　　）にひらがなを書きましょう。

例
```
    石 (せきゆ)
ご ま 油
（ごまあぶら）
```

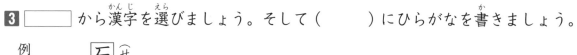

麦　　酒　　油　　菜　　当　　飯　　弁　　丼

STEP 1

（　　　　　　　）　　　（　　　　　　　）　　　（　　　　　　）

1. 日 本 ☐
　　　　 屋

2. 小 ☐ 粉
　　 茶

3. ☐ 解
　 当

STEP ②

4. (　　　)

野□⌒
　□の
　　花

5. (　　　　　)

⌒□選する
　たる

6. 　　　⌒
　□赤
　□ご
(　　　)⌒

4 文を読んで、正しい言葉を選び、数字を書きましょう。

1. 大きくて深い器にご飯を入れ、その上に天ぷらをのせたもの：(　　　　)

2. 刺身につける調味料：(　　　　)

3. 電車の中や、駅のホームで売っている弁当：(　　　　)

4. パンやうどんに使われる穀物：(　　　　)

5. 米から作られるアルコールの飲み物：(　　　　)

（1） しょう油	（2） サラダ油	（3） 駅弁	（4） 日本酒
（5） 天丼	（6） 親子丼	（7） 小麦粉	（8） 卵

5 □に漢字を書きましょう。

STEP ①

1. □ （あぶら）oil

2. 野□ （やさい）vegetable

3. しょう□ （しょうゆ）soy sauce

4. □□ （べんとう）box lunch

STEP ②

5. 今日の掃除□番（そうじとうばん）は私です。

6. □断禁物（ゆだんきんもつ）です。

第27課　食生活②

109

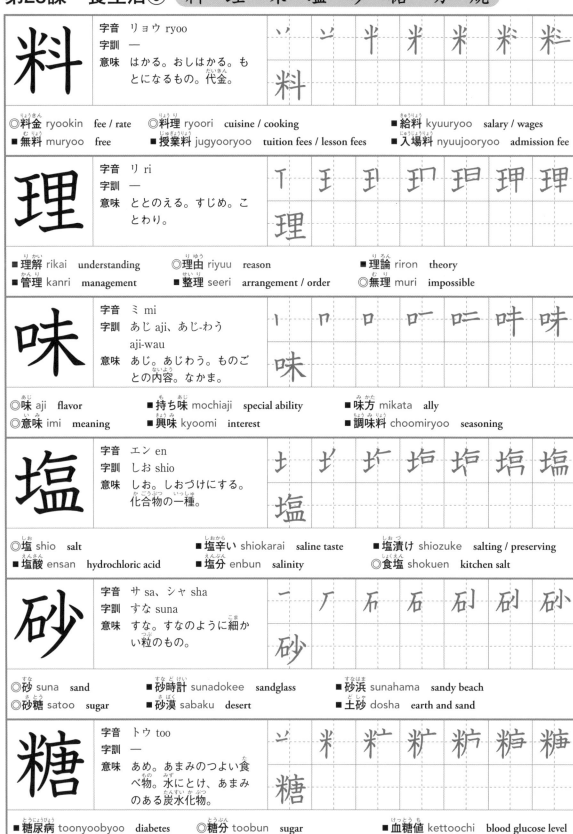

料	字音 リョウ ryoo 字訓 ― 意味 はかる。おしはかる。もとになるもの。代金。

◎料金 ryookin　fee / rate　◎料理 ryoori　cuisine / cooking　■給料 kyuuryoo　salary / wages
■無料 muryoo　free　■授業料 jugyooryoo　tuition fees / lesson fees　■入場料 nyuujooryoo　admission fee

理	字音 リ ri 字訓 ― 意味 ととのえる。すじめ。ことわり。

■理解 rikai　understanding　◎理由 riyuu　reason　■理論 riron　theory
■管理 kanri　management　■整理 seeri　arrangement / order　◎無理 muri　impossible

味	字音 ミ mi 字訓 あじ aji、あじ-わう aji-wau 意味 あじ。あじわう。ものごとの内容。なかま。

◎味 aji　flavor　■持ち味 mochiaji　special ability　■味方 mikata　ally
◎意味 imi　meaning　■興味 kyoomi　interest　■調味料 choomiryoo　seasoning

塩	字音 エン en 字訓 しお shio 意味 しお。しおづけにする。化合物の一種。

◎塩 shio　salt　■塩辛い shiokarai　saline taste　■塩漬け shiozuke　salting / preserving
■塩酸 ensan　hydrochloric acid　■塩分 enbun　salinity　◎食塩 shokuen　kitchen salt

砂	字音 サ sa、シャ sha 字訓 すな suna 意味 すな。すなのように細かい粒のもの。

◎砂 suna　sand　■砂時計 sunadokee　sandglass　■砂浜 sunahama　sandy beach
◎砂糖 satoo　sugar　■砂漠 sabaku　desert　■土砂 dosha　earth and sand

糖	字音 トウ too 字訓 ― 意味 あめ。あまみのつよい食べ物。水にとけ、あまみのある炭水化物。

■糖尿病 toonyoobyoo　diabetes　◎糖分 toobun　sugar　■血糖値 kettoochi　blood glucose level
■黒糖 kokutoo　brown sugar　■製糖 seetoo　sugar production　◎ぶどう糖 budootoo　grape sugar

切	字音 セツ setsu、サイ sai 字訓 き-る ki-ru、き-れる 　　 ki-reru 意味 きる。みがく。すべて。	一　七　切　切

◎**切手** kitte　stamp　　　■**切符** kippu　ticket　　　◎**切る** kiru　finish / cut
■**切ない** setsunai　painful　　　■**親切** shinsetsu　thoughtful / kindness　　　■**大切** taisetsu　important

焼	字音 ショウ shoo 字訓 や-く ya-ku、や-ける 　　 ya-keru 意味 やく。やける。もえる。	丷　火　灯　灯　灶　烌　焼 焼

■**焼き肉** yakiniku　grilled meat　　　◎**焼く** yaku　bake / burn　　　◎**日焼け** hiyake　sunburn
■**夕焼け** yuuyake　sunset glow　　　■**焼却** shookyaku　burning sterilization　　　■**全焼** zenshoo　total loss by fire

練習問題

1 ＿＿をひらがなで書きましょう。

1. 料理（　　　　　）　　　　　2. 砂糖（　　　　　）

3. 塩（　　　　）　　　　　　　4. 味（　　　　　）

5. 切る（　　　　）　　　　　　6. 焼く（　　　　）

7. 絵はがきに切手（　　　　て）をはってください。

8. あまり無理（む　　　　）をしないでください。

9. 日焼け（ひ　　　　）しないようにクリームをぬった。

10. 「無料」は「お金を払わなくていい」という意味（い　　）です。

11. 母からもらった大切（たい　　　　）な時計をなくしてしまいました。

12. 昨日休んだ理由（　　ゆう）を教えてください。

13. 父は塩辛い（　　からい）食べ物が好きです。

14. 電気や水道の料金（　　きん）はいくらですか。

2 線でむすび、漢字をつくりましょう。

例　米 ────────── 刀　（　　　）

1. 七 ＼──────── 斗　（　料　）

2. 火　　　　　　少　（　　　）

3. 王　　　　　　盆　（　　　）

4. 土　　　　　　未　（　　　）

5. 口　　　　　　尭　（　　　）

6. 石　　　　　　里　（　　　）

3 　　　　　から漢字を選びましょう。そして、（　）にひらがなを書きましょう。

例
　　　（あじつけ）
（みかく）
```
味 つ け
覚
```

味	料	理	塩	砂	糖	切	焼

STEP **1**

1. （　　　　）
```
□ る
手
```

2. （　　　　）
```
無
□ 由
```
（　　　　）

3. （　　　　　）
```
日 □ け
　 く
```
（　　）

STEP **2**

4. （　　　）
```
　 入
　 場
日 本 □ 理
```
（　　　　　）

5. （　　　　）
```
食 □
　 漬
　 け
```
（　　）

6. （　　　　）
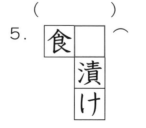
（　　）

112

7.

ぶ
ど
う
血□値
(　　　　　　　)

8.
持
ち
調□料
(　　　　　　)

4 □に漢字を書きましょう。

STEP **1**

1. □ （あじ）flavor

2. □ （しお）salt

3. □く（やく）bake

4. □る（きる）cut

5. □ （すな）sand

6. □□ （さとう）sugar

7. 意□ （いみ）meaning

8. □手 （きって）stamp

9. 親□ （しんせつ）kindness

10. □□ （りょうり）cooking

STEP **2**

11. おばあさんが□きおにぎり（やきおにぎり）を作ってくれた。

12. 毎月、水道や電気などの公共□金（りょうきん）を払わなければならない。

13. 最近、スーパーやコンビニで□質（とうしつ）オフの食べ物が売られている。

14. よく□わって（あじわって）食べてください。

15. 海外旅行のおみやげに珍しい調□□ （ちょうみりょう）をもらった。

16. 決して無□ （むり）をしてはいけません。

17. 私にとっては大□ （たいせつ）な思い出です。

目

字音　モク moku、ボク boku
字訓　め me、ま ma
意味　め。見る。要点。まなざし。小分け。

筆順：一 冂 冃 月 目

◎目 me　eye
■目指す mezasu　aspire
■目立つ medatsu　stand out
■目次 mokuji　contents
◎目的 mokuteki　purpose
■項目 koomoku　point / item

口

字音　コウ koo、ク ku
字訓　くち kuchi
意味　くち。言う。出入りするところ。

筆順：丨 冂 口

◎口 kuchi　mouth / opening
◎出口 deguchi　exit
■早口 hayakuchi　talk fast
■入り口 iriguchi　entrance
■非常口 hijooguchi　emergency exit
■口調 kuchoo　tone / accent

耳

字音　ジ ji
字訓　みみ mimi
意味　みみ。みみの形をしたもの。

筆順：一 丆 丆 耳 耳 耳

◎耳 mimi　ear
■耳栓 mimisen　ear plugs
■耳鳴り miminari　ringing in the ears
■耳元 mimimoto　close to the ear
■耳寄り mimiyori　welcome news
◎耳鼻科 jibika　ear, nose, throat clinic

鼻

字音　ビ bi
字訓　はな hana
意味　顔にある「はな」。呼吸をしたり、においをかいだり、発声を助けるための器官。

筆順：丿 冂 自 鼻 鼻 畠 畠 鼻

◎鼻 hana　nose
■鼻息 hanaiki　snort
■鼻血 hanaji　nose bleed
◎鼻水 hanamizu　mucus / runny nose
■鼻音 bion　nasal sound
■耳鼻科 jibika　ear, nose, throat clinic

顔

字音　ガン gan
字訓　かお kao
意味　かお。いろどり。

筆順：丿 立 产 彦 彦 顔 顔 顔

◎顔 kao　face
■顔色 kaoiro　color of face / mood
■顔なじみ kaonajimi　familiar face
■顔ぶれ kaobure　members
◎笑顔 egao　smile
■洗顔料 senganryoo　face wash

頭

字音　トウ too、ズ zu、ト to
字訓　あたま atama、かしら kashira
意味　あたま。はじめの部分。いちばん上の人。

筆順：一 口 豆 豆 頭 頭 頭 頭

◎頭 atama　head
■頭金 atamakin　deposit
■頭文字 kashiramoji　initial
■頭上 zujoo　overheard
◎頭痛 zutsuu　headache
■頭脳 zunoo　brain

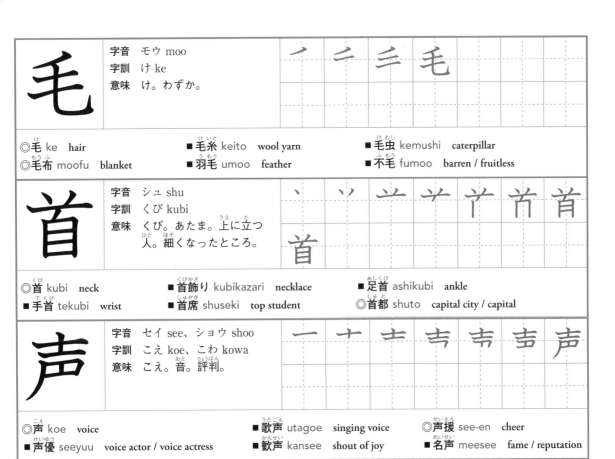

毛	字音　モウ moo 字訓　け ke 意味　け。わずか。	⼀　⼆　三　毛

◎毛 ke　hair　　　　■毛糸 keito　wool yarn　　　　■毛虫 kemushi　caterpillar
◎毛布 moofu　blanket　　　■羽毛 umoo　feather　　　　■不毛 fumoo　barren / fruitless

首	字音　シュ shu 字訓　くび kubi 意味　くび。あたま。上に立つ 　　　人。細くなったところ。	丶　丷　⺍　⺌　产　首　首 首

◎首 kubi　neck　　　　■首飾り kubikazari　necklace　　　　■足首 ashikubi　ankle
■手首 tekubi　wrist　　　■首席 shuseki　top student　　　◎首都 shuto　capital city / capital

声	字音　セイ see、ショウ shoo 字訓　こえ koe、こわ kowa 意味　こえ。音。評判。	⼀　十　吉　吉　吉　吉　声

◎声 koe　voice　　　　■歌声 utagoe　singing voice　　　◎声援 see-en　cheer
■声優 seeyuu　voice actor / voice actress　　　■歓声 kansee　shout of joy　　　■名声 meesee　fame / reputation

練習問題
（れん しゅう もん だい）

1 ＿＿をひらがなで書きましょう。

1. 耳（　　　　）　　　2. 声（　　　　）

3. 毛（　　　　）　　　4. 首（　　　　）

5. 鼻（　　　　）　　　6. 顔（　　　　）

7. あなたは、笑顔（え　　　　）がすてきです。

8. 彼は青い目（　　　　）をしています。

9. 出口（で　　　　）はどこですか。

10. 馬から落ちて頭（　　　　）を打った。

11. 寒いので、毛布（　　　ふ）が必要です。

12. この花瓶は口（　　　　　　）が広い。

13. 頭（　　　　　　）が痛いので、頭痛薬（　　　つうやく）を飲んだ。

14. 日本に来た目的（　　　てき）は何ですか。

15. 日本の首都（　　　と）は東京です。

2 絵を見て、☐☐☐から漢字を選んで、＿＿にひらがなで書きましょう。

1.（　　）＿＿＿＿＿＿　　　　　4.（　　）＿＿＿＿＿＿

2.（　　）＿＿＿＿＿＿　　　　　5.（　　）＿＿＿＿＿＿

3.（　　）＿＿＿＿＿＿　　　　　6.（　　）＿＿＿＿＿＿

目	口	耳	鼻	首	声	人	毛

3 正しい文を選びましょう。

STEP 1

1.（A）大きく声を開けてしゃべる。　　　　　答え（　　）

（B）大きく口を開けてしゃべる。

2.（A）鼻水を垂らしながら泣いている。　　　答え（　　）

（B）目水を垂らしながら泣いている。

STEP 2

3.（A）彼女の服装はとても目立つ。　　　　　答え（　　）

（B）彼女の服装はとても顔立つ。

4. (A) 田中一郎の頭文字は、I.T.です。　　　　答え（　　　）

　　(B) 田中一郎の顔文字は、I.T.です。

5. (A) 彼は店の顔なじみだ。　　　　　　　　答え（　　　）

　　(B) 彼は店の声なじみだ。

6. (A) 彼は目立ちが、母親とよく似ている。　　答え（　　　）

　　(B) 彼は目鼻立ちが、母親とよく似ている。

4 □に漢字を書きましょう。

STEP **1**

1. 出 ☐ （でぐち）exit

2. ☐ 水 （はなみず）mucus

3. ☐ （あたま）head

4. ☐ （こえ）voice

5. ☐ （みみ）ear

6. ☐ （かお）face

7. ☐ （め）eye

STEP **2**

8. この本は巻頭に ☐ 次 （もくじ）があります。

9. ☐ 糸 （けいと）でセーターをあみました。

10. 火事のときは、あの非常 ☐ （ひじょうぐち）から、逃げてください。

11. となりの部屋から、きれいな歌 ☐ （うたごえ）が聞こえる。

12. 彼女とは古くからの ☐ なじみ （かおなじみ）です。

13. 耳鳴りがするので、☐☐ 科 （じびか）へ行って診察してもらおう。

14. 彼女は、この学校を ☐ 席 （しゅせき）で卒業した。

15. がんばる選手に ☐ 援 （せいえん）をおくった。

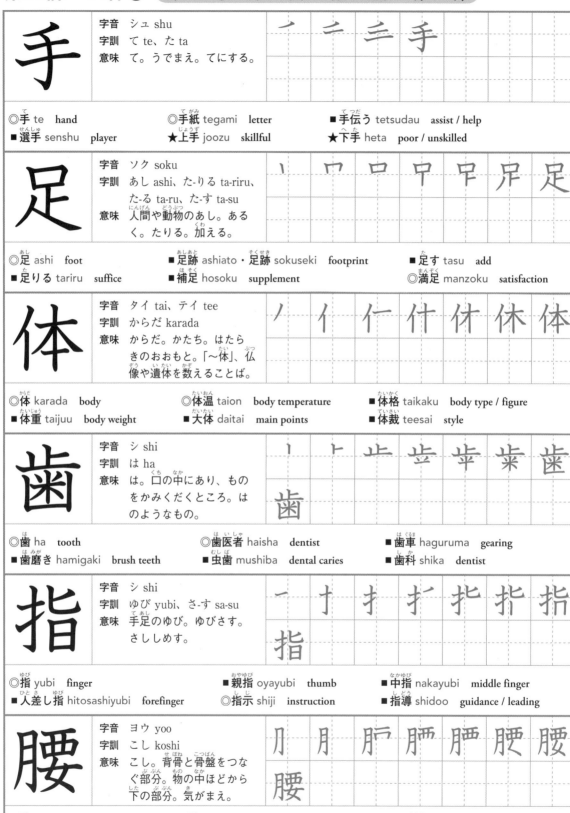

手	字音 シュ shu 字訓 て te、た ta 意味 て。うでまえ。てにする。	ノ　二　三　手

◎**手** te　hand　　　　◎**手紙** tegami　letter　　　　■**手伝う** tetsudau　assist / help
■**選手** senshu　player　　★**上手** joozu　skillful　　★**下手** heta　poor / unskilled

足	字音 ソク soku 字訓 あし ashi、た-りる ta-riru、 た-る ta-ru、た-す ta-su 意味 人間や動物のあし。ある く。たりる。加える。	丨　口　口　早　早　尸　足

◎**足** ashi　foot　　　　■**足跡** ashiato・**足跡** sokuseki　footprint　　　　■**足す** tasu　add
■**足りる** tariru　suffice　　■**補足** hosoku　supplement　　　　◎**満足** manzoku　satisfaction

体	字音 タイ tai、テイ tee 字訓 からだ karada 意味 からだ。かたち。はたら きのおおもと。「〜体」、仏 像や遺体を数えることば。	ノ　イ　イ　什　体　休　体

◎**体** karada　body　　　　◎**体温** taion　body temperature　　　　■**体格** taikaku　body type / figure
■**体重** taijuu　body weight　　■**大体** daitai　main points　　　　■**体裁** teesai　style

歯	字音 シ shi 字訓 は ha 意味 は。口の中にあり、もの をかみくだくところ。は のようなもの。	丨　ト　止　歩　歩　朱　歯 歯

◎**歯** ha　tooth　　　　◎**歯医者** haisha　dentist　　　　■**歯車** haguruma　gearing
■**歯磨き** hamigaki　brush teeth　　■**虫歯** mushiba　dental caries　　■**歯科** shika　dentist

指	字音 シ shi 字訓 ゆび yubi、さ-す sa-su 意味 手足のゆび。ゆびさす。 さししめす。	一　十　扌　扌　扌　指　指 指

◎**指** yubi　finger　　　　■**親指** oyayubi　thumb　　　　■**中指** nakayubi　middle finger
■**人差し指** hitosashiyubi　forefinger　　◎**指示** shiji　instruction　　■**指導** shidoo　guidance / leading

腰	字音 ヨウ yoo 字訓 こし koshi 意味 こし。背骨と骨盤をつな ぐ部分。物の中ほどから 下の部分。気がまえ。	刀　月　肟　肟　腰　腰　腰 腰

◎**腰** koshi　hip / waist　　　■**腰かける** koshikakeru　sit / sit down　　■**腰骨** koshibone　hipbone
◎**足腰** ashikoshi　leg muscles　　■**物腰** monogoshi　manner　　■**腰痛** yootsuu　backache

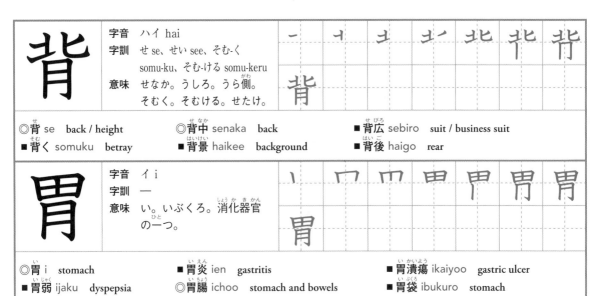

背	字音	ハイ hai		一	ナ	土	北	北	北	背
	字訓	せ se、せい see、そむ-く somu-ku、そむ-ける somu-keru		背						
	意味	せなか。うしろ。うら側。そむく。そむける。せたけ。								

◎背 se back / height　　◎背中 senaka back　　■背広 sebiro suit / business suit
■背く somuku betray　　■背景 haikee background　　■背後 haigo rear

胃	字音	イ i		丶	口	田	甲	胃	胃	胃
	字訓	—		胃						
	意味	い。いぶくろ。消化器官の一つ。								

◎胃 i stomach　　■胃炎 ien gastritis　　■胃潰瘍 ikaiyoo gastric ulcer
■胃弱 ijaku dyspepsia　　◎胃腸 ichoo stomach and bowels　　■胃袋 ibukuro stomach

練習問題

1 ＿＿をひらがなで書きましょう。

1. 指（　　　　）　　　　2. 体（　　　　　　）

3. 手（　　　）　　　　4. 足（　　　　）

5. 腰（　　　）　　　　6. 胃（　　　）

7. 背中（　　　なか）

8. 私の指示（　　　じ）にしたがってください。

9. 父は胃腸（　　　ちょう）が弱い。

10. 国の母から手紙（　　　がみ）が来ました。

11. 毎朝、体温（　　　おん）をはかる。

12. これだけ食べれば満足（まん　　　）です。

13. イスに腰（　　　　）をかける。

14. 食事の後に、歯（　　　）をみがきましょう。

15. 山田さんは背（　　　）が高くてハンサムです。

2 線でむすび、漢字をつくりましょう。

例　北 ————————　旨　（　　　）

1. イ ——————————— 月　（　背　）

2. 扌 　　　　　　　　要　（　　　）

3. 田 　　　　　　　　月　（　　　）

4. 月 　　　　　　　　本　（　　　）

3 □に漢字を書いて、（ ）にひらがなを書きましょう。

例
（あしこし）
足
腰 かける
（ こ し か け る ）

STEP **1**

（　　　　　　）
1. ⌒ □中
　　景 ⌣

（　　　　　　）
2. 満□ ⌒
　　　す ⌣

（　　　　　　）
3. ⌒ □袋
　　　腸 ⌣

STEP **2**

（　　　　　　）
4. ⌒ □重
　　格 ⌣

5. □上 ⌒
　下□
（　　　　　　）⌣

（　　　　　　）
6. 虫□ ⌒
　　磨
　　き ⌣

（　　　　　　）
7. 親□ ⌒
　　導
　　者 ⌣

4 □に漢字_{かんじ}を書_かきましょう。

STEP ①

1. ☐ （あし）foot

2. ☐ （からだ）body

3. ☐ （て）hand

4. ☐ 示 （しじ）instruction

5. ☐ 紙 （てがみ）letter

6. ☐ （ゆび）finger

7. ☐ （こし）waist

8. 満 ☐ （まんぞく）satisfaction

9. ☐ 医者 （はいしゃ）dentist

STEP ②

10. 山を ☐ 景 （はいけい）に写真_{しゃしん}をとりました。

11. 食べ物_{もの}は主に ☐ 腸 （いちょう）で消化_かされます。

12. このごろ ☐ 重 （たいじゅう）がふえた。

13. 2に2を ☐ す （たす）と4になります。

14. 夕食を作_{つく}るのを ☐ 伝う （てつだう）。

15. 奥 ☐ （おくば）までしっかりと磨_{みが}きましょう。

16. 丈夫_{じょうぶ}な体を作_{つく}るには、☐☐ （あしこし）を鍛_{きた}えることが大切です。

17. 将来_{しょう}、テニスの選 ☐ （せんしゅ）になりたい。

18. さきほどの説明_{せつめい}の補 ☐ （ほそく）をします。

19. 私は歌_{うた}が下 ☐ （へた）です。

20. あなたは絵_えが上 ☐ （じょうず）ですね。

21. 山田先生_{せい}の ☐ 導 （しどう）はきびしい。

22. 新しい ☐ 広 （せびろ）を買_かいました。

23. 食後に ☐ 磨き （はみがき）をする。

力

字音　リョク ryoku、リキ riki
字訓　ちから chikara
意味　ちから。はたらき。いきおい。

- ◎力 chikara　strength / force
- ■力持ち chikaramochi　strong person
- ◎協力 kyooryoku　cooperation
- ■権力 kenryoku　authority / power
- ■努力 doryoku　labor / effort
- ■能力 nooryoku　capacity / ability

元

字音　ゲン gen、ガン gan
字訓　もと moto
意味　もと。はじまり。

- ■元 moto　original
- ■元帳 motochoo　ledger
- ■地元 jimoto　local area
- ■身元 mimoto　identity
- ◎元気 genki　healthy / well
- ◎元日 ganjitsu　New Year's Day

気

字音　キ ki、ケ ke
字訓　—
意味　くうき。自然現象。いのちあるもの。心のはたらき。呼吸。

- ■気象 kishoo　weather
- ■気体 kitai　gas
- ■気付く kizuku　perceive / notice
- ◎気分 kibun　mood
- ◎天気 tenki　weather
- ■気配 kehai　indication

病

字音　ビョウ byoo、ヘイ hee
字訓　や-む ya-mu、やまい yamai
意味　やまい。体を悪くする。欠点。

- ■病む yamu　become ill
- ◎病気 byooki　sickness
- ■病室 byooshitsu　hospital room
- ■臆病 okubyoo　cowardly
- ◎看病 kanbyoo　nursing / take care
- ■急病 kyuubyoo　sudden illness

生

字音　セイ see、ショウ shoo
字訓　いきる i-kiru、いかす i-kasu、いける i-keru、うまれる u-mareru、うむ u-mu、おう o-u、はえる ha-eru、はやす ha-yasu、き ki、なま nama
意味　はえる。うむ。いのち。いきいきとしている。

- ■生きる ikiru　live
- ◎生まれる umareru　be born
- ■生年月日 seenengappi　date of birth
- ■学生 gakusee　student
- ◎先生 sensee　teacher / instructor
- ■一生 isshoo　lifetime

死

字音　シ shi
字訓　し-ぬ shi-nu
意味　しぬ。命がつきる。役に立たない。命がけ。

- ■死因 shiin　cause of death
- ■死体 shitai　dead body
- ◎死ぬ shinu　die
- ■死亡 shiboo　death
- ■急死 kyuushi　sudden death
- ◎必死 hisshi　desperate

疲	字音 ヒ hi 字訓 つか-れる tsuka-reru 意味 つかれる。つかれ。おとろえる。	亠 广 广 疒 疒 疒 疲 疲

■疲れ tsukare　tiredness　　■疲れ目 tsukareme　eye strain　　◎疲れる tsukareru　tire
■気疲れ kizukare　mental fatigue　　■疲弊 hihee　exhaustion　　◎疲労 hiroo　tiredness

痛	字音 ツウ tsuu 字訓 いた-い ita-i、いた-む ita-mu、いた-める ita-meru 意味 いたい。いためる。体がいたむ。心のいたみ。なやみ。はげしい。	亠 广 广 疒 疒 疒 痈 痛 痛

◎痛い itai　painful　　■痛切 tsuusetsu　deep　　◎苦痛 kutsuu　hurt / distress
■歯痛 shitsuu　toothache　　■頭痛 zutsuu　headache　　■腹痛 fukutsuu　abdominal pain

練習問題

1 ＿＿をひらがなで書きましょう。

1. 元気（　　　　　）　　2. 力（　　　　　）

3. 病気（　　　　　）　　4. 生まれる（　　　　）

5. 疲労（　　　　ろう）　6. 痛い（　　　　）

7. 元日（　　　　　）　　8. 先生（せん　　　）

9. 気分（　　　　ぶん）　10. 死ぬ（　　　　）

11. 協力（きょう　　　　　）

12. ただ漢字を覚えるのは苦痛（く　　　　）だ。

13. 疲（　　　　）れたときは寝るのが一番いいです。

14. 母の看病（かん　　　）をします。

15. 今日は天気（てん　　）がいいので、洗濯しよう。

16. 姉は必死（ひっ　　　）に勉強して医者になった。

2 絵を見て、反対の言葉を漢字で書きましょう。

1. （　　　　　）になる　⇔　元気になる

3 □に漢字を書いて、（　）にひらがなを書きましょう。

例

（くつう）
苦	痛 |（いたみどめ）
	み
	止
	め

STEP **1**

1. | 　 | 元 |（　）
|---|---|
| 病 | 　 |

（　　　　　）

2. | 　 | 先 |（　）
|---|---|
| 学 | 　 |

（　　　　　）

3. （　　　　　）
	れ	る
労		

（　　　）

STEP **2**

4. （　）
必	
	亡

（　　　　）

5. （　）
国
際
協
	持	ち

（　　　　　　　）

6. （　　　　　）
頭	|（　）
	い

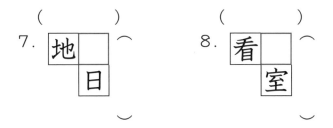

7. ( ) 地□／日

8. ( ) 看□／室

4 □に漢字を書きましょう。

STEP **1**

1. □気 （びょうき） sickness

2. □ （ちから） strength

3. □れる （つかれる） tire

4. □□ （げんき） healthy

5. □ぬ （しぬ） die

STEP **2**

6. 彼女はとても行動□ （こうどうりょく） がある。

7. □ （やまい） は気から 〈ことわざ〉。

8. 今日は朝から頭□ （ずつう） がしてつらい。

9. 100円以上の商品を買うと、ポイントが還□ （かんげん） されます。

10. その事件は多くの人に苦□ （くつう） を与えた。

11. 私は□まれつき （うまれつき）、□弱 （びょうじゃく） です。

12. シートベルトが自動車事故の□死 （せいし） を分けます。

13. 横になったら、だいぶ□分 （きぶん） がよくなった。

14. 母は一□ （いっしょう） 幸せだった。

One Point 「やまいだれ」 がつく漢字

　この課で練習する「病」「疲」「痛」の「疒」は「やまいだれ」と読みます。「やまい」とは病気のことです。やまいだれがつく漢字は病気についてのものが多く、ほかには「症」「疾」などがあります。

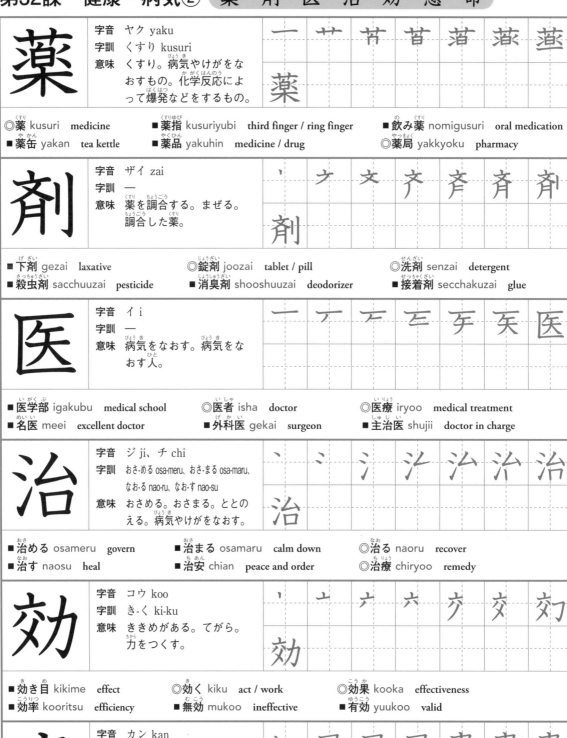

| 薬 | 字音　ヤク yaku
字訓　くすり kusuri
意味　くすり。病気やけがをなおすもの。化学反応によって爆発などをするもの。 | 一 艹 艿 苩 荱 薴 薬
薬 |

◎薬 kusuri　medicine　　■薬指 kusuriyubi　third finger / ring finger　　■飲み薬 nomigusuri　oral medication
■薬缶 yakan　tea kettle　　■薬品 yakuhin　medicine / drug　　◎薬局 yakkyoku　pharmacy

| 剤 | 字音　ザイ zai
字訓　―
意味　薬を調合する。まぜる。調合した薬。 | 丶 ナ 文 斉 斉 斉 剤
剤 |

■下剤 gezai　laxative　　◎錠剤 joozai　tablet / pill　　◎洗剤 senzai　detergent
■殺虫剤 sacchuuzai　pesticide　　■消臭剤 shooshuuzai　deodorizer　　■接着剤 secchakuzai　glue

| 医 | 字音　イ i
字訓　―
意味　病気をなおす。病気をなおす人。 | 一 т 7 3 乑 矢 医 |

■医学部 igakubu　medical school　　◎医者 isha　doctor　　◎医療 iryoo　medical treatment
■名医 meei　excellent doctor　　■外科医 gekai　surgeon　　■主治医 shujii　doctor in charge

| 治 | 字音　ジ ji、チ chi
字訓　おさ-める osa-meru、おさ-まる osa-maru、なお-る nao-ru、なお-す nao-su
意味　おさめる。おさまる。ととのえる。病気やけがをなおす。 | 丶 丷 氵 沪 治 治 治
治 |

■治める osameru　govern　　■治まる osamaru　calm down　　◎治る naoru　recover
■治す naosu　heal　　■治安 chian　peace and order　　◎治療 chiryoo　remedy

| 効 | 字音　コウ koo
字訓　き-く ki-ku
意味　ききめがある。てがら。力をつくす。 | 丶 亠 亠 六 亥 交 効
効 |

■効き目 kikime　effect　　◎効く kiku　act / work　　◎効果 kooka　effectiveness
■効率 kooritsu　efficiency　　■無効 mukoo　ineffective　　■有効 yuukoo　valid

| 患 | 字音　カン kan
字訓　わずら-う wazura-u
意味　わずらう。病気になる。思いなやむ。 | 丶 口 目 吕 串 串 患
患 |

■患う wazurau　have　　■長患い nagawazurai　long illness　　◎患者 kanja　patient
■患部 kanbu　affected part　　◎急患 kyuukan　emergency case　　■疾患 shikkan　disturbance

| 命 | 字音 メイ mee、ミョウ myoo
字訓 いのち inochi
意味 いのち。言いつける。名
づける。めぐりあわせ。 | 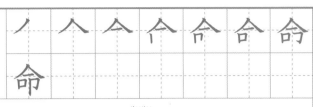 |

◎命 inochi life   ◎命令 meeree order / command   ■命名 meemee naming
■運命 unmee destiny   ■救命 kyuumee lifesaving   ■寿命 jumyoo life-span

練習問題 (れんしゅうもんだい)

1 ___をひらがなで書きましょう。

1. 命（　　　　　）   2. 効く（　　　　）

3. 治る（　　　　　）   4. 患者（　　　　　　）

5. 薬（　　　　　）   6. 治療（　　　りょう）

7. 命令（　　　れい）   8. 洗剤（せん　　　　）

9. 薬局（　　　きょく）   10. 錠剤（じょう　　　　）は飲みやすい。

11. 冬になるとインフルエンザの患者（　　　じゃ）が増えます。

12. このワクチンはとてもよく効（　　　）くそうです。

13. 兄は医者（　　しゃ）です。

14. ダイエットのために、毎日ジョギングをしています。でも、なかなか

　　効果（　　　　か）がありません。

2 線でむすび、漢字をつくりましょう。

例 氵　　　　　　力　（　　）

1. 斉　　　　　　楽　（　　）

2. 艹　　　　　　刂　（　　）

3. 交　　　　　　台　（ 治 ）

127

3 文を読んで □ の中から漢字を選びましょう。同じ漢字を2回使ってもいいです。

深夜に頭が強く痛みだしたので救（1.　　　）救急センターに行き、（2.　　　）者の診察を受けました。

幸い、重い病気ではなく、（3.　　　）を処方してもらいました。

薬局で、（4.　　　）（5.　　　）師から薬の飲み方の説明を受けました。その薬はよく（6.　　　）いて、すぐに頭痛が（7.　　　）りました。

薬	剤	医	治	効	患	命

4 □に漢字を書いて、（　）にひらがなを書きましょう。

（きゅうめい）
例
救	命 |（めいれい）
	令 |（めいれい）

STEP ①

1. （　　　）
　□ 療
　□ る

2. 急 □
　□ 者
　（　　　）

3. □ 洗
　錠 □
　（　　　）

STEP ②

4. （　　　）
　□ き 目
　果

5. （　　　）
　飲 み □
　　　□ 局

6. 外
　科
　□ 学 部
　（　　　）

128

5 □に漢字<ruby>を<rt>か</rt></ruby>書きましょう。

STEP ①

1. ☐ （くすり） medicine
2. ☐ 者 （いしゃ） doctor
3. 洗 ☐ （せんざい） detergent
4. ☐ （いのち） life
5. ☐ る （なおる） recover
6. ☐ く （きく） act/work

STEP ②

7. 世界中の人間の寿 ☐ （じゅみょう） は年々長くなっている。

8. 将来 ☐ 療 （いりょう） に関係する仕事をしたい。

9. 人間の運 ☐ （うんめい） はわかりません。

10. その薬は1回飲んだだけで、☐ き目 （ききめ） がすぐにあらわれた。

11. この機械はいままで使っていたものより、☐ 率 （こうりつ） がよい。

12. その ☐ 者 （かんじゃ） はすぐに入院することになった。

13. ☐ 局 （やっきょく） で薬をもらってください。

14. けがをして、病院で ☐ 部 （かんぶ） の ☐ 療 （ちりょう） をしてもらった。

15. 山口先生は外科 ☐ （げかい） として有名です。

16. ごきぶりは殺虫 ☐ （さっちゅうざい） をかけてもなかなか死なない。

17. そんなやり方では、☐ 果 （こうか） は期待できない。

18. ☐ 品 （やくひん） の扱いには注意が必要だ。

19. 父は何でも主治 ☐ （しゅじい） に相談している。

20. 土曜日に救 ☐ （きゅうめい） の講習会があります。

21. その国は王様が ☐ （おさ） めています。

22. 病気になることを「☐ う （わずらう）」ともいう。

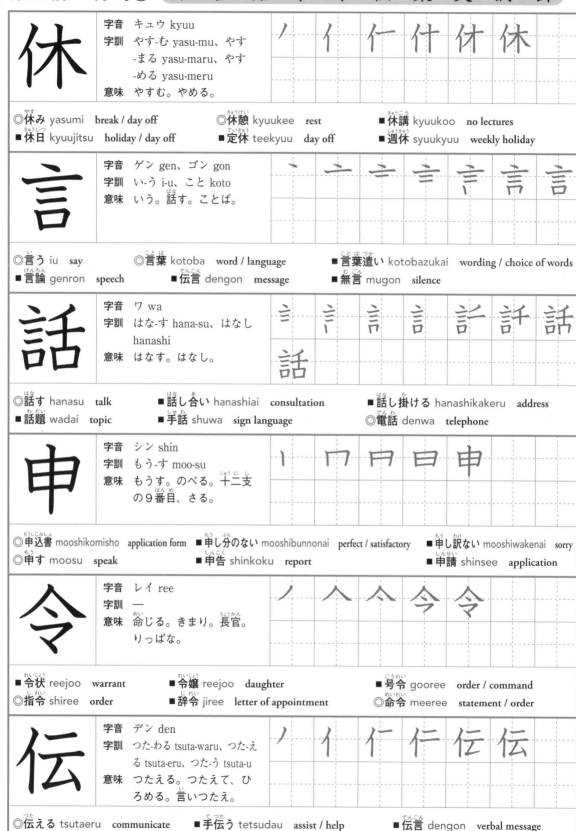

休

字音　キュウ kyuu
字訓　やす-む yasu-mu、やす
　　　-まる yasu-maru、やす
　　　-める yasu-meru
意味　やすむ。やめる。

ノ イ 仁 什 休 休

◎休み yasumi　break / day off　　◎休憩 kyuukee　rest　　■休講 kyuukoo　no lectures
■休日 kyuujitsu　holiday / day off　　■定休 teekyuu　day off　　■週休 syuukyuu　weekly holiday

言

字音　ゲン gen、ゴン gon
字訓　い-う i-u、こと koto
意味　いう。話す。ことば。

丶 亠 亍 言 言 言 言

◎言う iu　say　　◎言葉 kotoba　word / language　　■言葉遣い kotobazukai　wording / choice of words
■言論 genron　speech　　■伝言 dengon　message　　■無言 mugon　silence

話

字音　ワ wa
字訓　はな-す hana-su、はなし
　　　hanashi
意味　はなす。はなし。

言 言 言 言 訮 訮 話
話

◎話す hanasu　talk　　■話し合い hanashiai　consultation　　■話し掛ける hanashikakeru　address
■話題 wadai　topic　　■手話 shuwa　sign language　　◎電話 denwa　telephone

申

字音　シン shin
字訓　もう-す moo-su
意味　もうす。のべる。十二支
　　　の9番目、さる。

一 口 曰 日 申

◎申込書 mooshikomisho　application form　　■申し分のない mooshibunnonai　perfect / satisfactory　　■申し訳ない mooshiwakenai　sorry
◎申す moosu　speak　　■申告 shinkoku　report　　■申請 shinsee　application

令

字音　レイ ree
字訓　—
意味　命じる。きまり。長官。
　　　りっぱな。

ノ 人 今 令 令

■令状 reejoo　warrant　　■令嬢 reejoo　daughter　　■号令 gooree　order / command
◎指令 shiree　order　　■辞令 jiree　letter of appointment　　◎命令 meeree　statement / order

伝

字音　デン den
字訓　つた-わる tsuta-waru、つた-え
　　　る tsuta-eru、つた-う tsuta-u
意味　つたえる。つたえて、ひ
　　　ろめる。言いつたえ。

ノ イ 仁 仁 伝 伝

◎伝える tsutaeru　communicate　　■手伝う tetsudau　assist / help　　■伝言 dengon　verbal message
■伝説 densetsu　legend / tradition　　■伝染 densen　infection / transmission　　◎伝統 dentoo　tradition / convention

案	字音 アン an 字訓 ― 意味 かんがえる。かんがえ。 下書(したが)き。	` ` `宀` `宀` `安` `安` `案` 案

◎案 an　plan　　　　　■案外(あんがい) angai　unexpected / surprising　　　■案じる anjiru　deliberate / consider
◎案内(あんない) annai　guidance　　　■答案(とうあん) tooan　answer paper　　　■名案(めいあん) meean　good idea

交	字音 コウ koo 字訓 まじ-わる maji-waru、まじ-える maji-eru、 ま-じる ma-jiru、ま-ざる ma-zaru、まぜる ma-zeru、か-う ka-u、かわ-す kawa-su 意味 まじわる。まぜる。かえる。	`  ` `亠` `六` `六` `亥` `交`

■交(まじ)わる majiwaru　associate　　　■交(ま)ざる mazaru　mix　　　■交換(こうかん) kookan　replacement / exchange
◎交差点(こうさてん) koosaten　intersection　　　■交通(こうつう) kootsuu　traffic　　　◎交番(こうばん) kooban　police box

調	字音 チョウ choo 字訓 しら-べる shira-beru、ととの-う totono-u、ととの-える totono-eru 意味 ととのえる。しらべる。詩(し) や音楽(おんがく)のリズム。ようす。	`言` `言` `訊` `訊` `調` `調` `調` 調

◎調べる shiraberu　research / check　　　■調える totonoeru　arrange　　　◎調査(ちょうさ) choosa　investigation
■調子(ちょうし) chooshi　tone / condition　　　■調和(ちょうわ) choowa　harmony　　　■順調(じゅんちょう) junchoo　smooth

計	字音 ケイ kee 字訓 はか-る haka-ru、はか-ら う haka-rau 意味 数(かず)をかぞえる。はかり。 はかりごと。	`  ` `丶` `言` `言` `言` `言` `言` 計

◎計(はか)る hakaru　measure　　　◎計画(けいかく) keekaku　project / plan　　　■計算(けいさん) keesan　calculation
◎会計(かいけい) kaikee　accounting　　　■合計(ごうけい) gookee　total amount　　　★時計(とけい) tokee　clock / watch

練習(れんしゅう)問題(もんだい)

1 ＿＿＿をひらがなで書(か)きましょう。

1. 言う（　　　　　）　　　　2. 休む（　　　　　　）

3. 話す（　　　　　）　　　　4. 伝える（　　　　　　　）

5. 調査（　　　　さ）　　　　6. 案内（　　　　ない）

7. 電話（でん　　　）　　　　　8. 時計（　　　　　）

9. 交番（　　　　ばん）　　　　10. 伝統（　　　とう）

11. 計る（　　　　）

12. 人間は言葉（　　　　ば）を使うことができる。

13. そんな命令（めい　　　）には従えません。

14. 週末に東京を案内（　　　　ない）しましょう。

15. わからないことは辞書で調（　　　　）べます。

16. 合計（ごう　　　）でいくらになりますか。

17. 次の交差点（　　　さてん）を左に曲がってください。

18. あなたは中国語を話（　　　　）せますか。

19. 私は山田と申（　　　　）します。

20. 30分間休憩（　　　　けい）にします。

21. 申込書（　　　　こみしょ）に名前と住所を書いてください。

22. 何かいい案（　　　）はありませんか。

23. 本部から指令（し　　　　）が出ました。

24. 夏休みの計画（　　　かく）を立てよう。

2 □に漢字を書いて、（ ）にひらがなを書きましょう。

例
（やすみ）
（きゅうせん）
休	み
戦	

STEP **1**

1. （　　　　　）
□	込	書
す		

2. （　　　　　）
□	え	る
統		

3. （　　　　　）
□	う
葉	

132

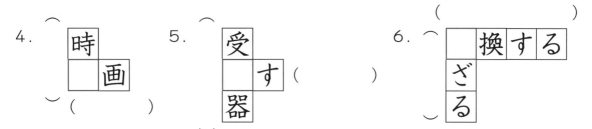

STEP ❷

4.
```
時
 画
```
（　　　）

5.
```
受
 す（　　　）
器
```

6.
（　　　　　　　　）
```
 換する
ざる
 る
```

3 □に漢字を書きましょう。

STEP ❶

1. □差点（こうさてん） intersection

2. □葉（ことば） word/language

3. □査（ちょうさ） investigation

4. 電□（でんわ） telephone

5. 手□う（てつだう） assist/help

6. □べる（しらべる） reseach/check

7. □す（はなす） talk

8. □み（やすみ） break

9. □う（いう） say

STEP ❷

10. 会社から庶務課へ異動の辞□（じれい）が出た。

11. 社長からの□言（でんごん）をお□（つた）えします。

12. □□（きゅうじつ）ぐらい、家でゆっくり□（やす）みたい。

13. □（はなし）の途中で□題（わだい）が変わった。

14. 遅くなりまして、□し訳（もうしわけ）ございません。

15. 誕生日のプレゼントに□□（とけい）をもらった。

16. 昨日お酒を飲みすぎて、今日は□子（ちょうし）が悪い。

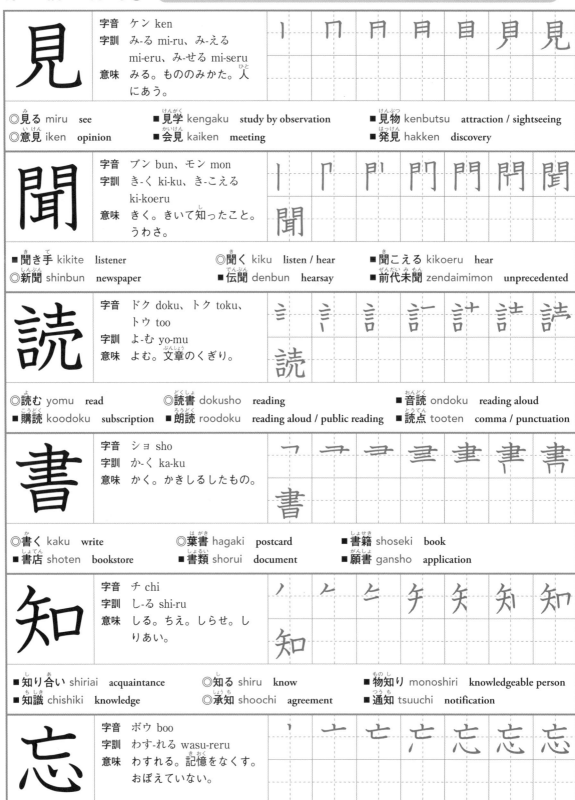

見

字音　ケン ken
字訓　み-る mi-ru、み-える mi-eru、み-せる mi-seru
意味　みる。もののみかた。人にあう。

一 丨 冂 目 目 貝 見

◎見る miru　see
◎意見 iken　opinion
■見学 kengaku　study by observation
■会見 kaiken　meeting
■見物 kenbutsu　attraction / sightseeing
■発見 hakken　discovery

聞

字音　ブン bun、モン mon
字訓　き-く ki-ku、き-こえる ki-koeru
意味　きく。きいて知ったこと。うわさ。

丨 冂 冂 門 門 門 聞
聞

■聞き手 kikite　listener
◎新聞 shinbun　newspaper
◎聞く kiku　listen / hear
■伝聞 denbun　hearsay
■聞こえる kikoeru　hear
■前代未聞 zendaimimon　unprecedented

読

字音　ドク doku、トク toku、トウ too
字訓　よ-む yo-mu
意味　よむ。文章のくぎり。

言 言 言 言 計 計 読
読

◎読む yomu　read
■購読 koodoku　subscription
◎読書 dokusho　reading
■朗読 roodoku　reading aloud / public reading
■音読 ondoku　reading aloud
■読点 tooten　comma / punctuation

書

字音　ショ sho
字訓　か-く ka-ku
意味　かく。かきしるしたもの。

ア ユ ヨ 聿 聿 書 書
書

◎書く kaku　write
■書店 shoten　bookstore
◎葉書 hagaki　postcard
■書類 shorui　document
■書籍 shoseki　book
■願書 gansho　application

知

字音　チ chi
字訓　し-る shi-ru
意味　しる。ちえ。しらせ。しりあい。

ノ 仁 仁 乍 矢 知 知
知

■知り合い shiriai　acquaintance
■知識 chishiki　knowledge
◎知る shiru　know
◎承知 shoochi　agreement
■物知り monoshiri　knowledgeable person
■通知 tsuuchi　notification

忘

字音　ボウ boo
字訓　わす-れる wasu-reru
意味　わすれる。記憶をなくす。おぼえていない。

亠 亡 亡 亡 忘 忘 忘

◎忘れ物 wasuremono　lost article
■忘年会 boonenkai　year-end party
◎忘れる wasureru　forget
■健忘症 kenbooshoo　amnesia
■物忘れ monowasure　forgetfulness
■備忘録 bibooroku　memorandum

使	字音　シ shi 字訓　つか-う tsuka-u 意味　つかう。つかい。	ノ　イ　イ　仁　仁　仴　伊 使

◎使う tsukau　use　　■お使い otsukai　errand　　■魔法使い mahootsukai　witch / wizard
■使途 shito　way of using　　◎使用 shiyoo　use　　■使用人 shiyoonin　employee

禁	字音　キン kin 字訓　— 意味　さしとめる。とじこめる。 　　　いさめる。してはならな 　　　いこと。	一　十　オ　木　林　梺　埜 禁

◎禁煙 kin-en　non-smoking　　■禁句 kinku　taboo word　　◎禁止 kinshi　prohibition
■禁じる kinjiru　prohibit / forbid　　■禁酒 kinshu　abstinence　　■厳禁 genkin　strict prohibition

煙	字音　エン en 字訓　けむ-る kemu-ru、けむり 　　　kemuri、けむ-い kemu-i 意味　けむる。けむり。けむり 　　　のようなもの。たばこ。	火　炉　炉　煙　煙　煙　煙 煙

■煙る kemuru　smolder　　◎煙 kemuri　smoke　　■砂煙 sunakemuri　cloud of sand
◎煙突 entotsu　chimney　　■黒煙 kokuen　black smoke　　■噴煙 fun-en　volcanic smoke

喫	字音　キツ kitsu 字訓　— 意味　飲む。すう。食べる。こ 　　　うむる。	ロ　ロ　叶　咁　唣　啔　喫 喫

◎喫煙 kitsuen　smoking　　◎喫茶店 kissaten　coffee shop　　■喫する kissuru　eat / smoke
■満喫 mankitsu　enjoy fully

第34課　行為②

練習問題

1　＿＿をひらがなで書きましょう。

1. 見る（　　　）　　　　2. 聞く（　　　）

3. 書く（　　　）　　　　4. 読む（　　　）

5. 使う（　　　）　　　　6. 知る（　　　）

7. 忘れる（　　　）　　　8. 喫茶店（　　　さてん）

135

9. 電車の中に忘れ物（　　　　　もの）をした。

10. ここにあなたの意見（い　　　　　　）を書いてください。

11. 国の家族に絵葉書（えは　　　　　　）を送ります。

12. 父は毎朝新聞（しん　　　　　　）を読みます。

13. この部屋は使用（　　　　よう）できません。

14. ここは禁煙（　　　　　　　）です。

15. サンタクロースは煙突（　　　　　とつ）から入ってくる。

16. 私の趣味は読書（　　　　　　　　）です。

17. 私はたばこの煙（　　　　　　　）が嫌いです。

2 線でむすび、漢字をつくりましょう。

例　亻　　　　　　　　儿　（　　　）

1. 火　　　　　　　　亜　（　　　）

2. 言　　　　　　　　吏　（　使　）

3. 目　　　　　　　　心　（　　　）

4. 亡　　　　　　　　売　（　　　）

3 □に漢字を書いて、（　）にひらがなを書きましょう。

（きつえん）
例　煙
　　喫
（きっさてん）
　　喫
　　店

STEP ❶

1. （　　　　　）
　　□書
　　む

2. （　　　　　）
　　新□
　　□く
　　（　　　）

3. （　　　　　　）
　　□用中
　　う

STEP ②

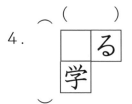

4. （　　　　）
□る
学

5. （　　　　　　）
□識
り
合
い

6. （　　　　　　）
□れ物
年会

4 □に漢字を書きましょう

STEP ①

1. □る（みる）see

2. □く（きく）listen/hear

3. □む（よむ）read

4. □く（かく）write

5. □る（しる）know

6. □れる（わすれる）forget

7. □う（つかう）use

STEP ②

8. ここは □□（きんえん）ですから、たばこを吸わないでください。

9. あそこの □茶店（きっさてん）でお茶でも飲みませんか。

10. 彼の机の上には □類（しょるい）が山のように積まれている。

11. コロンブスによって新大陸が発□（はっけん）された。

12. 年末は □年会（ぼうねんかい）などでお酒を飲むことが多くなる。

13. □突（えんとつ）から黒い □（けむり）が立ち上がっている。

14. 旅行をして □識（ちしき）を広める。

15. このトイレは □用（しよう）□止（きんし）です。

| 自 | 字音　ジ ji、シ shi
字訓　みずから mizuka-ra
意味　じぶん。じぶんで。ひとりでに。思いのまま。 | ` ｲ 自 自 自 自 |

■自習 jishuu　self-study　　■自信 jishin　confidence　　◎自分 jibun　self
◎自由 jiyuu　free　　■各自 kakuji　each　　■自然 shizen　nature

| 転 | 字音　テン ten
字訓　ころ-がる koro-garu、ころ-げる koro-geru、ころ-がす koro-gasu、ころ-ぶ koro-bu
意味　ころがる。まわる。ころぶ。ひっくりかえる。うつす。 | 一 亖 亘 車 転 転
転 |

■転がる korogaru　roll　　■転ぶ korobu　fall　　■転勤 tenkin　job relocation
◎運転 unten　drive　　■回転 kaiten　rotation　　◎自転車 jitensha　bicycle

| 車 | 字音　シャ sha
字訓　くるま kuruma
意味　くるま。車輪を回転させて動く乗り物。 | 一 亠 亘 亘 車 |

◎車 kuruma　car　　■車庫 shako　garage　　■台車 daisha　cart
◎電車 densha　train (electric)　　■列車 ressha　train　　■自動車 jidoosha　automobile

| 船 | 字音　セン sen
字訓　ふね fune、ふな funa
意味　大きなふね。 | ｆ 力 力 舟 船 船
船 |

◎船 fune　ship　　■船旅 funatabi　voyage　　■船賃 funachin　freight / fare
◎船便 funabin　shipping　　■船室 senshitsu　cabin　　■船長 senchoo　captain

| 動 | 字音　ドウ doo
字訓　うご-く ugo-ku、うご-かす ugo-kasu
意味　うごく。うごかす。 | 一 亖 亘 重 重 動
動 |

■動き ugoki　movement　　◎動く ugoku　be active / move　　■動物 doobutsu　animal
◎動物園 doobutsuen　zoo　　■行動 koodoo　behavior　　■自動 jidoo　automatic

| 輪 | 字音　リン rin
字訓　わ wa
意味　わ。車のわ。わのような丸い形のもの。まわる。花を数えることば。 | 一 亘 車 軡 軡 輪
輪 |

■輪 wa　circle　　■内輪 uchiwa　family　　◎指輪 yubiwa　ring
■輪郭 rinkaku　outline　　◎車輪 sharin　wheel　　■年輪 nenrin　annual ring

優	字音　ユウ yuu 字訓　やさ-しい yasa-shii、すぐ 　　　-れる sugu-reru 意味　上品で美しい。手厚い。 　　　すぐれている。	イ	佢	佰	侢	傄	憂	優	
		優							

◎優しい yasashii　thoughtful / kindness　■優れる sugureru　surpass / top　■優雅 yuuga　elegant
■優秀 yuushuu　able / outstanding　◎優勝 yuushoo　victory　■優先 yuusen　priority

席	字音　セキ seki 字訓　— 意味　せき。すわる場所。すわ 　　　る場所がたくさんあると 　　　ころ。会場。	丶	亠	广	庐	庐	庐	席	
		席							

◎席 seki　seat / place　■席順 sekijun　seating order　■座席 zaseki　seat
■欠席 kesseki　absence　◎出席 shusseki　attendance　■満席 manseki　fullhouse

飛	字音　ヒ hi 字訓　と-ぶ to-bu、と-ばす to-basu 意味　空をとぶ。とびあがる。 　　　とびちる。とばす。とぶ 　　　ように速い。	乛	飞	飞	飞	飞	飛	飛	
		飛							

■飛び込む tobikomu　dive　■飛び出す tobidasu　launch　◎飛ぶ tobu　jump / fly
◎飛行機 hikooki　airplane　■飛行場 hikoojoo　airport　■飛躍 hiyaku　leap

機	字音　キ ki 字訓　はた hata 意味　布をおる道具。しかけ。 　　　ものごとの大事なところ。 　　　きっかけ。心の動き。	木	杉	杉	桦	榉	機	機	
		機							

◎機会 kikai　opportunity　◎機械 kikai　machinery　■危機 kiki　emergency
■機嫌 kigen　mood　■動機 dooki　reason / motive　■扇風機 senpuuki　fan

練習問題
れん しゅう もん だい

1　＿＿をひらがなで書きましょう。

1. 自転車（　　　　　　）　　　2. 船（　　　）

3. 出席（しゅっ　　　　）　　　4. 機械（　　　かい）

5. 指輪（ゆび　　）　　　　　　6. 動く（　　　　）

7. 飛ぶ（　　　）　　　　　　　8. 優しい（　　　　）

9. 車（　　　　　　　）で公園へ行きましょう。

10. 週末、家族で動物園（　　　　ぶつえん）に行きます。

11. 早く自分（　　　ぶん）の席（　　　　）に座ってください。

12. 学校まで電車（でん　　　　）で1時間かかります。

13. 私の趣味は運転（うん　　　　）することです。

14. 飛行機（　　こう　　　）に乗ります。

15. 機会（　　　かい）があればまた食事に行きましょう。

2 絵を見て漢字を書きましょう。

（例）

（　自動車　）→ ＿＿じどうしゃ＿＿

1.

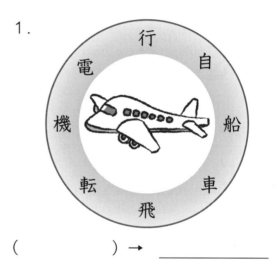

（　　　　　）→ ＿＿＿＿＿＿

2.

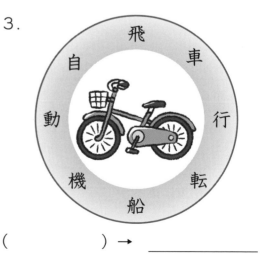

（　　　　　）→ ＿＿＿＿＿＿

3.

（　　　　　）→ ＿＿＿＿＿＿

3 □に漢字を書いて、（ ）にひらがなを書きましょう。

例

| 自 | 転 | 車 | 電 ^{（でんしゃ）} |

（じてんしゃ）

STEP 1

1. （　　　　　）
□しい
勝

2. （　　　　　）
□行機
ぶ

3. （　　　　　）
□物園
く

STEP 2

4. （　　　）
□勤
ぶ

5. 指
車□
（　　　）

6. （　　　）
□長
便

4 □に漢字を書きましょう。

STEP 1

1. □分（じぶん）self

2. □ぶ（ころぶ）fall

3. □しい（やさしい）kindness

4. □く（うごく）move

STEP 2

5. 彼女は□嫌（きげん）が悪そうだ。

6. この荷物を□便（ふなびん）で送ってください。

7. 映画館へ映画を見に来たが、満□（まんせき）でチケットが買えなかった。

8. スピーチコンテストで□勝（ゆうしょう）した。

9. 年を取ったら□然（しぜん）が豊かな町に住みたい。

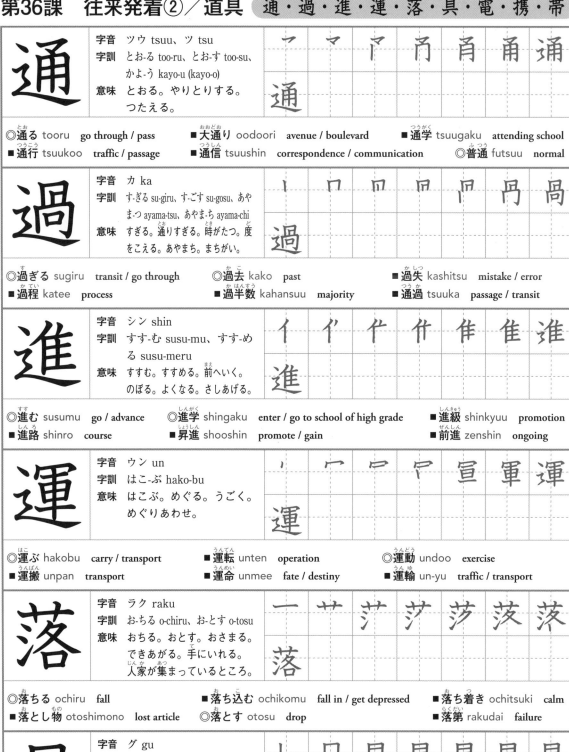

通

字音　ツウ tsuu、ツ tsu
字訓　とお-る too-ru、とお-す too-su、かよ-う kayo-u (kayo-o)
意味　とおる。やりとりする。つたえる。

◎通る tooru　go through / pass　■大通り oodoori　avenue / boulevard　■通学 tsuugaku　attending school
■通行 tsuukoo　traffic / passage　■通信 tsuushin　correspondence / communication　◎普通 futsuu　normal

過

字音　カ ka
字訓　す-ぎる su-giru、す-ごす su-gosu、あやま-つ ayama-tsu、あやま-ち ayama-chi
意味　すぎる。通りすぎる。時がたつ。度をこえる。あやまち。まちがい。

◎過ぎる sugiru　transit / go through　◎過去 kako　past　■過失 kashitsu　mistake / error
■過程 katee　process　■過半数 kahansuu　majority　■通過 tsuuka　passage / transit

進

字音　シン shin
字訓　すす-む susu-mu、すす-める susu-meru
意味　すすむ。すすめる。前へいく。のぼる。よくなる。さしあげる。

◎進む susumu　go / advance　◎進学 shingaku　enter / go to school of high grade　■進級 shinkyuu　promotion
■進路 shinro　course　■昇進 shooshin　promote / gain　■前進 zenshin　ongoing

運

字音　ウン un
字訓　はこ-ぶ hako-bu
意味　はこぶ。めぐる。うごく。めぐりあわせ。

◎運ぶ hakobu　carry / transport　■運転 unten　operation　◎運動 undoo　exercise
■運搬 unpan　transport　■運命 unmee　fate / destiny　■運輸 un-yu　traffic / transport

落

字音　ラク raku
字訓　お-ちる o-chiru、お-とす o-tosu
意味　おちる。おとす。おさまる。できあがる。手にいれる。人家が集まっているところ。

◎落ちる ochiru　fall　■落ち込む ochikomu　fall in / get depressed　■落ち着き ochitsuki　calm
■落とし物 otoshimono　lost article　◎落とす otosu　drop　■落第 rakudai　failure

具

字音　グ gu
字訓　—
意味　欠けることなくそろう。そなわる。くわしく。

◎具合 guai　condition　■具体的 gutaiteki　concrete　■雨具 amagu　rain wear
■家具 kagu　furniture　◎道具 doogu　tool / instrument　■文房具 bunboogu　stationery

電	字音 デン den 字訓 ― 意味 いなずま。いなずまのよ うにはやいこと。	

◎電気 denki　electricity　　■電球 denkyuu　light bulb　　■電源 dengen　power source
■電力 denryoku　electric power　　◎電話 denwa　telephone　　■停電 teeden　power outage

携	字音 ケイ kee 字訓 たずさ-える tazusa-eru、 たずさ-わる tazusa-waru 意味 たずさえる。身につける。持って 歩く。たずさわる。手をつなぐ。	

■携える tazusaeru　carry　　◎携わる tazusawaru　participate　　◎携帯 keetai　portable type
■提携 teekee　partnership　　■必携 hikkee　handbook　　■連携 renkee　link

帯	字音 タイ tai 字訓 お-びる o-biru、おび obi 意味 おび。ものにまきつける細 長いもの。身につける。気 候や植物の分類などの区分。	

◎帯 obi　band / belt　　■帯びる obiru　put on　　■温帯 ontai　temperate zone
■寒帯 kantai　cold zone / arctic　　■禁帯出 kintaishutsu　in-library use　　◎熱帯 nettai　tropical zone

練習問題

1 ＿＿＿をひらがなで書きましょう。

1. 通る（　　　　　）　　　　2. 運ぶ（　　　　　）

3. 進む（　　　　　）　　　　4. 落ちる（　　　　　）

5. 道具（どう　　　）　　　　6. 電気（　　　　き）

7. 普通（ふ　　　）

8. 東京の大学に進学（　　　　がく）します。

9. 病気のあとは激しい運動（　　　どう）はしないでください。

10. ポケットから携帯（　　　　）電話（　　　　わ）が落（　　　）ち
そうです。

11. 落とし物（　　　　もの）を拾ったら警察に届けましょう。

12. 具合（　　　あい）が悪いので学校を休みます。

13. まっすぐ進（　　　　）みます。

14. 帯（　　　　）を結ぶのはむずかしい。

15. 暗いので電気（　　　　き）をつけてください。

２ 漢字をつくり、読みましょう。

例　軍 ＋ 辶 ＝ 　運　（はこぶ）

1.　隹 ＋ 辶 ＝ □ （　　　　む）

2.　甬 ＋ 辶 ＝ □ （　　　　る）

3.　咼 ＋ 辶 ＝ □ （　　　　ぎる）

4.　扌 ＋ 隽 ＝ □ （　　　　わる）

３ 絵を見て、□に漢字を書きましょう。

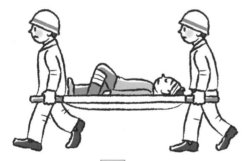

1. けが人を □ ぶ。

2. バスが前 □ する。

3. 電車が □□ する。

4. □□□ 話を □ とす。

4 □に漢字を書きましょう。

STEP **1**

1. □話（でんわ）telephone

2. □む（すすむ）go/advance

3. □る（とおる）go through/pass

4. □ちる（おちる）fall

5. □ぶ（はこぶ）carry/transport

6. □ぎる（すぎる）transit/ go through

7. 道□（どうぐ）tool/instrument

STEP **2**

8. 電車が目の前を□□（つうか）した。

9. おみやげを□（たずさ）える。

10. 磁気を□（お）びる。

11. いつも□□□話（けいたいでんわ）で音楽を聞いている。

12. 彼と私は□命（うんめい）の赤い糸で結ばれている。

13. 部長に昇□（しょうしん）した。

14. 今夜は熱□夜（ねったいや）でエアコンがなければ暑くて眠れない。

15. 雷の影響により、この地域一帯が停□（ていでん）になっている。

16. □去（かこ）にこだわらず、未来に目を向けよう。

17. 机から消しゴムを□（お）としてしまった。

18. 就職するか□学（しんがく）するか悩んでいます。

19. 健康のために、毎日□動（うんどう）をしている。

この課で練習する「通」「過」「進」「運」に共通している「辶」は「しんにゅう」「しんにょう」と読みます。この部分は、最初に書くのではなく、ほかの部分を書いてから書きます。これまで学んだ、「達」「送」なども同じです。

荷

字音　カ ka
字訓　に ni
意味　にもつ。物をかつぐ。

一　艹　艹　荗　荗　荗　荷
荷

◎荷造り nizukuri　packing　　◎荷物 nimotsu　luggage / baggage　　■重荷 omoni　burden
■集荷 shuuka　collection　　■出荷 shukka　shipment　　■入荷 nyuuka　receipt of goods

物

字音　ブツ butsu、モツ motsu
字訓　もの mono
意味　もの。いろいろなもの。
　　　事がら。人がら。世間。
　　　さがす。

ノ　ヒ　牛　牛　牜　物　物
物

◎物 mono　thing　　◎買い物 kaimono　shopping　　■品物 shinamono　goods / products
■食べ物 tabemono　food　　■物価 bukka　price / commodity price　　■人物 jinbutsu　person

製

字音　セイ see
字訓　—
意味　ものをつくる。衣服をし
　　　たてる。

⺦　⺦　制　制　製　製　製
製

■製作 seesaku　manufacture　　◎製造 seezoo　manufacturing　　◎製品 seehin　product
■手製 tesee　made by hand / hand made　　■外国製 gaikokusee　foreign manufacture　　■自家製 jikasee　homemade

品

字音　ヒン hin
字訓　しな shina
意味　しなもの。人や物の値打
　　　ち。人がら。

丶　口　口　品　品　品　品
品

◎品物 sinamono　goods　　■気品 kihin　elegancer　　◎商品 shoohin　commody
■上品 joohin　in good taste　　■食品 shokuhin　food / foodstuff　　■日用品 nichiyoohin　daily necessaries

紙

字音　シ shi
字訓　かみ kami
意味　かみ。かみに書いたもの。

く　幺　糸　糸　紅　紙　紙
紙

◎紙 kami　paper　　■紙袋 kamibukuro　paper bag　　◎手紙 tegami　letter
■紙面 shimen　space on paper　　■表紙 hyooshi　cover　　■新聞紙 shinbunshi　newsprint

服

字音　フク fuku
字訓　—
意味　ふく。着るもの。自分の
　　　ものにする。したがう。
　　　茶や薬をのむ。

丿　刀　月　月　肝　肝　服
服

◎服 fuku　clothes　　■服従 fukujuu　obedience　　◎服装 fukusoo　clothes / dress
■服用 fukuyoo　taking medicine　　■制服 seefuku　uniform　　■和服 wafuku　Japanese clothes

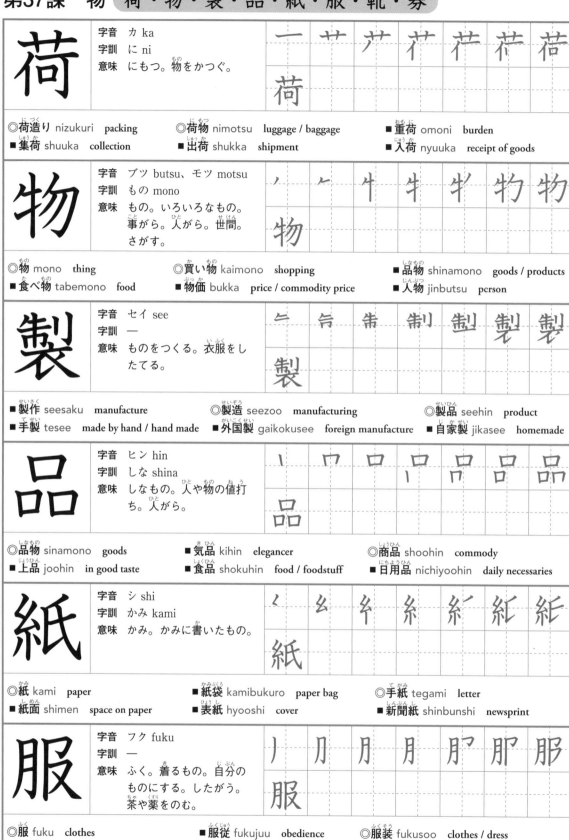

| 靴 | 字音　カ ka
字訓　くつ kutsu
意味　くつ。足をいれてはく、はきもの。 | サ | サ | 甘 | 苫 | 革 | 靪 | 靪 |
| | | 靴 | | | | | | |

◎**靴** kutsu　shoes　　　　◎**靴下** kutsushita　socks　　　　■**雨靴** amagutsu　rain boots
■**革靴** kawagutsu　leather shoes　　■**長靴** nagagutsu　boots　　　■**運動靴** undoogutsu　sneakers

| 券 | 字音　ケン ken
字訓　—
意味　てがた。証書・切符・切手などのこと。 | 、 | 丶丶 | 丷 | 半 | 半 | 关 | 券 |
| | | 券 | | | | | | |

■**旅券** ryoken　passport　　　　◎**乗車券** jooshaken　ticket　　　■**商品券** shoohinken　gift certificate
◎**定期券** teekiken　commutation ticket　■**入場券** nyuujooken　admission ticket　■**前売り券** maeuriken　advance ticket

練習問題

1 ＿＿をひらがなで書きましょう。

1. 紙（　　　　　）　　　　　　2. 服（　　　　　）

3. 靴（　　　　　）　　　　　　4. 品物（　　　　　　）

5. 荷物（　　　　　）　　　　　6. 手紙（　　　　　　）

7. 定期券（　　　　　）

8. 友人と買い物（かい　　　　　）に行く。

9. 引っ越しをするので荷造り（　　づくり）をした。

10. 靴下（　　　　　）をはく。

11. お礼の手紙（　　　　　　）を書きました。

12. 日本では家の中へ入るとき、靴（　　　　　　）を脱ぎます。

13. 卒業式にどんな服装（　　　そう）で行きますか。

14. あなたが好きな食べ物（　　　　　）を教えてください。

15. 乗車券（　　　　　）は私が買います。

2 ____ から正しい言葉を選びましょう

> メアリーさんへ
>
>   こんにちは。お元気ですか。
>
>   私は今、日本を旅行しています。日本は (1.　　　　　) が
> 高いです。お金がたくさん必要です。でも (2.　　　　　) は
> 楽しいですから、いろいろ買ってしまいます。
>
>   お寺や神社はすばらしいです。でも日本はたくさん歩きます
> から、歩きやすい (3.　　　　　) をはいたほうがいいです。
> それから、電車にもたくさん乗りますから一日 (4.　　　　)
> を買うと便利ですよ。
>
>   日本で一番の楽しみはすしや天ぷらなどの (5.　　　　)
> を食べることです。とてもおいしいです。
>
>   ぜひメアリーさんも日本へ来てみてください。
>
> ユナより

買い物	乗車券	物価	靴	食べ物

3 □に漢字を書いて、（　）にひらがなを書きましょう。

例
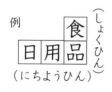

STEP ➊

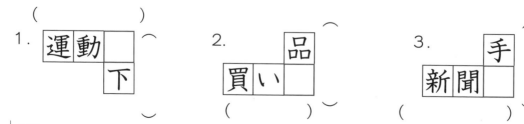

STEP ❷

4.
```
  前
  売
  り
乗 車 □
```
（　）（　）

5.
（　　　）
```
□ 従
装
```
（　　）

6.
```
集
□ 物
```
（　　）

4 □に漢字を書きましょう。

STEP ❶

1. □下（くつした）stockings

2. 手□（てがみ）letter

3. □□（しなもの）goods

4. □（ふく）clothes

5. □□（にもつ）luggage

6. 入場□（にゅうじょうけん）admission ticket

7. 外国□（がいこくせい）foreign manufacture

STEP ❷

8. 新しい商□（しょうひん）が入□（にゅうか）した。

9. あの女性は気□（きひん）がある。

10. 映画の前売り□（まえうりけん）を買った。

11. 朝採れた野菜を市場に出□（しゅっか）する。

12. 雨が降っているので長□（ながぐつ）をはく。

13. 自家□（じかせい）のジャムをパンに塗る。

14. デパートで商□□（しょうひんけん）を使い、買い□（かいもの）
をする。

15. あの高校の制□（せいふく）はかわいくて人気がある。

有

字音　ユウ yuu、ウ u
字訓　あ-る a-ru
意味　ある。存在する。持っている。そなえている。さらに。

筆順：ノ　ナ　オ　有　有　有

◎有る aru　have
■有料 yuuryoo　paid / charged
■有望 yuuboo　promising
■有力 yuuryoku　probable / potent
◎有名 yuumee　famous
■所有 shoyuu　possession

無

字音　ム mu、ブ bu
字訓　な-い na-i
意味　ない。何もない。存在しない。打ち消しをあらわすことば。

筆順：ノ　ニ　午　午　毎　無　無　無

◎無い nai　ownerless
◎無料 muryoo　no charge
■無駄 muda　wasteful
■無事 buji　safe
■無理 muri　impossible
■有無 umu　presence or absence

名

字音　メイ mee、ミョウ myoo
字訓　な na
意味　なまえ。なづける。よぶ。すぐれた。

筆順：ノ　ク　タ　タ　名　名

◎名前 namae　name
■名誉 meeyo　honor
■名案 meean　good idea
■氏名 shimee　full name
■名物 meebutsu　specialty product
◎名字 myooji　surname

便

字音　ベン ben、ビン bin
字訓　たよ-り tayo-ri
意味　たより。つごうがいい。排泄物。くつろぐ。

筆順：イ　イ　仁　石　石　石　便　便

■便り tayori　letter
■便覧 binran　handbook
■便所 benjo　toilet
◎航空便 kookuubin　airmail
◎便利 benri　convenient
■定期便 teekibin　regular service

利

字音　リ ri
字訓　き-く ki-ku
意味　よく切れる。かしこい。役に立つ。うまく使う。

筆順：イ　ニ　千　禾　禾　利　利

◎利益 rieki　profit
◎利用 riyoo　use
■利口 rikoo　smart
■鋭利 eeri　sharp
■利息 risoku　interest
■勝利 shoori　victory

不

字音　フ fu、ブ bu
字訓　—
意味　打ち消しの助詞。「～でない」「～しない」などの否定をあらわす。

筆順：一　ア　不　不

◎不安 fuan　restless / anxiety
◎不便 fuben　inconvenient
■不規則 fukisoku　irregularly
■不明 fumee　uncertain
■不足 fusoku　shortage
■不利 furi　disadvantage

簡	字音　カン kan 字訓　— 意味　昔、文字を書くために使った竹のふだ。手紙や文書。おおまかな。手軽な。	竹	竹	竹	節	節	節	簡
		簡						

■ 簡易 kan-i　easy / plain　　　◎ 簡潔 kanketsu　in brief / shortly　　　■ 簡素 kanso　spare / simple
◎ 簡単 kantan　easy / simple　　　■ 簡略 kanryaku　simplicity　　　■ 書簡 shokan　letter

単	字音　タン tan 字訓　— 意味　一つ。一人。基準となる一つのかたまり。まじりけがない。	丶	⺍	⺍	𮥍	甾	単
		単						

◎ 単位 tan-i　unit　　　■ 単一 tan-itsu　single / individual　　　◎ 単語 tango　word
■ 単純 tanjun　simple　　　■ 単身 tanshin　single / alone　　　■ 単調 tanchoo　monotony

増	字音　ゾウ zoo 字訓　ま-す ma-su、ふ-える fu-eru、ふ-やす fu-yasu 意味　ます。ふえる。ふやす。つけあがる。	十	土	圹	圹	坤	増	増
		増						

◎ 増える fueru　multiply　　　■ 増やす fuyasu　increase　　　◎ 増加 zooka　increase
■ 増税 zoozee　tax increase　　　■ 増築 zoochiku　extension / addition　　　■ 増長 zoochoo　enhancement

減	字音　ゲン gen 字訓　へ-る he-ru、へ-らす he-rasu 意味　へる。へらす。少なくする。引く。引き算。	氵	汈	汇	汇	浭	減	減
		減						

◎ 減る heru　lessen　　　■ 減らす herasu　reduce　　　◎ 減少 genshoo　decreasing
■ 減点 genten　deduction　　　■ 減量 genryoo　loss in amount　　　■ 削減 sakugen　diminution

れんしゅうもんだい
練習問題

1 ＿＿＿をひらがなで書きましょう。

1. 名前（　　　　　）　　　　2. 便利（　　　　　）

3. 不便（　　　　　）　　　　4. 簡単（　　　　　）

5. 増える（　　　　　）　　　6. 減る（　　　　　）

7. 有名（　　　　　）　　　　　　　8. 減少（　　　　　）

9. ここに名字（　　　　　じ）を書いてください。

10. なかなか単語（　　　　　ご）が覚^{おぼ}えられない。

11. ここは駅から遠くて不便（　　　　　）です。

12. ダイエットをして、体重を減^{じゅう}（　　　　　）らしたい。

2 _____から漢字を^{かん じ}選^{えら}んで□に書きましょう。

1. □□（ふあん）でねむれない。

2. □理（むり）なことはしたくない。

3. このくらいのことなら、いつでも□□（かんたん）にできます。

4. 日本^{ほん}の人口は□少（げんしょう）している。

5. こんなに□□（べんり）なら、もっと早^{はや}く使えばよかった。

6. 私の□字（みょうじ）は林です。

7. インフルエンザの患者が□加（ぞうか）している。

| 安 | 無 | 名 | 便 | 利 | 不 | 簡 | 単 | 増 | 減 |

3 反対^{はん たい}の言葉^{こと ば}を漢字^{かん じ}で書きましょう。

1. 有料⇔□料　　　　　　　2. 便利⇔□便

3. 増える⇔□る　　　　　　4. 増加⇔□少

4 □に漢字^{かん じ}を書いて、（　）にひらがなを書きましょう。

例
（へ る）
減る
減少
（げんしょう）

152

STEP ❶

```
    (         )              (         )              (              )
1. ┌─┬─┐ ⌒        2.    ┌─┬─┐        3. ┌─┬─┬─┐ ⌒
   │有│ │          ⌒   │ │語│           │航│空│ │
   └─┼─┤          │   ├─┼─┘           └─┴─┼─┼─┤ ⌒
     │前│          │   │純│                 │ │利│
     └─┘          ⌣   └─┘                 └─┴─┘ ⌣
      ⌣
```

STEP ❷

```
      (         )              (         )              (                )
4. ⌒  ┌─┬─┐        5. ⌒  ┌─┬─┐        6. ⌒ ┌─┬─┬─┬─┐
   │  │ │税│           │  │ │料│           │ │ │用│す│る│
   │  ├─┼─┘           │  ├─┼─┘           │ ├─┼─┴─┴─┘
   │  │え│              │  │事│              │ │益│
   │  ├─┤              ⌣  └─┘              ⌣ └─┘
   │  │る│
   ⌣  └─┘
```

5 □に漢字を書きましょう。

STEP ❶

1. □ 単（かんたん）easy
2. □□ （べんり）convenient
3. □□ （ゆうめい）famous
4. □ 理（むり）unreasonable

STEP ❷

5. 木村さんは □ 力（ゆうりょく）な政治家だ。
6. 時間を □ 駄（むだ）にしないようにする。
7. 借りたお金の □ 息（りそく）を払う。
8. レポートの内容に応じて □ 点（げんてん）する。

> **One Point** 「ある」「ない」はひらがなで書く
>
> この課で学ぶ「有」「無」には「有る」「無い」という読み方がありますが、「お金がある」「パンがない」などのように、ひらがなで書くのが一般的です。

第38課 程度③

153

第39課　程度④　同・長・短・強・弱・重・軽・速・早・遅

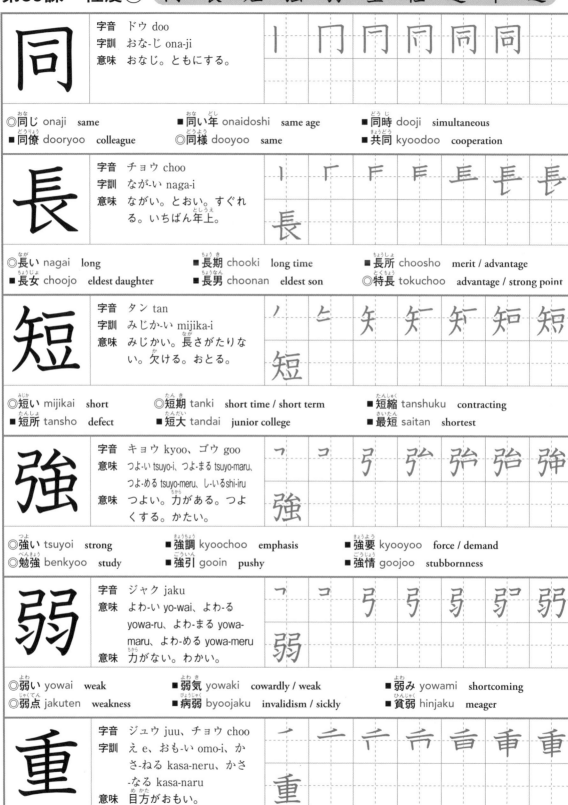

同

字音　ドゥ doo
字訓　おな-じ ona-ji
意味　おなじ。ともにする。

1 冂 冋 同 同 同

◎同じ onaji　same　　■同い年 onaidoshi　same age　　■同時 dooji　simultaneous
■同僚 dooryoo　colleague　　◎同様 dooyoo　same　　■共同 kyoodoo　cooperation

長

字音　チョウ choo
字訓　なが-い naga-i
意味　ながい。とおい。すぐれ
　　　る。いちばん年上。

1 ⌈ F F 토 長 長　長

◎長い nagai　long　　■長期 chooki　long time　　■長所 choosho　merit / advantage
■長女 choojo　eldest daughter　　■長男 choonan　eldest son　　◎特長 tokuchoo　advantage / strong point

短

字音　タン tan
字訓　みじか-い mijika-i
意味　みじかい。長さがたりな
　　　い。欠ける。おとる。

ノ ㇏ 矢 矢 矢 短 短　短

◎短い mijikai　short　　◎短期 tanki　short time / short term　　■短縮 tanshuku　contracting
■短所 tansho　defect　　■短大 tandai　junior college　　■最短 saitan　shortest

強

字音　キョウ kyoo、ゴウ goo
意味　つよ-い tsuyo-i、つよ-まる tsuyo-maru、
　　　つよ-める tsuyo-meru、し-いる shi-iru
意味　つよい。力がある。つよ
　　　くする。かたい。

フ コ 弓 弘 弘 強　強

◎強い tsuyoi　strong　　■強調 kyoochoo　emphasis　　■強要 kyooyoo　force / demand
◎勉強 benkyoo　study　　■強引 gooin　pushy　　■強情 goojoo　stubbornness

弱

字音　ジャク jaku
意味　よわ-い yo-wai、よわ-る
　　　yowa-ru、よわ-まる yowa-
　　　maru、よわ-める yowa-meru
意味　力がない。わかい。

フ コ 弓 弓 弓 弱 弱　弱

◎弱い yowai　weak　　■弱気 yowaki　cowardly / weak　　■弱み yowami　shortcoming
◎弱点 jakuten　weakness　　■病弱 byoojaku　invalidism / sickly　　■貧弱 hinjaku　meager

重

字音　ジュウ juu、チョウ choo
字訓　え e、おも-い omo-i、か
　　　さ-ねる kasa-neru、かさ
　　　-なる kasa-naru
意味　目方がおもい。

一 二 乕 育 盲 重 重　重

◎重い omoi　heavy　　■重ねる kasaneru　repeat / pile　　■重視 juushi　attach great importance
◎重大 juudai　serious　　■重量 juuryoo　weight　　■慎重 shinchoo　carefully

軽	字音	ケイ kee	亻 日 亘 車 軒 軽 軽
	字訓	かる-い karu-i、かろ-やか karo-yaka	軽
	意味	かるい。目方や程度が少ない。かろやか。落ち着きがない。かるくみる。	

◎軽い karui　light　■軽はずみ karuhazumi　imprudent / rash　■気軽 kigaru　carefree
■手軽 tegaru　easy　■軽率 keesotsu　imprudent　◎軽蔑 keebetsu　scorn

速	字音	ソク soku	一 ㄅ 市 束 束 速 速
	字訓	はや-い haya-i、はや-める haya-meru、はや-まる haya-maru、すみ-やか sumi-yaka	速
	意味	はやい。すみやか。はやさ。	

◎速い hayai　fast　■速断 sokudan　immediate decision　◎速度 sokudo　speed / velocity
■速報 sokuhoo　news flash　■早速 sassoku　immediately　■時速 jisoku　speed per hour

早	字音	ソウ soo、サッ satt	丨 口 日 旦 早 早
	字訓	はや-い haya-i、はや-まる haya-maru、はや-める haya-meru	
	意味	朝はやく。時刻がはやい。季節がはやい。わかい。	

◎早い hayai　early　■早起き hayaoki　rising early　■早口 hayakuchi　talk fast
■早急 sakkyuu・早急 sookyuu　urgent / prompt　■早々に soosooni　promptly / right away　◎早朝 soochoo　early morning

遅	字音	チ chi	勹 ㄱ 尸 尺 屖 犀 遅
	字訓	おく-れる oku-reru、おく-らす oku-rasu、おそ-い oso-i	遅
	意味	おそい。にぶい。おくれる。まにあわない。	

■遅れる okureru　be late　■手遅れ teokure　being too late　■出遅れる deokureru　to get a late start
◎遅い osoi　late　■遅くとも osokutomo　if not sooner　◎遅刻 chikoku　delay / be late

第39課　程度④

練習問題

1 ＿＿＿をひらがなで書きましょう。

1. 長い（　　　　）　　2. 同じ（　　　　）

3. 強い（　　　　）　　4. 短い（　　　　）

5. 軽い（　　　　）　　6. 弱い（　　　　）

7. 重い（　　　　）　　8. 早い（　　　　）

155

9. 田中さんは歩くのが遅（　　　　　）い。

10. 林さん同様（　　　　　）、田中さんも二十代だ。

11. 毎日勉強（べん　　　　　）して、大学に合格（がく　ごうかく）した。

12. 早（　　　　　）く起きないと、学校に遅刻（　　　こく）しますよ。

13. もう少し速度（　　　　　）を落として、運転してください。

2 反対（はんたい）の意味（いみ）になるように、線（せん）でむすびましょう。

1. 長い　　　　　　　　弱い

2. 遅い　　　　　　　　軽い

3. 強い　　　　　　　　速い

4. 重い　　　　　　　　短い

3 □に漢字（かんじ）を書いて、（　）にひらがなを書きましょう。

例
（どうりょう）（おないどし）
同｜い｜年
僚

STEP 1

1. （　　　　）
　□度
　□い

2. （　　　　）
　□点
　□い

3. （　　　　）
　□い
　大

STEP 2

4. （　　　　）
　□起き
　口

5. （　　　　）
　□れる
　刻

6. 特□
　□期
　（　　　　）

156

4 □に漢字を書きましょう。

STEP ①

1. ☐ い （つよい） strong

2. ☐ じ （おなじ） same

3. ☐ い （みじかい） short

4. ☐ い （ながい） long

5. ☐ い （おもい） heavy

6. ☐ い （よわい） weak

7. ☐ い （おそい） late

8. ☐ い （かるい） light

9. ☐ 度 （そくど） speed

10. ☐ 点 （じゃくてん） weakness

STEP ②

11. もっと ☐ （はや） く走ってください。

12. 今日は、予定よりも ☐ （はや） く学校に着いた。

13. 寝坊して、電車に乗り ☐ （おく） れた。

14. 雨や風が ☐ （つよ） まり、傘もさせなくなった。

15. あわてて隠したが、☐ （おそ） かった。

16. 社長から ☐ 大 （じゅうだい） な発表があります。

17. 彼らは、ほぼ ☐ 時 （どうじ） に歩き出した。

18. 年をとって、足がだんだん ☐ （よわ） くなってしまった。

19. 裁判官は、目撃者の証言を ☐ （おも） くみた。

One Point 「速い」と「早い」の違い

「速い」と「早い」はどちらも「はやい」と読みますが、使い方に違いがあります。「早い」は時間に関することに使います。そして、「速い」はスピードに関することに使います。ですから、「足が速い」と書きますが、「足が早い」とは書きません。

第40課　手の動き　開・閉・押・引・拾・捨・持・洗・作・取

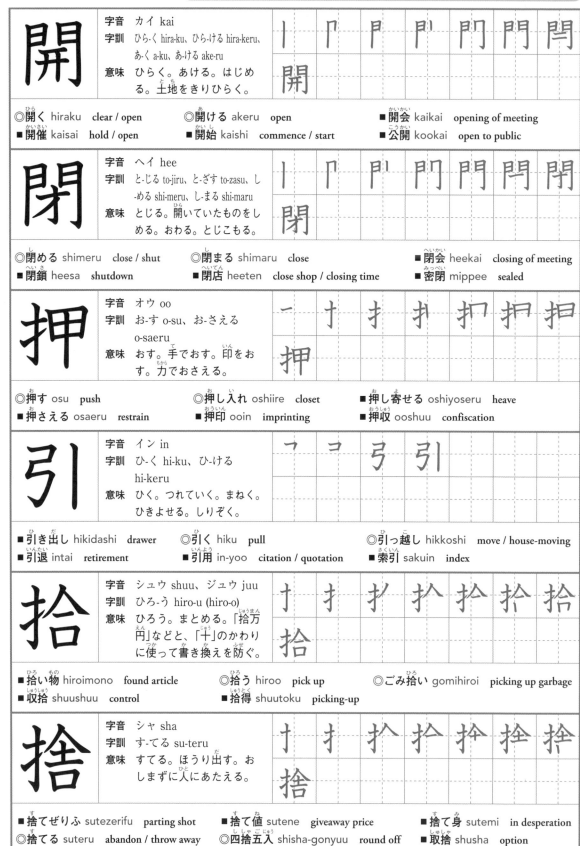

開
字音　カイ kai
字訓　ひら-く hira-ku、ひら-ける hira-keru、あ-く a-ku、あ-ける ake-ru
意味　ひらく。あける。はじめる。土地をきりひらく。

筆順：｜ ｜ ｜ 冂 冃 門 門 門 閂 開

◎開く hiraku　clear / open　　◎開ける akeru　open　　■開会 kaikai　opening of meeting
■開催 kaisai　hold / open　　■開始 kaishi　commence / start　　■公開 kookai　open to public

閉
字音　ヘイ hee
字訓　と-じる to-jiru、と-ざす to-zasu、し-める shi-meru、し-まる shi-maru
意味　とじる。開いていたものをしめる。おわる。とじこもる。

筆順：｜ 冂 冃 門 門 閂 閉

◎閉める shimeru　close / shut　　◎閉まる shimaru　close　　■閉会 heekai　closing of meeting
■閉鎖 heesa　shutdown　　■閉店 heeten　close shop / closing time　　■密閉 mippee　sealed

押
字音　オウ oo
字訓　お-す o-su、お-さえる o-saeru
意味　おす。手でおす。印をおす。力でおさえる。

筆順：一 十 扌 扣 扪 押 押

◎押す osu　push　　◎押し入れ oshiire　closet　　■押し寄せる oshiyoseru　heave
■押さえる osaeru　restrain　　■押印 ooin　imprinting　　■押収 ooshuu　confiscation

引
字音　イン in
字訓　ひ-く hi-ku、ひ-ける hi-keru
意味　ひく。つれていく。まねく。ひきよせる。しりぞく。

筆順：コ コ 弓 引

■引き出し hikidashi　drawer　　◎引く hiku　pull　　◎引っ越し hikkoshi　move / house-moving
■引退 intai　retirement　　■引用 in-yoo　citation / quotation　　■索引 sakuin　index

拾
字音　シュウ shuu、ジュウ juu
字訓　ひろ-う hiro-u (hiro-o)
意味　ひろう。まとめる。「拾万円」などと、「十」のかわりに使って書き換えを防ぐ。

筆順：十 扌 扌 扲 扲 拾 拾

■拾い物 hiroimono　found article　　◎拾う hiroo　pick up　　◎ごみ拾い gomihiroi　picking up garbage
■収拾 shuushuu　control　　■拾得 shuutoku　picking-up

捨
字音　シャ sha
字訓　す-てる su-teru
意味　すてる。ほうり出す。おしまずに人にあたえる。

筆順：十 扌 扲 扲 扲 捨 捨

■捨てぜりふ sutezerifu　parting shot　　■捨て値 sutene　giveaway price　　■捨て身 sutemi　in desperation
◎捨てる suteru　abandon / throw away　　◎四捨五入 shisha-gonyuu　round off　　■取捨 shusha　option

158

| 持 | 字音　ジ ji
字訓　も-つ mo-tsu
意味　もつ。身につける。もち
　　　つづける。 | 一　十　扌　扫　扗　拌　持
持 |

■持ち主 mochinushi　owner　　　◎持つ motsu　carry / hold　　　■持久 jikyuu　endurance
◎持続 jizoku　continuity　　　■持病 jibyoo　chronic disease　　　■支持 shiji　support

| 洗 | 字音　セン sen
字訓　あら-う ara-u
意味　あらう。すすぐ。きれい
　　　にする。 | 丶　氵　氵　汢　汼　浂　洗
洗 |

◎洗う arau　wash　　　■お手洗い otearai　bathroom / toilet　　　■洗顔 sengan　face washing
■洗剤 senzai　detergent　　　◎洗濯 sentaku　washing / laundry　　　■洗面器 senmenki　wash basin

| 作 | 字音　サク saku、サ sa
字訓　つく-る tsuku-ru
意味　つくる。おこない。つく
　　　られたもの。 | ノ　亻　亻　作　作　作　作 |

◎作る tsukuru　make　　　■作者 sakusha　author / writer　　　■作品 sakuhin　work / performance
◎作文 sakubun　composition　　　■作業 sagyoo　work　　　■動作 doosa　action / motion

| 取 | 字音　シュ shu
字訓　と-る to-ru
意味　手に持つ。自分のものに
　　　する。とりあげる。 | 一　丆　F　F　耳　耴　取
取 |

◎取り上げる toriageru　pick up / take　　　■取り入れる toriireru　integrate　　　■取り組む torikumu　wrestle / work on
■取り引き torihiki　negotiate / trade　　　◎取る toru　take　　　■取材 shuzai　data collection

第40課　手の動き

れんしゅうもんだい
練習問題

1　＿＿＿をひらがなで書きましょう。

1. 押す（　　　　　　　）　　　　　　2. 拾う（　　　　　　　）

3. 捨てる（　　　　　　　）　　　　4. 開く（　　　　　　　）

5. 取る（　　　　　　　）　　　　　6. 洗う（　　　　　　　）

7. 持つ（　　　　　　　）　　　　　8. 閉める（　　　　　　　）

9. 母の誕生日にケーキを<u>作</u>（　　　　　　）った。

10. 夜になったので、カーテンを<u>閉</u>（　　　　　　）めた。

11. 夏休みの宿題は、<u>作文</u>（　　　ぶん）を書くことだ。

2 線でむすび、漢字をつくりましょう。

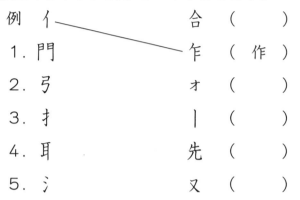

例　亻　　　　　　　合　（　　　）

1. 門　　　　　　　乍　（　作　）

2. 弓　　　　　　　オ　（　　　）

3. 扌　　　　　　　丨　（　　　）

4. 耳　　　　　　　先　（　　　）

5. 氵　　　　　　　又　（　　　）

3 絵を見て答えましょう。

（A）　　　　　　**（B）**

押　　　　　　押

開
閉

1. ドアは（A）、（B）のどちらに動き
　ますか。
　答え（　　　　　）

2. 男の人は「開」「閉」のどちらのボ
　タンを押しますか。
　答え（　　　　　）

4 □に漢字を書いて、（ ）にひらがなを書きましょう。

例　（じょうほうこうかい）
情報公開
　　　開く（ひらく）

1.　（　　おさえる　　）
　　押さえる
　　押
　　し
　　入
　　れ
　（　　　　）

2.　（　　　）
　　引く
　　っ
　　越
　　し

3.　お手洗い
　　洗剤（　　　）

4.　ごみ拾い
　　拾得（　　　）

5 □に漢字を書きましょう。

STEP ❶

1.　押す（おす）push　　　2.　捨てる（すてる）abandon
3.　引く（ひく）pull　　　4.　洗う（あらう）wash
5.　取る（とる）take　　　6.　作る（つくる）make

STEP ❷

7.　警察は犯人の持ち物を 押 収（おうしゅう）した。

8.　森さんはおばあさんのバッグを 持 （も）ってあげた。

9.　駅で財布を 拾 （ひろ）った。

10.　塩を 取 （と）ってください。

第41課　地理①　国・際・特・京・都・道・府・県

国

字音　コク koku
字訓　くに kuni
意味　くに。日本。一つの政府に属する土地や社会。

１　冂　冂　冃　冃　国　国
国

◎国 kuni　country　　■国語 kokugo　language　　◎国際 kokusai　international
■国産 kokusan　domestic　　■国定 kokutee　state / national　　■国民 kokumin　people / nation

際

字音　サイ sai
字訓　きわ kiwa
意味　さかい目。つきあう。そのとき。出あい。ちょうど出くわす。

３　阝　阝　阝　阞　際　際
際

■手際 tegiwa　performance / skill　　■間際 magiwa　right before　　■窓際 madogiwa　window side
■瀬戸際 setogiwa　critical moment　　◎交際 koosai　association　　◎実際 jissai　really

特

字音　トク toku
字訓　―
意味　とりわけすぐれた。ただ一つの。それだけにしかない。りっぱな雄牛。

ヶ　牛　牛　牛　牜　牜　特
特

■特技 tokugi　one's specialty / strong point　　■特産品 tokusanhin　specialty　　■特色 tokushoku　feature
■特徴 tokuchoo　peculiarity / features　　◎特に tokuni　specially　　◎特別 tokubetsu　special

京

字音　キョウ kyoo、ケイ kee
字訓　―
意味　天皇のいるみやこ。大きなみやこ。「京都」「東京」「北京」の略。

亠　亠　亠　亩　亩　亨　京
京

◎京都 kyooto　Kyoto prefecture　　■帰京 kikyoo　returning to Tokyo　　■上京 jookyoo　going to Tokyo
◎東京 tookyoo　Tokyo metropolitan　　■京阪神 keehanshin　Kyoto-Osaka-Kobe area　　■北京 pekin　Beijing

都

字音　ト to、ツ tsu
字訓　みやこ miyako
意味　みやこ。大きな町。すべて。東京都のこと。

一　十　土　耂　者　者　都
都

■都営 toee　metropolitan management　　■都会 tokai　city　　■都市 toshi　urban
◎首都 shuto　capital　　◎都合 tsugoo　convenience　　■その都度 tsudo　each time it happens

道

字音　ドウ doo、トウ too
字訓　みち michi
意味　みち。人が通るところ。人として守るべきこと。方法。学芸。

丷　丷　产　首　首　首　道
道

◎道 michi　street　　■道順 michijun　route　　■片道 katamichi　one way
◎道具 doogu　tool　　■道路 dooro　road　　■報道 hoodoo　news / report

府	字音　フ fu 字訓　— 意味　文書や財宝をしまうくら。中心になるところ。役所。「大阪府」など行政区画の一つ。	、　一　广　广　庐　庐　府
		府

■府 fu　prefecture type / government office　　■府立 furitsu　prefectural　　◎政府 seefu　government
■最高学府 saikoogakufu　highest seat of learning　　■内閣府 naikakufu　cabinet office　　◎都道府県 todoofuken　prefectures / administrative districts (units)

県	字音　ケン ken 字訓　— 意味　けん。「神奈川県」など、行政区画の一つ。	一　冂　月　目　冒　県　県
		県

◎県 ken　prefecture　　■県議会 kengikai　prefectural assembly　　■県政 kensee　prefectural administration
◎県庁 kenchoo　prefectural office　　■県道 kendoo　prefectural road　　■県立 kenritsu　prefectural (institution)

練習問題

1 ＿＿＿をひらがなで書きましょう。

1. 道（　　　　　）　　　　　　2. 国（　　　　　）

3. 県（　　　　　）　　　　　　4. 首都（　　　　　　　）

5. 県庁（　　　　ちょう）　　　6. 道具（　　　　　　）

7. 都合（　　　　　）　　　　　8. 特別（　　　べつ）

9. 私は東京都（　　　　　　　）の出身です。

10. 妹の大学は国際（　　　　　　　）交流が盛んです。

11. 今日は特（　　　　　）に暑いです。

12. 政府（せい　　　　）は出国禁止令を出した。

2 正しい漢字を選びましょう。

1. とうきょうと　　（A）東京都　　（B）京東都　　答え（　　　）

2. きょうとし　　　（A）東都市　　（B）京都市　　答え（　　　）

3．とどうふけん　　　　（A）都道府県　　　（B）都通府県　　答え（　　　）

4．とくさんひん　　　　（A）持産品　　　　（B）特産品　　　答え（　　　）

5．こくさいくうこう　　（A）国際空港　　　（B）国祭空港　　答え（　　　）

3 線でむすび、漢字をつくりましょう。

例　亠　　　　　　　　寺　（　　　）

1．牛　　　　　　　　尺　（　京　）

2．者　　　　　　　　付　（　　　）

3．阝　　　　　　　　阝　（　　　）

4．首　　　　　　　　祭　（　　　）

5．广　　　　　　　　辶　（　　　）

4 地図を見て、□に「都・道・府・県」の漢字を書きましょう。

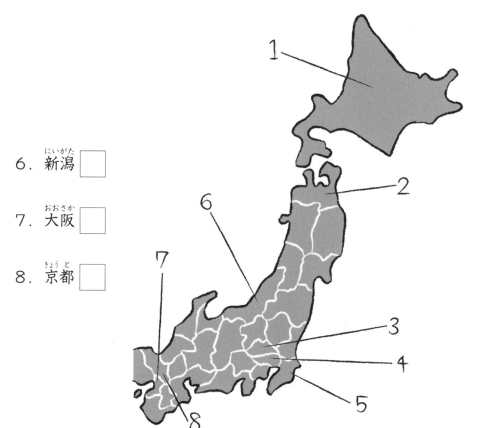

6．新潟　□

7．大阪　□

8．京都　□

1．北海　□

2．青森　□

3．埼玉　□

4．東京　□

5．千葉　□

5 □に漢字_{かんじ}を書いて、（ ）にひらがなを書きましょう。

STEP **1**

例
（しまぐに）
島
国定公園
（こくていこうえん）

1. （ ）
   政
   都道□県
   （ ）

2. （ ）
   □に
   別

3. （ ）
   □具
   順

STEP **2**

4. （ ）
   □市計画
   合

5. □実
   瀬戸□
   （ ）

6. 上
   帰□
   （ ）

6 □に漢字_{かんじ}を書きましょう。

STEP **1**

1. □□ （こくさい） international

2. □□ （きょうと） Kyoto prefecture

3. □に （とくに） specially

4. □庁 （けんちょう） prefectural office

5. □□□□ （とどうふけん） prefectures

STEP **2**

6. 私の□技（とくぎ）は、絵_かを描くことです。

7. 今日は□語（こくご）を勉_{べん}強しました。

8. 私は日本人と交□（こうさい）しています。

9. 困_{こま}ったことがあれば、その□度（つど）、私に連絡_{れんらく}してください。

10. 日本人にとって「お盆_{ぼん}」は□別（とくべつ）な行事_じです。

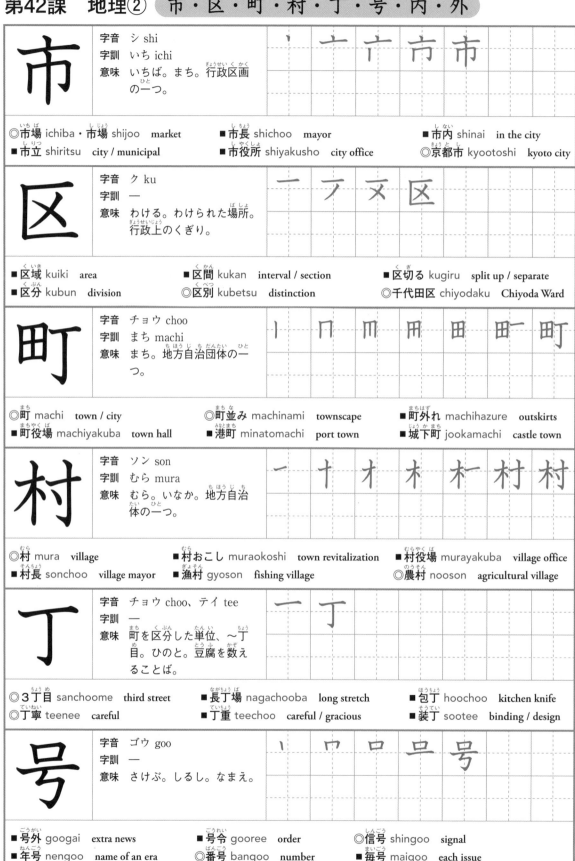

| 市 | 字音　シ shi
字訓　いち ichi
意味　いちば。まち。行政区画
　　　の一つ。 | 一　亠　宁　市　市 |

◎市場 ichiba・市場 shijoo　market　　■市長 shichoo　mayor　　■市内 shinai　in the city
■市立 shiritsu　city / municipal　　■市役所 shiyakusho　city office　　◎京都市 kyootoshi　kyoto city

| 区 | 字音　ク ku
字訓　—
意味　わける。わけられた場所。
　　　行政上のくぎり。 | 一　フ　ヌ　区 |

■区域 kuiki　area　　■区間 kukan　interval / section　　■区切る kugiru　split up / separate
■区分 kubun　division　　◎区別 kubetsu　distinction　　◎千代田区 chiyodaku　Chiyoda Ward

| 町 | 字音　チョウ choo
字訓　まち machi
意味　まち。地方自治団体の一
　　　つ。 | 一　冂　冂　田　田　田　町 |

◎町 machi　town / city　　◎町並み machinami　townscape　　■町外れ machihazure　outskirts
■町役場 machiyakuba　town hall　　■港町 minatomachi　port town　　■城下町 jookamachi　castle town

| 村 | 字音　ソン son
字訓　むら mura
意味　むら。いなか。地方自治
　　　体の一つ。 | 一　十　オ　木　村　村　村 |

◎村 mura　village　　■村おこし muraokoshi　town revitalization　　■村役場 murayakuba　village office
■村長 sonchoo　village mayor　　■漁村 gyoson　fishing village　　◎農村 nooson　agricultural village

| 丁 | 字音　チョウ choo、テイ tee
字訓　—
意味　町を区分した単位、〜丁
　　　目。ひのと。豆腐を数え
　　　ることば。 | 一　丁 |

◎3丁目 sanchoome　third street　　■長丁場 nagachooba　long stretch　　■包丁 hoochoo　kitchen knife
◎丁寧 teenee　careful　　■丁重 teechoo　careful / gracious　　■装丁 sootee　binding / design

| 号 | 字音　ゴウ goo
字訓　—
意味　さけぶ。しるし。なまえ。 | 丨　口　口　号　号 |

■号外 googai　extra news　　■号令 gooree　order　　◎信号 shingoo　signal
■年号 nengoo　name of an era　　◎番号 bangoo　number　　■毎号 maigoo　each issue

内	字音　ナイ nai、ダイ dai 字訓　うち uchi 意味　うちがわ。おさめる。	丨　冂　内　内			

◎内 uchi　inside　　　　　■内気 uchiki　shy　　　　　■内科 naika　internal medicine
■内心 naishin　one's heart　　　■内部 naibu　interior / internal　　　◎内容 naiyoo　content / detail

外	字音　ガイ gai、ゲ ge 字訓　そと soto、ほか hoka、はず-す 　　　hazu-su、はず-れる hazu-reru 意味　そと。ほか。はずれる。 　　　とおざける。	ノ　ク　タ　列　外			

◎外 soto　outside　　　　■外国 gaikoku　foreign country　　　■外務省 gaimushoo　Ministry of Foreign Affairs
◎海外 kaigai　overseas　　　■例外 reigai　exception　　　■外科 geka　surgery

第42課

地理②

練習問題

1 ＿＿＿をひらがなで書きましょう。

1. 町（　　　　　）　　　　　2. 村（　　　　　）

3. 内（　　　　　）　　　　　4. 外（　　　　　）

5. 番号（　　　　　）　　　　6. 区別（　　　べつ）

7. 夏休みに海外（　　　　　）旅行に行くつもりです。

8. ここに自分の名前を丁寧（　　　　ねい）に書いてください。

9. この本の内容（　　　　よう）を教えてほしい。

10. 次の信号（しん　　　　）を右に曲がってください。

2 正しい漢字を選びましょう。

1. いちば　　　　（A）市場　　　（B）布場　　　答え（　　　）

2. くちょう　　　（A）区長　　　（B）凶長　　　答え（　　　）

3. ちょうちょう　（A）町長　　　（B）略長　　　答え（　　　）

167

4. そんちょう　　　　　(A) 材長　　　　(B) 村長　　　答え（　　）

5. いっちょうめ　　　　(A) 一町目　　　(B) 一丁目　　答え（　　）

6. よんひゃくにごうしつ

　　　　　　　　　　　(A) 402号室　　(B) 402合室　答え（　　）

7. ないか　　　　　　　(A) 内科　　　　(B) 肉科　　　答え（　　）

8. かいがい　　　　　　(A) 海多　　　　(B) 海外　　　答え（　　）

3 □に漢字を書きましょう。

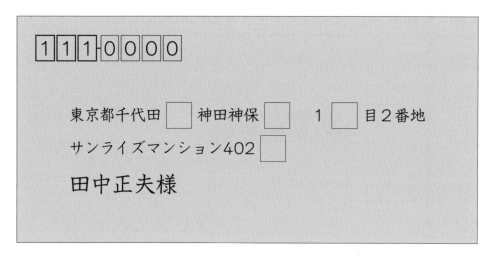

4 □に漢字を書いて、（　）にひらがなを書きましょう。

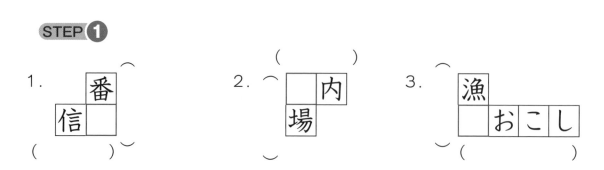

STEP ❷

(　　　　　　　　)　　　(　　　　)　　　　　　(　　　　　　　)

4. | 海 | ☐ | 留学 |
   | | 科 | |
   ( )

5. | 包 | ☐ |
   | | 寧 |

6. | ☐ | 並み |
   | 役 | |
   | 場 | |

5 ☐に漢字（かんじ）を書きましょう。

STEP ❶

1. ☐ （まち）town

2. ☐ （むら）village

3. 京都 ☐ （きょうとし）Kyoto city

4. ☐ 国（がいこく）foreign country

5. ☐ 場（いちば）market

6. 電話番 ☐ （でんわばんごう）telephone number

7. 田中さんはこの町の1 ☐ 目（いっちょうめ）に住（す）んでいます。

8. 私はここの落ち着いた ☐ 並み（まちなみ）が好（す）きです。

9. 仕事（しごと）とプライベートを ☐ 別（くべつ）することは大事（だいじ）です。

10. 彼（かれ）は ☐ 心（ないしん）おびえていた。

STEP ❷

11. チャンスはすべての者（もの）に与（あた）えられている。彼女（かのじょ）だって例 ☐ （れいがい）ではない。

12. 彼女は、彼からのプロポーズを ☐ 重（ていちょう）に断（ことわ）った。

13. 農 ☐ （のうそん）の多くは、高齢者（こうれいしゃ）の人口比率（ひりつ）が高い。

14. 2019年5月から年 ☐ （ねんごう）は令和（れいわ）になった。

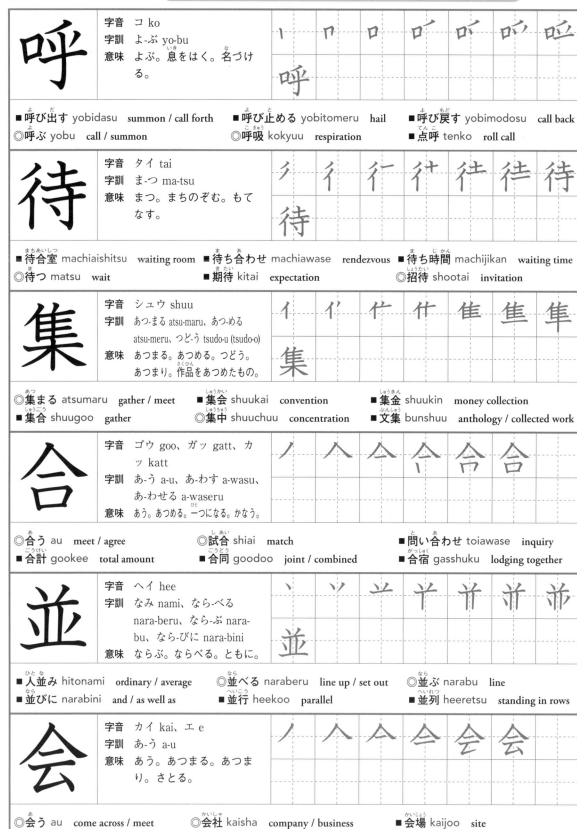

呼

字音　コ ko
字訓　よ-ぶ yo-bu
意味　よぶ。息をはく。名づける。

１ 丨 冂 叮 叮 吘 呼
呼

■ 呼び出す yobidasu　summon / call forth　　■ 呼び止める yobitomeru　hail　　■ 呼び戻す yobimodosu　call back
◎ 呼ぶ yobu　call / summon　　◎ 呼吸 kokyuu　respiration　　■ 点呼 tenko　roll call

待

字音　タイ tai
字訓　ま-つ ma-tsu
意味　まつ。まちのぞむ。もてなす。

彳 彳 行 什 什 待 待
待

■ 待合室 machiaishitsu　waiting room　　■ 待ち合わせ machiawase　rendezvous　　■ 待ち時間 machijikan　waiting time
◎ 待つ matsu　wait　　■ 期待 kitai　expectation　　◎ 招待 shootai　invitation

集

字音　シュウ shuu
字訓　あつ-まる atsu-maru、あつ-める atsu-meru、つど-う tsudo-u (tsudo-o)
意味　あつまる。あつめる。つどう。あつまり。作品をあつめたもの。

イ イ 亻 什 隹 隹 隼
集

◎ 集まる atsumaru　gather / meet　　■ 集会 shuukai　convention　　■ 集金 shuukin　money collection
■ 集合 shuugoo　gather　　◎ 集中 shuuchuu　concentration　　■ 文集 bunshuu　anthology / collected work

合

字音　ゴウ goo、ガッ gatt、カッ katt
字訓　あ-う a-u、あ-わす a-wasu、あ-わせる a-waseru
意味　あう。あつめる。一つになる。かなう。

ノ 人 ム 合 合 合
合

◎ 合う au　meet / agree　　◎ 試合 shiai　match　　■ 問い合わせ toiawase　inquiry
■ 合計 gookee　total amount　　■ 合同 goodoo　joint / combined　　■ 合宿 gasshuku　lodging together

並

字音　ヘイ hee
字訓　なみ nami、なら-べる nara-beru、なら-ぶ nara-bu、なら-びに nara-bini
意味　ならぶ。ならべる。ともに。

丶 ソ 半 半 並 並
並

■ 人並み hitonami　ordinary / average　　◎ 並べる naraberu　line up / set out　　◎ 並ぶ narabu　line
■ 並びに narabini　and / as well as　　■ 並行 heekoo　parallel　　■ 並列 heeretsu　standing in rows

会

字音　カイ kai、エ e
字訓　あ-う a-u
意味　あう。あつまる。あつまり。さとる。

ノ 人 ム 合 会 会
会

◎ 会う au　come across / meet　　◎ 会社 kaisha　company / business　　■ 会場 kaijoo　site
■ 会話 kaiwa　conversation　　■ 機会 kikai　opportunity　　■ 会釈 eshaku　slight bow

決	字音 ケツ ketsu 字訓 き-める ki-meru、き-まる ki-maru 意味 きめる。きまる。思い切る。切れる。こわれる。	丶	冫	氵	沪	泙	決	決

◎決める kimeru　decide　　■決まり kimari　rule　　■決勝 kesshoo　final
■決心 kesshin　determination　　◎決定 kettee　determination / decision　　■解決 kaiketsu　resolution

遊	字音 ユウ yuu、ユ yu 字訓 あそ-ぶ aso-bu 意味 あそぶ。たのしむ。旅をする。自由に動きまわる。仕事をしていない。	一	亠	方	扩	斿	遊
		遊					

◎遊ぶ asobu　play　　◎遊園地 yuuenchi　amusement park　　■遊歩道 yuuhodoo　promenade / walk
■遊覧船 yuuransen　pleasure cruiser　　■交遊 kooyuu　fellowship　　■周遊券 shuuyuuken　excursion ticket

別	字音 ベツ betsu 字訓 わか-れる waka-reru 意味 わける。わかれる。はなれる。とくに。	丨	冂	吊	号	另	別	別

■別れ wakare　parting　　◎別れる wakareru　break up　　■別に betsuni　particularly
■別々 betsubetsu　separate　　■送別 soobetsu　farewell　　◎特別 tokubetsu　special

練習問題

1 ___をひらがなで書きましょう。

1. 決める（　　　　　）　　2. 別れる（　　　　　）

3. 呼ぶ（　　　　　）　　4. 集まる（　　　　　）

5. 待つ（　　　　　）　　6. 会う（　　　　　）

7. 遊ぶ（　　　　　）　　8. 並ぶ（　　　　　）

9. サッカーの試合（し　　　　　）を見に行こう。

10. 毎日電車で会社（　　　　　）に行きます。

11. 友達を家に招待（しょう　　　　　）した。

12. オリンピックの開催地が決定（　　　　　）した。

2 正しい漢字を選びましょう。

1. きめる 　　　　(A) 決める 　　　　(B) 沢める 　　　　答え（　　　）

2. よぶ 　　　　　(A) 呼ぶ 　　　　　(B) 吸ぶ 　　　　　答え（　　　）

3. あつまる 　　　(A) 集まる 　　　　(B) 楽まる 　　　　答え（　　　）

4. まつ 　　　　　(A) 侍つ 　　　　　(B) 待つ 　　　　　答え（　　　）

5. あう 　　　　　(A) 会う 　　　　　(B) 含う 　　　　　答え（　　　）

6. わかれる 　　　(A) 利れる 　　　　(B) 別れる 　　　　答え（　　　）

7. あそぶ 　　　　(A) 遊ぶ 　　　　　(B) 遅ぶ 　　　　　答え（　　　）

3 絵を見て、□に漢字を書きましょう。

1. テーブルに料理が
　□んでいます。

2. 公園で子ども達が
　□んでいます。

3. この時計に□め
　ました。

4 線でむすび、漢字をつくりましょう。

例　彳　　　　　　木　（　　　）

1. 氵　　　　　　寺　（　待　）

2. 隹　　　　　　夬　（　　　）

3. 人　　　　　　刂　（　　　）

4. 丐　　　　　　云　（　　　）

5 □に漢字を書きましょう。

STEP ❶

1. ☐ まる（あつまる）gather

2. ☐ ぶ（あそぶ）play

3. ☐ つ（まつ）wait

4. ☐ 社（かいしゃ）company

5. ☐ れる（わかれる）break up

6. 特 ☐（とくべつ）special

7. 試 ☐（しあい）match

STEP ❷

8. 仕事と ☐ 行（へいこう）して、英語も勉強しています。

9. あなたとは意見が ☐（あ）いません。

10. 8月10日に ☐☐（しゅうかい）所で子ども会が開かれます。

11. 東京は昔、江戸と ☐（よ）ばれていた。

12. ☐ 園地（ゆうえんち）で子ども達が ☐（あそ）んでいます。

13. 恋人と ☐（わか）れて、留学をすることに ☐（き）めた。

14. ☐（ま）ち合わせの時間に遅れてしまった。

15. ☐ 計（ごうけい）でいくらになりますか。

16. 田中さんの ☐ 心（けっしん）はかたい。

17. 私は今、駅の ☐☐ 室（まちあいしつ）にいます。

18. もっと広い ☐ 場（かいじょう）をさがしてください。

One Point 「合う」と「会う」の違い

「合う」と「会う」はどちらも「あう」と読みます。「合う」は「意見が合う」「この靴は合う」のように使います。人と会うときは「田中さんに会う」と書きます。

第44課　行為④　産・働・住・建・売・買・借・貸・失

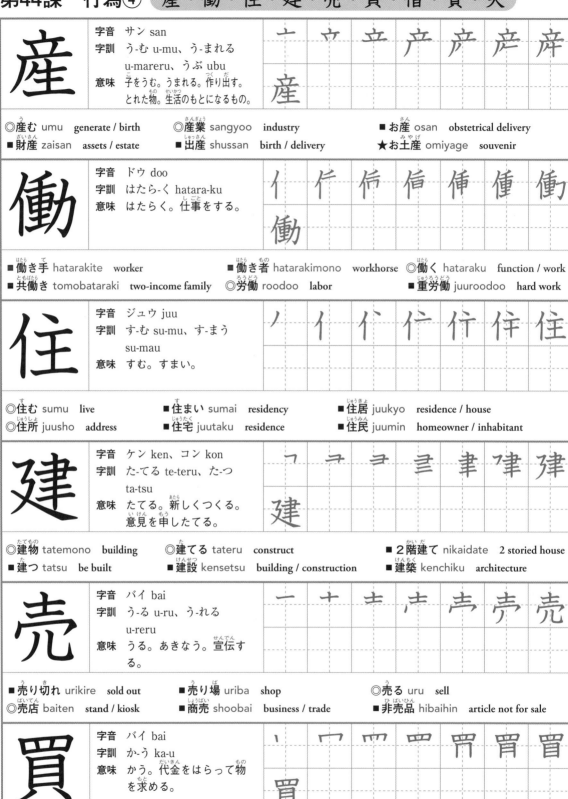

産
字音　サン san
字訓　う-む u-mu、う-まれる u-mareru、うぶ ubu
意味　子をうむ。うまれる。作り出す。とれた物。生活のもとになるもの。

書き順：亠 立 立 产 产 产 产 産

◎産む umu　generate / birth　　◎産業 sangyoo　industry　　■お産 osan　obstetrical delivery
■財産 zaisan　assets / estate　　■出産 shussan　birth / delivery　　★お土産 omiyage　souvenir

働
字音　ドウ doo
字訓　はたら-く hatara-ku
意味　はたらく。仕事をする。

書き順：イ 仁 伝 信 俥 働 働

■働き手 hatarakite　worker　　■働き者 hatarakimono　workhorse　　◎働く hataraku　function / work
■共働き tomobataraki　two-income family　　◎労働 roodoo　labor　　■重労働 juuroodoo　hard work

住
字音　ジュウ juu
字訓　す-む su-mu、す-まう su-mau
意味　すむ。すまい。

書き順：ノ イ 仁 仁 住 住

◎住む sumu　live　　■住まい sumai　residency　　■住居 juukyo　residence / house
◎住所 juusho　address　　■住宅 juutaku　residence　　■住民 juumin　homeowner / inhabitant

建
字音　ケン ken、コン kon
字訓　た-てる te-teru、た-つ ta-tsu
意味　たてる。新しくつくる。意見を申したてる。

書き順：ㄱ ㅋ ㅋ 彐 聿 律 建

◎建物 tatemono　building　　◎建てる tateru　construct　　■2階建て nikaidate　2 storied house
■建つ tatsu　be built　　◎建設 kensetsu　building / construction　　■建築 kenchiku　architecture

売
字音　バイ bai
字訓　う-る u-ru、う-れる u-reru
意味　うる。あきなう。宣伝する。

書き順：一 十 士 声 声 売

■売り切れ urikire　sold out　　■売り場 uriba　shop　　◎売る uru　sell
◎売店 baiten　stand / kiosk　　■商売 shoobai　business / trade　　■非売品 hibaihin　article not for sale

買
字音　バイ bai
字訓　か-う ka-u
意味　かう。代金をはらって物を求める。

書き順：丶 冖 罒 罒 罒 買 買

■買い占める kaishimeru　buy up　　■買い取る kaitoru　purchase / buy　　◎買い物 kaimono　shopping
◎買う kau　buy　　■買収 baishuu　acquisition / purchase　　■不買 fubai　boycott

借	字音　シャク shaku 字訓　か-りる ka-riru 意味　かりる。別のものを流用する。	イ　イ　件　供　併　借　借 借

◎借りる kariru　charter / borrow　　◎借金 shakkin　debt　　■借地 shakuchi　leased land
■借家 shakuya　leased house　　■借用 shakuyoo　rent / borrow　　■拝借 haishaku　borrow

貸	字音　タイ tai 字訓　か-す ka-su 意味　かす。金品をかす。かし。	イ　イ　代　代　貸　貸　貸 貸

■貸し切り kashikiri　charter　　◎貸し出し kashidashi　lease / lending　　◎貸す kasu　lease / lend
■貸家 kashiya　house for rent　　■貸借 taishaku　loan　　■賃貸 chintai　rental

失	字音　シツ shitsu 字訓　うしな-う ushina-u 意味　うしなう。なくす。わすれる。まちがえる。にげる。	ノ　ヒ　午　失

◎失う ushinau　lose　　■見失う miushinau　lose　　■失格 shikkaku　disqualification
■失業 shitsugyoo　jobless　　◎失敗 shippai　failure　　■失望 shitsuboo　disappointment

---

練習問題

1　＿＿＿をひらがなで書きましょう。

1. 建てる（　　　　　）　　2. 産む（　　　　　）

3. 借りる（　　　　　）　　4. 働く（　　　　　）

5. 買う（　　　）

6. 地下に売店（　　　　　）があります。

7. その本は貸し出し（　　　　　）中です。

8. いつか京都に住（　　　）むのが私の夢です。

9. 彼は信用を失（　　　　）った。

10. このバッグはどんどん売（　　　）れて、もうどこにもありません。

2 正しい漢字を選びましょう。

1. すむ　　　　　(A) 往む　　　(B) 住む　　　答え（　　　）

2. かりる　　　　(A) 貸りる　　(B) 借りる　　答え（　　　）

3. はたらく　　　(A) 働く　　　(B) 動く　　　答え（　　　）

4. たてる　　　　(A) 建てる　　(B) 健てる　　答え（　　　）

5. かす　　　　　(A) 貸す　　　(B) 借す　　　答え（　　　）

6. うしなう　　　(A) 矢う　　　(B) 失う　　　答え（　　　）

7. かう　　　　　(A) 冒う　　　(B) 買う　　　答え（　　　）

8. うる　　　　　(A) 売る　　　(B) 亮る　　　答え（　　　）

9. さんぎょう　　(A) 星業　　　(B) 産業　　　答え（　　　）

3 絵を見て、□に漢字を書きましょう。

1. 図書館で本を □ りる

2. 2階 □ ての家

3. 自動販 □ 機で飲み物を □ う

4. 父は工場で □ いている

4 □に漢字を書いて、(　　　)にひらがなを書きましょう

例
（しゃっきん）
　（かりる）
借りる
金

第44課 行為④

1. （　　　）
□む
所

2. （　　　）
□業
□む

3. （　　　）
□る
店

5 □に漢字を書いて、(　　　)にひらがなを書きましょう。

STEP **1**

1. □う（うしなう）lose
2. □く（はたらく）work
3. □物（たてもの）building
4. □い物（かいもの）shopping
5. □所（じゅうしょ）address
6. □業（さんぎょう）industry
7. □り場（うりば）shop

STEP **2**

8. ご両親はどちらにお□まい（おすまい）ですか。
9. 事業に□敗（しっぱい）し、多額の□□（しゃっきん）がある。
10. 労□（ろうどう）時間は、法律で決まっている。
11. 京都のお□□（おみやげ）です。どうぞ召し上がってください。
12. 「申し訳ございません。マスクは□り□れ（うりきれ）です。」
13. この家は有名な□築家（けんちくか）が□（た）てたそうです。
14. この土地は国が□収（ばいしゅう）した。
15. 今は郊外の賃□（ちんたい）のアパートに住んでいます。

177

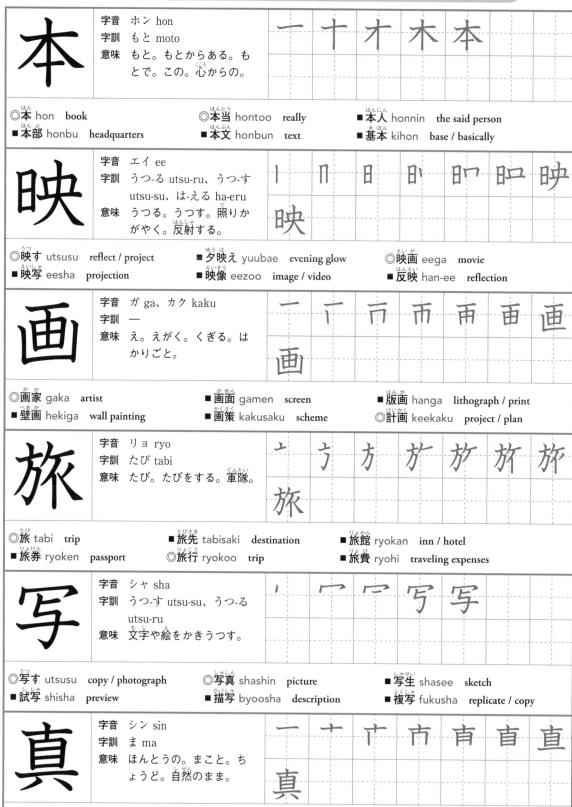

本

字音　ホン hon
字訓　もと moto
意味　もと。もとからある。もとで。この。心からの。

一 十 才 木 本

◎本 hon　book
■本部 honbu　headquarters
◎本当 hontoo　really
■本文 honbun　text
■本人 honnin　the said person
■基本 kihon　base / basically

映

字音　エイ ee
字訓　うつ-る utsu-ru、うつ-す utsu-su、は-える ha-eru
意味　うつる。うつす。照りかがやく。反射する。

丨 冂 日 日 旷 旷 映
映

◎映す utsusu　reflect / project
■映写 eesha　projection
■夕映え yuubae　evening glow
■映像 eezoo　image / video
◎映画 eega　movie
■反映 han-ee　reflection

画

字音　ガ ga、カク kaku
字訓　—
意味　え。えがく。くぎる。はかりごと。

一 丆 币 币 両 両 画
画

◎画家 gaka　artist
■壁画 hekiga　wall painting
■画面 gamen　screen
■画策 kakusaku　scheme
■版画 hanga　lithograph / print
◎計画 keekaku　project / plan

旅

字音　リョ ryo
字訓　たび tabi
意味　たび。たびをする。軍隊。

亠 方 方 扩 扩 旅
旅

◎旅 tabi　trip
■旅券 ryoken　passport
■旅先 tabisaki　destination
◎旅行 ryokoo　trip
■旅館 ryokan　inn / hotel
■旅費 ryohi　traveling expenses

写

字音　シャ sha
字訓　うつ-す utsu-su、うつ-る utsu-ru
意味　文字や絵をかきうつす。

丶 冖 写 写 写

◎写す utsusu　copy / photograph
■試写 shisha　preview
◎写真 shashin　picture
■描写 byoosha　description
■写生 shasee　sketch
■複写 fukusha　replicate / copy

真

字音　シン sin
字訓　ま ma
意味　ほんとうの。まこと。ちょうど。自然のまま。

一 十 亠 市 直 直 直
真

■真心 magokoro　sincerity
◎真ん中 mannaka　center
◎真面目 majime　honest / earnest
■真実 shinjitsu　true / really
■真っ直ぐ massugu　straight / directly
■真相 shinsoo　fact

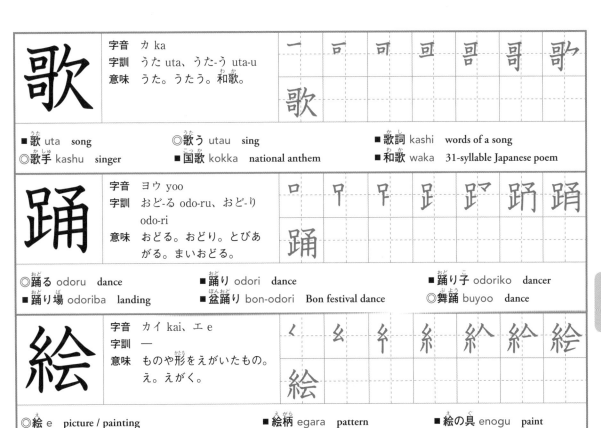

| 歌 | 字音　カ ka
字訓　うた uta、うた-う uta-u
意味　うた。うたう。和歌。 | 一 | 曱 | 可 | 哥 | 哥 | 哥 | 歌 |
| | | 歌 | | | | | | |

■歌 uta　song　　　　　◎歌う utau　sing　　　　　■歌詞 kashi　words of a song
◎歌手 kashu　singer　　■国歌 kokka　national anthem　　■和歌 waka　31-syllable Japanese poem

| 踊 | 字音　ヨウ yoo
字訓　おど-る odo-ru、おど-り odo-ri
意味　おどる。おどり。とびあがる。まいおどる。 | 口 | 足 | 足 | 踊 | 踊 | 踊 | 踊 |
| | | 踊 | | | | | | |

◎踊る odoru　dance　　　　■踊り odori　dance　　　　　　■踊り子 odoriko　dancer
■踊り場 odoriba　landing　■盆踊り bon-odori　Bon festival dance　◎舞踊 buyoo　dance

| 絵 | 字音　カイ kai、エ e
字訓　—
意味　ものや形をえがいたもの。え。えがく。 | く | 幺 | 糸 | 糸 | 糸 | 絵 | 絵 |
| | | 絵 | | | | | | |

◎絵 e　picture / painting　　　　■絵柄 egara　pattern　　　　　■絵の具 enogu　paint
■絵本 ehon　illustrated book / picture book　■油絵 aburae　oil painting　◎絵画 kaiga　picture

第45課　趣味①

練習問題

1　＿＿＿をひらがなで書きましょう。

1. 絵（　　　　）　　　　　　2. 計画（　　　　　　　）

3. 旅行（　　　　　　　）　　4. 画家（　　　　　）

5. 歌手（　　　　　）　　　　6. 真ん中（　　　　　　）

7. 絵画（　　　　　）

8. 動物の写真（　　　　　　　）を撮る。

9. みんなで日本の歌を歌（　　　　）う。

10. 火曜日に映画（　　　　　）を見た。

11. 船に乗って、ゆっくり旅（　　　　　）をする。

12. 田中さんが日本舞踊（ぶ　　　　　）を踊（　　　　　）りました。

13. 美しい文字を書くために、先生の手本<ruby>て<rt>て</rt></ruby>本<rt>ほん</rt>を写（　　　　　）す。

2 正しい漢字を選びましょう。

1. りょこう 　　　（A）旅行 　　　（B）族行 　　　答え（　　　）

2. えいが 　　　　（A）英画 　　　（B）映画 　　　答え（　　　）

3. えほん 　　　　（A）絵本 　　　（B）絵木 　　　答え（　　　）

4. かしゅ 　　　　（A）歌手 　　　（B）欧手 　　　答え（　　　）

5. しゃしん 　　　（A）冗真 　　　（B）写真 　　　答え（　　　）

3 線でむすび、漢字をつくりましょう。

例　足 ――――――　欠 　（　　　）

1. 日　　　　　　――――甬 　（　踊　）

2. 方　　　　　　　　　　央 　（　　　）

3. 糸　　　　　　　　　　欠 　（　　　）

4. 哥　　　　　　　　　　会 　（　　　）

4 □に漢字を書いて、（　）にひらがなを書きましょう。

例（ぶよう）
　舞｜踊｜（おどる）
　　｜る｜

STEP **1**

　（　　　　）

1. ⌒□｜う　　2. ⌒□｜画（　　　）　　3. ⌒絵｜
　｜手⌣　　　　　　□｜す⌣　　　　　　　　□｜当
　　　　　　　　　　　　　　　　　　　　　　　⌣（　　　）

STEP ②

4. (　　　)

5. (　　　)

6. (　　　)

7. (　　　)

8. 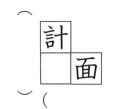 (　　　)

5 □に漢字を書きましょう。

STEP ❶

1. ☐ 行 （りょこう） trip

2. ☐ 家 （がか） painter

3. ☐ る （おどる） dance

4. ☐ （たび） trip

5. ☐ う （うたう） sing

6. ☐ ☐ （しゃしん） picture

7. ☐ 当 （ほんとう） really

8. ☐ 面目 （まじめ） honest

STEP ❷

9. 日本語の基 ☐ （きほん） を学ぶ。

10. 受付には必ず ☐ 人 （ほんにん） が来てください。

11. この ☐ ☐ （えいが） の描 ☐ （びょうしゃ） はすばらしい。

12. 英語の ☐ （うた） の ☐ 詞 （かし） を覚えるのは難しい。

13. 毎晩子どもに ☐ ☐ （えほん） を読んであげる。

14. 学生たちの意見を反 ☐ （はんえい） させる。

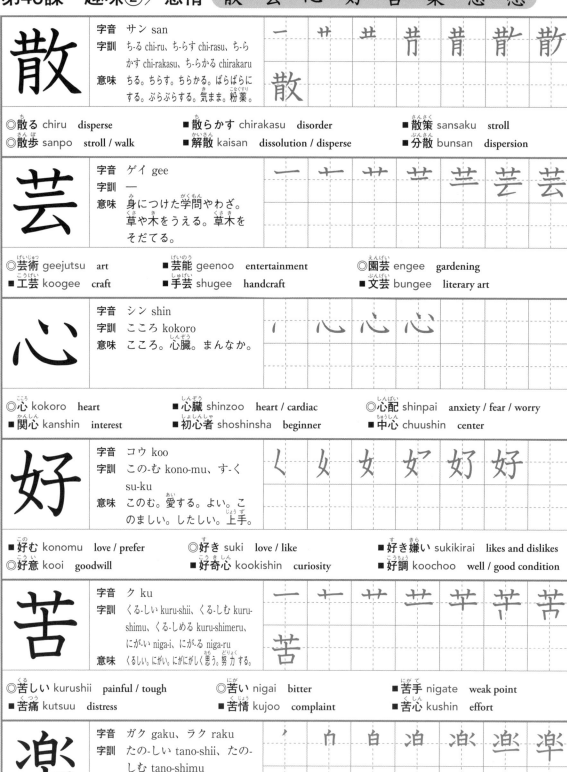

散

字音　サン san
字訓　ち-る chi-ru、ち-らす chi-rasu、ち-ら
　　　かす chi-rakasu、ち-らかる chirakaru
意味　ちる。ちらす。ちらかる。ばらばらに
　　　する。ぶらぶらする。気まま。粉薬。

一　サ　サ　芦　背　背　散
散

◎散る chiru　disperse　　■散らかす chirakasu　disorder　　■散策 sansaku　stroll
◎散歩 sanpo　stroll / walk　　■解散 kaisan　dissolution / disperse　　■分散 bunsan　dispersion

芸

字音　ゲイ gee
字訓　—
意味　身につけた学問やわざ。
　　　草や木をうえる。草木を
　　　そだてる。

一　十　サ　芒　芸　芸　芸

◎芸術 geejutsu　art　　■芸能 geenoo　entertainment　　◎園芸 engee　gardening
■工芸 koogee　craft　　■手芸 shugee　handcraft　　■文芸 bungee　literary art

心

字音　シン shin
字訓　こころ kokoro
意味　こころ。心臓。まんなか。

丶　心　心　心

◎心 kokoro　heart　　■心臓 shinzoo　heart / cardiac　　◎心配 shinpai　anxiety / fear / worry
■関心 kanshin　interest　　■初心者 shoshinsha　beginner　　■中心 chuushin　center

好

字音　コウ koo
字訓　この-む kono-mu、す-く
　　　su-ku
意味　このむ。愛する。よい。こ
　　　のましい。したしい。上手。

く　乡　女　女′　好′　好

■好む konomu　love / prefer　　◎好き suki　love / like　　■好き嫌い sukikirai　likes and dislikes
◎好意 kooi　goodwill　　■好奇心 kookishin　curiosity　　■好調 koochoo　well / good condition

苦

字音　ク ku
字訓　くる-しい kuru-shii、くる-しむ kuru-
　　　shimu、くる-しめる kuru-shimeru、
　　　にが-い niga-i、にが-る niga-ru
意味　くるしい。にがい。にがにがしく思う。努力する。

一　十　サ　芒　芊　芐　苦
苦

◎苦しい kurushii　painful / tough　　◎苦い nigai　bitter　　■苦手 nigate　weak point
■苦痛 kutsuu　distress　　■苦情 kujoo　complaint　　■苦心 kushin　effort

楽

字音　ガク gaku、ラク raku
字訓　たの-しい tano-shii、たの-
　　　しむ tano-shimu
意味　音をかなでる。たのしい。
　　　このむ。

丿　白　白　泊　泊　泊　楽
楽

◎楽しい tanoshii　happy / enjoyable　　■楽しむ tanoshimu　enjoy　　■楽器 gakki　musical instrument
■楽観 rakkan　optimism　　◎音楽 ongaku　music　　■娯楽 goraku　amusement / pleasure

悲	字音	ヒ hi	ノ	ナ	ナ	ヺ	ヺ	非	悲
	字訓	かな-しい kana-shii、かな-しむ kana-shimu	悲						
	意味	かなしい。かなしむ。か なしみ。あわれみの心。							

◎悲しい kanashii　sad　　■悲しむ kanashimu　mourn　　■悲願 higan　earnest wish
◎悲劇 higeki　tragedy　　■悲惨 hisan　atrocious　　■悲鳴 himee　scream

感	字音	カン kan	ノ	厂	后	咸	咸	咸	感
	字訓	—	感						
	意味	かんじる。ものごとにふ れて心が動く。気持ち。 病気にかかる。							

◎感謝 kansha　thanks　　◎感じる kanjiru　feel　　■感心 kanshin　admiration
■感動 kandoo　impression　　■共感 kyookan　empathy　　■直感 chokkan　intuition

練習問題

1　＿＿をひらがなで書きましょう。

1. 心（　　　　　　　）　　　　2. 苦い（　　　　　　　）

3. 悲しい（　　　　　　　）　　4. 楽しい（　　　　　　　）

5. 感じる（　　　　　　　）　　6. 心配（　　　　ぱい）

7. 散歩（　　　　　　　）　　　8. 苦しい（　　　　　　　）

9. 私はどんな音楽（おん　　　　　）でも好（　　　）きです。

10. 桜の花はすっかり散（　　　　）ってしまった。

11. 詩は言葉の芸術（　　　　　じゅつ）だと言われます。

12. 子どもを助けてくれた人たちに感謝（　　　　　しゃ）しています。

2　正しい漢字を選びましょう。

1. にがい　　　（A）苦い　　　　（B）若い　　　答え（　　　）

2. こころ　　　（A）必　　　　　（B）心　　　　答え（　　　）

3. たのしい 　　　（A）薬しい 　　　（B）楽しい 　　　答え（　　　）

4. かなしい 　　　（A）恋しい 　　　（B）悲しい 　　　答え（　　　）

5. すき 　　　　　（A）好き 　　　　（B）妙き 　　　　答え（　　　）

3 □に漢字を書いて、（　）にひらがなを書きましょう。

例
（きらく）

| 気 | 楽 |（らくてんか）
| | 天 |
| | 家 |

STEP ❶

1. （　　　　　　）

| | し | い |
| い | | |

2.
| 音 | | |
| | し | い |
（　　　　　　）

3. （　
| | じ | る |
| 謝 | |
　）

STEP ❷

4. （　　　）
	劇
し	
い	

5. （　　　　　　　）
| お | | み | 焼 | き |
| | 意 | | | |
（　　）

6.
| | 手 |
| 園 | |
（　　　　　）　

7. （　　　　　）
| 中 | |
| | 配 |

8. （　　　　　）
解	
	ら
	か
	す

4 □に漢字を書きましょう。

STEP ①

1. □い（にがい）bitter

2. □配（しんぱい）anxiety

3. 中□（ちゅうしん）center

4. □謝（かんしゃ）thanks

5. □しい（くるしい）painful

6. □意（こうい）goodwill

7. 園□（えんげい）gardening

8. □歩（さんぽ）stroll

9. □しい（かなしい）sad

10. 音□（おんがく）music

STEP ②

11. これは母が□（す）きなお菓子です。

12. 一生懸命に働く子ども達の姿に□動（かんどう）した。

13. コロナウイルスに□染（かんせん）したため、入院した。

14. 身の危険を□（かん）じた。

15. 姉の趣味は手□（しゅげい）です。

16. あなたは□器（がっき）を弾けますか。

17. □情（くじょう）ばかり言わないでください。

18. 友だちとおしゃべりするのは□（たの）しい。

One Point 心がつく漢字

　この課では「心」という漢字を練習しました。そして、「悲」や「感」にも「心」がついています。「心」という部首（漢字の一部分）は「こころ」といい、これがつく漢字は心の働きを表します。ほかにも「忘（忘れる）」や「恋」などがあります。

春	字音　シュン shun 字訓　はる haru 意味　四季の一つ、はる。年の初め。	一　三　与　夫　表　春　春 春

◎春 haru　spring　　◎春一番 haruichiban　spring's first south wind　　■春先 harusaki　beginning of spring
■春休み haruyasumi　spring vacation　　■迎春 geeshun　greeting a new year　　■立春 rissshun　beginning of spring

夏	字音　カ ka、ゲ ge 字訓　なつ natsu 意味　四季の一つ、なつ。	一　一　市　百　百　頁　夏 夏

◎夏 natsu　summer　　■夏ばて natsubate　weariness in summer　　■夏服 natsufuku　summer wear
■夏祭り natsumatsuri　summer festival　　◎夏休み natsuyasumi　summer vacation　　■初夏 shoka　early summer

秋	字音　シュウ shuu 字訓　あき aki 意味　四季の一つ、あき。としつき。	ノ　二　千　禾　利　利　秋 秋

◎秋 aki　autumn / fall　　■秋風 akikaze　autumn wind　　■秋雨 akisame　autumn rain
■秋空 akizora　autumn sky　　◎秋晴れ akibare　fine autumn weather　　■晩秋 banshuu　late fall

冬	字音　トウ too 字訓　ふゆ fuyu 意味　四季の一つ、ふゆ。	ノ　ク　夕　冬　冬

◎冬 fuyu　winter　　◎冬景色 fuyugeshiki　winter landscape　　■冬物 fuyumono　winter goods
■真冬 mafuyu　midwinter　　■冬季 tooki　winter　　■冬眠 toomin　hibernation

季	字音　キ ki 字訓　― 意味　春・夏・秋・冬のそれぞれの時節。ある一定の期間。	一　二　千　禾　禾　禾　季 季

■季刊誌 kikanshi　quarterly magazine　　◎季節 kisetsu　season　　■季節風 kisetsufuu　monsoon
■雨季 uki　wet season　　■乾季 kanki　dry season　　◎四季 shiki　four seasons

節	字音　セツ setsu、セチ sechi 字訓　ふし fushi 意味　竹などのふし。物のつぎ目。くぎり。気候の変わり目。ほどよい。時期。	ノ　ケ　笁　竺　笁　節　節 節

■節目 fushime　turning point　　■節句 sekku　seasonal festival　　■節電 setsuden　reduce power usage / power saving
■節分 setsubun　the day before the beginning of spring　　◎節約 setsuyaku　economy　　◎調節 choosetsu　control

神	字音 シン shin、ジン jin 字訓 かみ kami、かん kan、こう koo 意味 かみ。人間の知恵でははかり知れない力。こころ。たましい。	丶 ｧ ｫ ｫ ｫ 初 神
		神

◎神 kami　God　　　■神業 kamiwaza　divine work / miracle　　　■神経 shinkee　nerve
◎神社 jinja　shrine　　　■神秘 shinpi　mystery　　　■神話 shinwa　myth

仏	字音 ブツ butsu 字訓 ほとけ hotoke 意味 ほとけさま。亡くなった人。「フランス」の略語。	ノ イ 仏 仏

◎仏 hotoke　Buddha / the deceased　　◎仏教 bukkyoo　Buddhism　　■仏像 butsuzoo　Buddhist statue
■仏壇 butsudan　family Buddhist altar　　■神仏 shinbutsu　gods and Buddha　　■日仏 nichifutsu　Japan and France

祭	字音 サイ sai 字訓 まつ-る matsu-ru、まつ-り matsu-ri 意味 神や先祖をまつる。まつり。にぎやかな催し。	ノ ク タ タ 夕 祭 祭
		祭

■祭る matsuru　deify　　　◎祭り matsuri　festival　　　■祭日 saijitsu　national holiday
■前夜祭 zen-yasai　pre-event　　■芸術祭 geejutsusai　art festival　　◎文化祭 bunkasai　cultural festival

練習問題

1 ＿＿をひらがなで書きましょう。

1. 春（　　　　　）　　　　2. 夏休み（　　　　　　）

3. 秋（　　　　　）　　　　4. 冬（　　　　　　）

5. 季節（　　　　　　）　　6. 神（　　　　　　）

7. 仏（　　　　　）　　　　8. 神社（　　　　　　）

9. 祭り（　　　　　）

10. 友だちと一緒に文化祭（ぶんか　　　　　　　）に行きました。

11. 日本に仏教（　　　　　きょう）が伝わったのはいつですか。

2 線でむすび、漢字をつくりましょう。

例　イ ＼　　　　　火　（　　　　）

1. 叕　　　　　　　ム　（　仏　）

2. 禾　　　　　　　申　（　　　　）

3. 竹　　　　　　　示　（　　　　）

4. ネ　　　　　　　即　（　　　　）

3 □に漢字を書いて、（　）にひらがなを書きましょう。

例

（ぶんかさい）

文	化	祭
		日

（さいじつ）

STEP **1**

1. 　（　　　　）
	調
季	
（　　　　）

2. （　　　　）
	社
経	

3. （　　　　）
	り
日	

STEP **2**

4.
立	
	一	番
（　　　　）

5. （　　　　）
	景	色
眠		

6.
初	
	休	み
（　　　　）

7. （　　　　）
	晴	れ
分		

8. （　　　　）
	教	徒
像		

9.
四	
	刊	誌
（　　　　）

188

4 手紙で使う文です。＿＿を漢字で書きましょう。

1. あき（　　　　　　　）風が気持ちのいい季節になりました。

2. 日ごとにはる（　　　　　　　）めいてまいりましたが、皆様にはお変わりございませんか。

3. 長かった梅雨もようやく明け、なつ（　　　　　　　）本番を迎えました。

4. 新しゅん（　　　　　　　）のお喜びを申し上げます。

5. 初か（　　　　　　　）の風がさわやかな季節となりました。

5 □に漢字を書きましょう。

STEP **1**

1. ☐（はる）spring

2. ☐休み（なつやすみ）summer vacation

3. ☐晴れ（あきばれ）fine autumn weather

4. ☐社（じんじゃ）shrine

5. ☐景色（ふゆげしき）winter landscape

6. ☐教（ぶっきょう）Buddhism

7. ☐り（まつり）festival

STEP **2**

8. 田中さんは運動☐経（しんけい）がよい。

9. 熊が☐眠（とうみん）から目覚めるころです。

10. あなたが手伝ってくれたので、早く仕事が終わって、時間の☐約（せつやく）になった。

11. 日本は☐日（さいじつ）が多いと言われている。

12. 桃の☐句（せっく）には女の子のために人形を飾る。

13. ☐（なつ）ばてで、食欲がありません。

14. 日本には四☐（しき）がある。

第48課　気象／光・音　天・空・星・雨・晴・雪・風・光・音

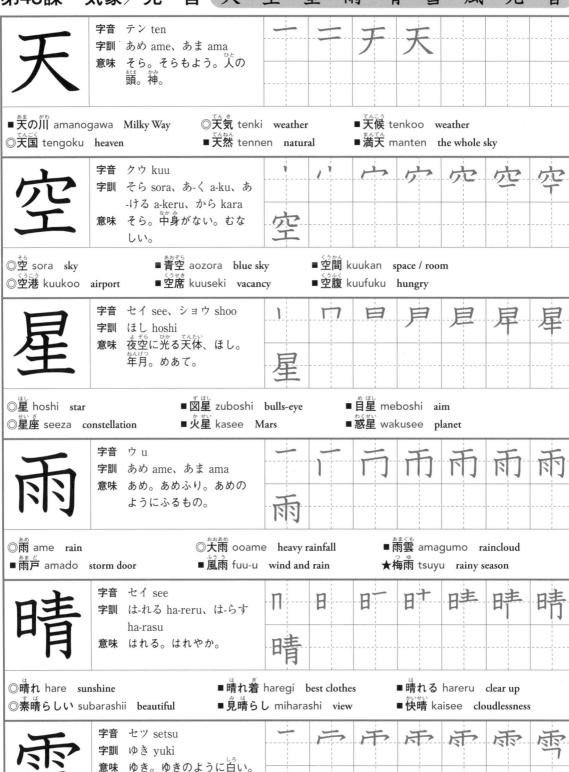

天

字音　テン ten
字訓　あめ ame、あま ama
意味　そら。そらもよう。人の頭。神。

書き順： 一　二　天　天

- ■ 天の川 amanogawa　Milky Way
- ◎ 天気 tenki　weather
- ■ 天候 tenkoo　weather
- ◎ 天国 tengoku　heaven
- ■ 天然 tennen　natural
- ■ 満天 manten　the whole sky

空

字音　クウ kuu
字訓　そら sora、あ-く a-ku、あ-ける a-keru、から kara
意味　そら。中身がない。むなしい。

書き順： 空

- ◎ 空 sora　sky
- ■ 青空 aozora　blue sky
- ■ 空間 kuukan　space / room
- ◎ 空港 kuukoo　airport
- ■ 空席 kuuseki　vacancy
- ■ 空腹 kuufuku　hungry

星

字音　セイ see、ショウ shoo
字訓　ほし hoshi
意味　夜空に光る天体、ほし。年月。めあて。

書き順： 星

- ◎ 星 hoshi　star
- ■ 図星 zuboshi　bulls-eye
- ■ 目星 meboshi　aim
- ◎ 星座 seeza　constellation
- ■ 火星 kasee　Mars
- ■ 惑星 wakusee　planet

雨

字音　ウ u
字訓　あめ ame、あま ama
意味　あめ。あめふり。あめのようにふるもの。

書き順： 雨

- ◎ 雨 ame　rain
- ◎ 大雨 ooame　heavy rainfall
- ■ 雨雲 amagumo　raincloud
- ■ 雨戸 amado　storm door
- ■ 風雨 fuu-u　wind and rain
- ★ 梅雨 tsuyu　rainy season

晴

字音　セイ see
字訓　は-れる ha-reru、は-らす ha-rasu
意味　はれる。はれやか。

書き順： 晴

- ◎ 晴れ hare　sunshine
- ■ 晴れ着 haregi　best clothes
- ■ 晴れる hareru　clear up
- ◎ 素晴らしい subarashii　beautiful
- ■ 見晴らし miharashi　view
- ■ 快晴 kaisee　cloudlessness

雪

字音　セツ setsu
字訓　ゆき yuki
意味　ゆき。ゆきのように白い。

書き順： 雪

- ◎ 雪 yuki　snow
- ◎ 雪だるま yukidaruma　snowman
- ■ 雪山 yukiyama　snowy mountain
- ■ 初雪 hatsuyuki　first snow
- ★ 雪崩 nadare　avalanche
- ★ 吹雪 fubuki　snowstorm

190

風	字音 フウ fuu、フ fu 字訓 かぜ kaze、かざ kaza 意味 かぜ。しきたり。ありさ 　　ま。けしき。	ノ 几 凡 凡 凡 風 風 風

◎風 kaze wind　　　◎風景 fuukee scene / view　　　■風船 fuusen balloon
■強風 kyoofuu strong wind　　■扇風機 senpuuki electric fan / fan　　■風情 fuzee taste

光	字音 コウ koo 字訓 ひか-る hika-ru、ひかり 　　hikari 意味 かがやく。ひかる。ひか 　　り。ほまれ。けしき。	｜ ｜ ⺌ ⺌ 光 光

■光る hikaru sparkle / shine　　◎光 hikari light　　　■稲光 inabikari lighting
■光景 kookee sight / spectacle　　■栄光 eekoo glory　　◎観光 kankoo tourism / sightseeing

音	字音 オン on、イン in 字訓 おと oto、ね ne 意味 おと。聞こえるもの。こ 　　え。しらせ。	亠 亠 立 立 产 音 音 音

◎音 oto sound　　　■本音 hon-ne real intention / real meaning　　◎音楽 ongaku music
■音読 ondoku reading aloud　　■騒音 soo-on unwanted sound / sound pollution　　■発音 hatsuon pronunciation

練習問題
（れんしゅうもんだい）

1 ＿＿をひらがなで書きましょう。

1. 晴れ（　　　　）
2. 雪（　　　　）
3. 空（　　　　）
4. 星（　　　　）
5. 光（　　　　）
6. 風（　　　　）
7. 音（　　　　）
8. 星座（　　　　　）
9. 好きな音楽（　　　　　）はクラシックです。
10. ヨーロッパを観光（　　　　　）するのが私の夢です。
11. 天気（　　　　　）がよいので出かけましょう。

2 ＿＿をひらがなで書きましょう。

1.

東京は天気（　　　　　　）がよくなり、一日中、
晴（　　　　　）れるでしょう。

2.

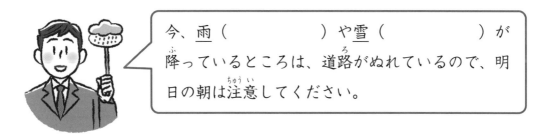

今、雨（　　　　　　）や雪（　　　　　　）が
降（ふ）っているところは、道路（ろ）がぬれているので、明
日の朝は注意（ちゅうい）してください。

3 □に漢字（かんじ）を書（か）いて、（　）にひらがなを書（か）きましょう。

例　（まんてん）
満｜天｜（てんねん）
　｜然｜

STEP ➊

1.　～（　　　　）
　青□
　□港
　（　　　　）

2.　（　　　　　　）
　□気
　国□
　～

3.　（　　　　　　）
　火□
　□座　～

STEP ➋

4.　～（　　　　　）
　□き家
　気□
　～

5.　（　　　　　　　　）
　素□らしい
　□れ
　る　～

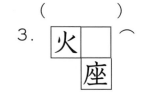

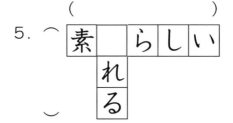

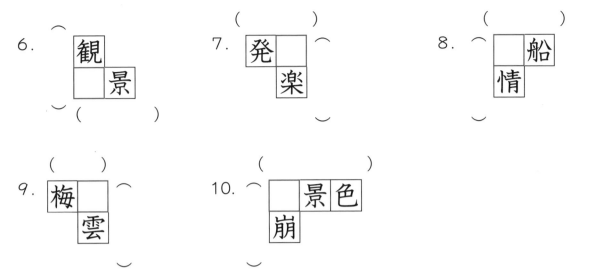

6. 観□景 ( ) ( )

7. 発□楽 ( )

8. □船情 ( )

9. 梅□雲 ( )

10. □景色崩 ( )

4 □を漢字で書きましょう。

STEP ①

1. □ （ほし） star

2. □気予報 （てんきよほう） weather forecast

3. □景 （ふうけい） scene

4. □ （ひかり） light

5. □だるま （ゆきだるま） snowman

6. □港 （くうこう） airport

7. □楽 （おんがく） music

STEP ②

8. 今夜はきれいに □ の川 （あまのがわ） が見える。

9. あれはオリオン座という □ 座 （せいざ） です。

10. 運動会は □ 天 （せいてん） に恵まれた。

11. 星がきらきら □ （ひか） っています。

12. 梅 □ （つゆ） なので、毎日雨が降っている。

13. ここは観 □ （かんこう） の名所だけあって、 □ 情 （ふぜい） がある。

14. あれは何の □ （おと） ですか。

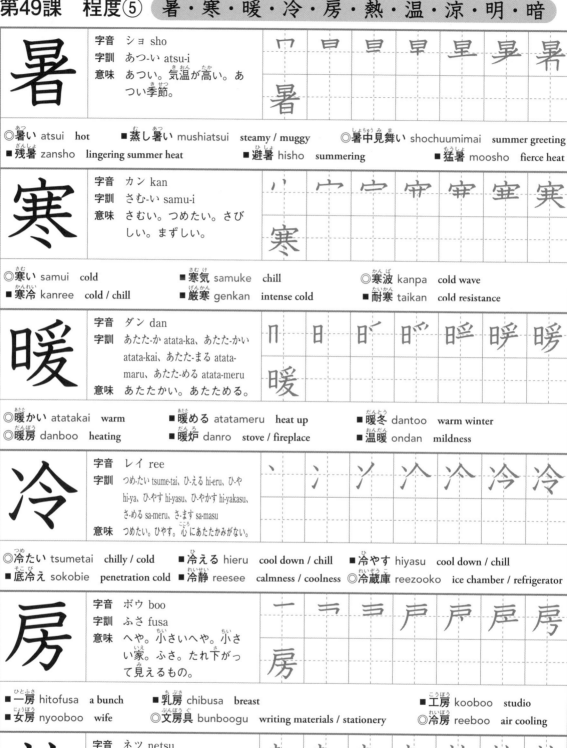

暑

字音　ショ sho
字訓　あつ-い atsu-i
意味　あつい。気温が高い。あつい季節。

◎暑い atsui　hot　　■蒸し暑い mushiatsui　steamy / muggy　　◎暑中見舞い shochuumimai　summer greeting
■残暑 zansho　lingering summer heat　　■避暑 hisho　summering　　■猛暑 moosho　fierce heat

寒

字音　カン kan
字訓　さむ-い samu-i
意味　さむい。つめたい。さびしい。まずしい。

◎寒い samui　cold　　■寒気 samuke　chill　　◎寒波 kanpa　cold wave
■寒冷 kanree　cold / chill　　■厳寒 genkan　intense cold　　■耐寒 taikan　cold resistance

暖

字音　ダン dan
字訓　あたた-か atata-ka、あたた-かい atata-kai、あたた-まる atata-maru、あたた-める atata-meru
意味　あたたかい。あたためる。

◎暖かい atatakai　warm　　■暖める atatameru　heat up　　■暖冬 dantoo　warm winter
◎暖房 danboo　heating　　■暖炉 danro　stove / fireplace　　■温暖 ondan　mildness

冷

字音　レイ ree
字訓　つめ-たい tsume-tai、ひ-える hi-eru、ひ-や hi-ya、ひ-やす hi-yasu、ひ-やかす hi-yakasu、さ-める sa-meru、さ-ます sa-masu
意味　つめたい。ひやす。心にあたたかみがない。

◎冷たい tsumetai　chilly / cold　　■冷える hieru　cool down / chill　　■冷やす hiyasu　cool down / chill
■底冷え sokobie　penetration cold　　■冷静 reesee　calmness / coolness　　◎冷蔵庫 reezooko　ice chamber / refrigerator

房

字音　ボウ boo
字訓　ふさ fusa
意味　へや。小さいへや。小さい家。ふさ。たれ下がって見えるもの。

■一房 hitofusa　a bunch　　■乳房 chibusa　breast　　■工房 kooboo　studio
■女房 nyooboo　wife　　◎文房具 bunboogu　writing materials / stationery　　◎冷房 reeboo　air cooling

熱

字音　ネツ netsu
字訓　あつ-い atsu-i
意味　あつい。温度が高い。焼く力。体温。夢中になる。

◎熱い atsui　warm　　◎熱 netsu　calor / warmth　　■熱心 nesshin　dedicated
■熱帯夜 nettaiya　sultry night　　■光熱費 koonetsuhi　fuel and light expenses　　■情熱 joonetsu　zeal / passion

温	字音　オン on 字訓　あたた-か atata-ka、あたた-かい atata-kai、あたたまる atata-maru、あたためる atata-meru 意味　あたたか。あたたかい。あたたまる。あたためる。おだやか。やさしい。	シ　氵　沪　沪　沪　温　温 温

■ 温かい atatakai　genial / openhearted　　◎ 温める atatameru　heat up / warm up　　■ 温泉 onsen　hot spring
■ 温和 onwa　calm / tender　　■ 気温 kion　air temperature　　■ 体温 taion　body temperature

涼	字音　リョウ ryou 字訓　すず-しい suzu-shii、すず-む suzu-mu 意味　すずしい。すずむ。すずしさ。ものさびしい。	シ　氵　沪　沪　沪　涼　涼 涼

◎ 涼しい suzushii　cool　　■ 涼む suzumu　cool oneself　　▼ 夕涼み yuusuzumi　evening cool
■ 荒涼 kooryoo　desolate / dreary　　◎ 清涼飲料 seeryooinryoo　softdrink　　■ 納涼 nooryoo　enjoying cool of the evening

明	字音　メイ mei、ミョウ myoo 字訓　あ-かり a-kari、あか-るい aka-rui、あからむ aka-ramu、あき-らか aki-raka、あ-ける a-keru、あ-く a-ku、あ-くる a-kuru、あ-かす a-kasu 意味　あかるい。あかり。あきらか。かしこい。あけて、その次の。	一　冂　日　日　旫　明　明 明

◎ 明るい akarui　hopeful / bright　　■ 夜明け yoake　dawn　　■ 明確 meekaku　definitely / distinctly
■ 明白 meehaku　evident / clear　　◎ 説明 setsumee　explanation　　■ 明後日 myoogonichi　day after tomorrow

暗	字音　アン an 字訓　くら-い kura-i 意味　くらい。やみ。物事をよくしらない。ひそかに。そらでおぼえる。	冂　日　日'　旰　暭　暗　暗 暗

◎ 暗い kurai　dark　　■ 真っ暗 makkura　pitch-dark　　◎ 暗記 anki　memorize
■ 暗号 angoo　code　　■ 暗示 anji　suggestion　　■ 暗唱 anshoo　recitation

練習問題

1 ＿＿＿をひらがなで書きましょう。

1. 冷たい（　　　　　）　　　　2. 暑い（　　　　　）

3. 暖かい（　　　　　）　　　　4. 寒い（　　　　　）

5. 温かい（　　　　　）　　　　6. 明るい（　　　　　）

7. 涼しい（　　　　　）　　　　8. 暗い（　　　　　）

9. 冷房（　　　　　）

10. 冷蔵庫（　　　　ぞうこ）の中にケーキが入っています。

11. 風邪（かぜ）をひいてしまい、熱（　　　　）が38度もある。

12. 英単語（えいご）を暗記（　　　　き）する。

13. 休みはゆっくり温泉（　　　　せん）に入りたい。

② 反対（はんたい）の言葉（ことば）を線（せん）でむすびましょう。

1. 暑い　　　　　　冷たい

2. 暖かい　　　　　寒い

3. 熱い　　　　　　暗い

4. 明るい　　　　　涼しい

③ 線（せん）でむすび、漢字（かんじ）をつくりましょう。

例　日 ———　　　京　（　　　　）

1. 冫　　　　　　令　（　　　　）

2. 冫　　　　　　月　（　明　）

3. 日　　　　　　音　（　　　　）

④ □に漢字（かんじ）を書いて、（　）にひらがなを書きましょう。

例
（ざんしょ）
残
暑 中 見 舞 い
（しょちゅうみまい）

STEP ①

1. （　　　　　）
　□泉
　か
　い

2. （　　　　　　）
　□ た い
　蔵
　庫

3. （　　　　　　）
　□ 波
　い

196

4.
```
夜
　後日（　　　　　）
け
前
```
（　　　　　）

5.
```
光
　帯夜（　　　　　）
費
```

6.
```
　炉
め
る
```
（　　　　　）

7.
```
清
　しい（　　　　　）
飲
料
```

5 □に漢字を書きましょう。

1. ☐蔵庫（れいぞうこ）refrigerator

2. ☐泉（おんせん）thermal spring

3. ☐☐（だんぼう）heating

4. ☐しい（すずしい）cool

5. ☐中見舞い（しょちゅうみまい）summer greeting

6. ☐るい（あかるい）bright

7. ☐い（くらい）dark

8. 山田さんは☐和（おんわ）な人です。

9. 来週までにこの長い文章を☐記（あんき）しなければならない。

10. 情☐（じょうねつ）だけでは日本語は教えられない。

11. ☐波（かんぱ）におそわれたアメリカで大きな被害がでた。

12. ☐（あたた）かいコーヒーを飲みましょう。

第50課　色　色・赤・白・青・黒・緑・黄・紅

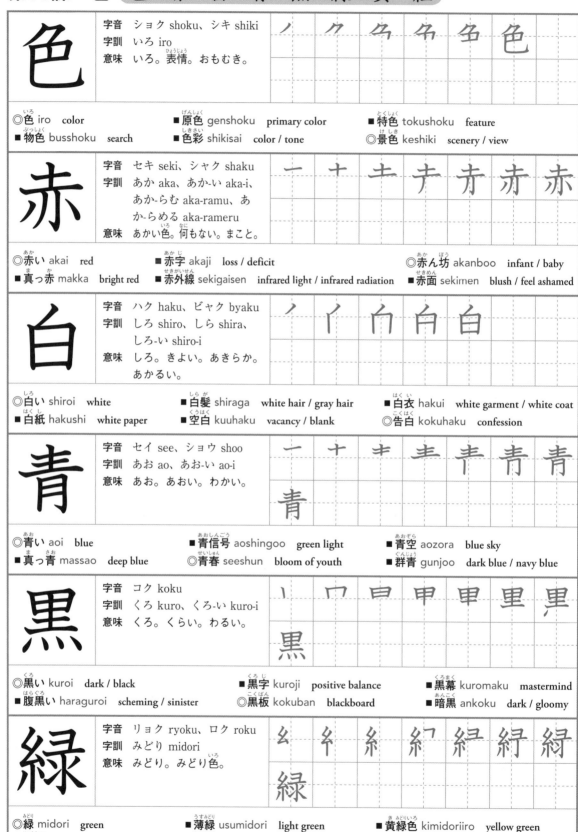

色

字音　ショク shoku、シキ shiki
字訓　いろ iro
意味　いろ。表情。おもむき。

ノ ⁇ 勹 缶 台 色

◎色 iro　color　　■原色 genshoku　primary color　　■特色 tokushoku　feature
■物色 busshoku　search　　■色彩 shikisai　color / tone　　◎景色 keshiki　scenery / view

赤

字音　セキ seki、シャク shaku
字訓　あか aka、あか-い aka-i、
　　　あか-らむ aka-ramu、あ
　　　か-らめる aka-rameru
意味　あかい色。何もない。まこと。

一 十 土 キ 赤 赤 赤

◎赤い akai　red　　■赤字 akaji　loss / deficit　　◎赤ん坊 akanboo　infant / baby
■真っ赤 makka　bright red　　■赤外線 sekigaisen　infrared light / infrared radiation　　■赤面 sekimen　blush / feel ashamed

白

字音　ハク haku、ビャク byaku
字訓　しろ shiro、しら shira、
　　　しろ-い shiro-i
意味　しろ。きよい。あきらか。
　　　あかるい。

ノ イ 白 白 白

◎白い shiroi　white　　■白髪 shiraga　white hair / gray hair　　■白衣 hakui　white garment / white coat
■白紙 hakushi　white paper　　■空白 kuuhaku　vacancy / blank　　◎告白 kokuhaku　confession

青

字音　セイ see、ショウ shoo
字訓　あお ao、あお-い ao-i
意味　あお。あおい。わかい。

一 十 キ 圭 青 青 青
青

◎青い aoi　blue　　■青信号 aoshingoo　green light　　■青空 aozora　blue sky
■真っ青 massao　deep blue　　◎青春 seeshun　bloom of youth　　■群青 gunjoo　dark blue / navy blue

黒

字音　コク koku
字訓　くろ kuro、くろ-い kuro-i
意味　くろ。くらい。わるい。

⁇ 口 日 甲 里 里 黒
黒

◎黒い kuroi　dark / black　　■黒字 kuroji　positive balance　　■黒幕 kuromaku　mastermind
■腹黒い haraguroi　scheming / sinister　　◎黒板 kokuban　blackboard　　■暗黒 ankoku　dark / gloomy

緑

字音　リョク ryoku、ロク roku
字訓　みどり midori
意味　みどり。みどり色。

幺 糸 糸 糽 綒 緑
緑

◎緑 midori　green　　■薄緑 usumidori　light green　　■黄緑色 kimidoriiro　yellow green
◎緑茶 ryokucha　green tea　　■新緑 shinryoku　fresh verdure　　■葉緑素 yooryokuso　chlorophyll

黄	字音 コウ koo、オウ oo 字訓 き ki、こ ko 意味 きいろ。きいろになる。 きばむ。	一 廿 艹 共 苦 苗 苗 黄

◎黄色(きいろ) kiiro　yellow / yellow color　　■黄ばむ(き) kibamu　yellow / turn yellow　　■黄身(きみ) kimi　egg yolk
◎黄金(こがね) kogane・黄金(おうごん) oogon　gold　　■黄色人種(おうしょくじんしゅ) ooshokujinshu　Mongolian race　　■卵黄(らんおう) ran-oo　egg yolk

紅	字音 コウ koo、ク ku 字訓 べに beni、くれない 　　　kurenai 意味 べに色(いろ)。くれない。あざ やかな赤(あか)。化粧用(けしょうよう)のべに。	く 幺 幺 糸 糸 紅 紅 紅

■口紅(くちべに) kuchibeni　lipstick　　■紅一点(こういってん) kooitten　the only woman in the group　　◎紅茶(こうちゃ) koocha　black tea
■紅白(こうはく) koohaku　red and white　　◎紅葉(こうよう) kooyoo　autumnal tints　　■真紅(しんく) shinku　crimson

練習問題 (れん しゅう もん だい)

1 ＿＿＿をひらがなで書きましょう。

1. 青い（　　　　　）　　　　2. 黒い（　　　　　）

3. 赤い（　　　　　）　　　　4. 白い（　　　　　）

5. 緑（　　　　　）　　　　　6. 黄色（　　　　　）

7. 告白（こく　　　　）

8. カーテンを明るい色（　　　　　）に変(か)えました。

9. アッサムという紅茶（　　　　　　）を飲んだことがありますか。

10. ベランダから見る景色（け　　　　）はすばらしい。

11. 和菓子(か)にはやはり緑茶（　　　　　　）が合う。

12. 紅葉（　　　　よう）の季節に京都に行ってみませんか。

13. この街(まち)に来ると、青春（　　　　　　）のころを思い出す。

14. 黒板（　　　　ばん）の字(じ)が見えません。

15. 赤ん坊（　　　　　んぼう）が泣きやんだ。

2　□□□から漢字を選び、数字を書きましょう。2回使ってもいいです。

1. 信号は □ になったら渡ります。　答え（　　　　　）

2. 五月です。新 □ が美しい季節となりました。　答え（　　　　　）

3. 彼は、答案を □ 紙で出したために落第した。　答え（　　　　　）

4. 真っ □ な夕日が沈んでいく。　答え（　　　　　）

5. シャツの □ ばみを落とします。　答え（　　　　　）

6. 恥ずかしくて、顔が □ くなった。　答え（　　　　　）

（1）赤　　（2）白　　（3）青　　（4）黒　　（5）緑　　（6）黄

---

3 反対の言葉を漢字で書きましょう。

1. 白い ⇔ （　　　　　）

2. 青信号 ⇔ （　　　　　　　）

3. （　　　　　　　）⇔ 赤ワイン

4. 黒字 ⇔ （　　　　　）

4 □に漢字を書いて、（　）にひらがなを書きましょう。

例
（あんこく）
暗
黒　字
（くろじ）

STEP ❶

1.
（　）
告
□　い
（　）（　　　　）

2. 真っ □ （　）
空
（　）

3. 景 （　）
黄 □
（　　　　）（　）

4. （　　　　　　　　）

	ちゃ	ん
外		
線		

5. （　　　　　　　　）

| 口 | |
| | 一 | 点 |

（　　　　　　　　）

6. （　　　　　　　　）

| | 板 |
| 字 | |

5 □に漢字を書きましょう。

1. ☐ い（あおい）blue

2. ☐ い（しろい）white

3. ☐ い（あかい）red

4. ☐ い（くろい）black

5. ☐☐ （きいろ）yellow

6. ☐ （みどり）green

7. 景 ☐ （けしき）view

8. 秋は ☐ 葉（こうよう）がきれいです。

9. あの画家は原 ☐ （げんしょく）を使うので有名だ。

10. 山田さんがそんなに腹 ☐ い（はらぐろい）とは信じられない。

11. 敬語は日本語の特 ☐ （とくしょく）の一つだ。

12. 田中君の告 ☐ （こくはく）に、花子さんは真っ ☐ （まっか）になった。

13. ☐ 春（せいしゅん）時代は楽しいことばかりではない。

14. ☐☐ （こうはく）とは、日本で祝い事に使われる ☐ （あか）と

☐ （しろ）の２色のことだ。

15. 山田さんは政界の ☐ 幕（くろまく）だ。

第50課

色

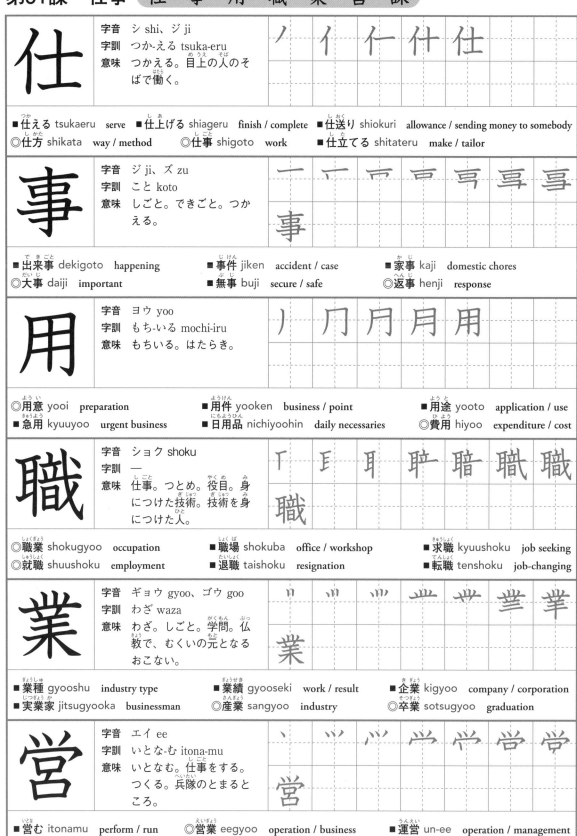

| 仕 | 字音　シ shi、ジ ji
字訓　つか-える tsuka-eru
意味　つかえる。目上の人のそばで働く。 | ノ　イ　仁　什　仕 |

■仕える tsukaeru　serve　■仕上げる shiageru　finish / complete　■仕送り shiokuri　allowance / sending money to somebody
◎仕方 shikata　way / method　◎仕事 shigoto　work　■仕立てる shitateru　make / tailor

| 事 | 字音　ジ ji、ズ zu
字訓　こと koto
意味　しごと。できごと。つかえる。 | 一　一　二　旦　写　写　写
事 |

■出来事 dekigoto　happening　■事件 jiken　accident / case　■家事 kaji　domestic chores
◎大事 daiji　important　■無事 buji　secure / safe　◎返事 henji　response

| 用 | 字音　ヨウ yoo
字訓　もち-いる mochi-iru
意味　もちいる。はたらき。 | ｜　刀　月　月　用 |

◎用意 yooi　preparation　■用件 yooken　business / point　■用途 yooto　application / use
■急用 kyuuyoo　urgent business　■日用品 nichiyoohin　daily necessaries　◎費用 hiyoo　expenditure / cost

| 職 | 字音　ショク shoku
字訓　—
意味　仕事。つとめ。役目。身につけた技術。技術を身につけた人。 | 丁　王　耳　耵　聃　職　職
職 |

◎職業 shokugyoo　occupation　■職場 shokuba　office / workshop　■求職 kyuushoku　job seeking
◎就職 shuushoku　employment　■退職 taishoku　resignation　■転職 tenshoku　job-changing

| 業 | 字音　ギョウ gyoo、ゴウ goo
字訓　わざ waza
意味　わざ。しごと。学問。仏教で、むくいの元となるおこない。 | ｜　刂　刂　丱　丱　芈　芈
業 |

■業種 gyooshu　industry type　■業績 gyooseki　work / result　■企業 kigyoo　company / corporation
■実業家 jitsugyooka　businessman　■産業 sangyoo　industry　◎卒業 sotsugyoo　graduation

| 営 | 字音　エイ ee
字訓　いとな-む itona-mu
意味　いとなむ。仕事をする。つくる。兵隊のとまるところ。 | 丶　ソ　ツ　ツ　ツ　学　営
営 |

■営む itonamu　perform / run　◎営業 eegyoo　operation / business　■運営 un-ee　operation / management
◎経営 kee-ee　management　■国営 kokuee　government managed　■直営 chokuee　direct management

課	字音　カ ka 字訓　— 意味　わりあてる。わりあて。 会社や役所の分担の区分。	言	言	訂	訂	課	課	課
		課						

◎**課税** kazee　taxation　　　■**課題** kadai　subject　　　◎**課長** kachoo　section chief
■**課目** kamoku　course / subject　　■**日課** nikka　daily work / daily routine　　■**会計課** kaikeeka　accounts department

練習問題

1 ＿＿をひらがなで書きましょう。

1. 仕事（　　　　　　）　　　　2. 用意（　　　　　い）

3. 職業（　　　　　　　　）　　4. 経営（けい　　　　）

5. 大事（　　　　　　）　　　　6. 課税（　　　　　）

7. 兄は去年大学を卒業（そつ　　　　）しました。

8. あいさつの仕方（　　　かた）は国によって違います。

9. 大事（　　　　　）なところには線を引きましょう。

10. 京都旅行にはどのくらいの費用（　　　　　）がかかりますか。

11. あの店は日曜日も営業（　　　　　　）しています。

12. 申し訳ございません。課長（　　　　　　）はただいまおりません。

13. 返事（へん　　　）は明日まで待ってください。

14. 田中さんから就職（しゅう　　　　）の相談を受けた。

2 線でむすび、漢字をつくりましょう。

例　イ―――――――士　（　仕　）

1. 耳　　　　　　　呂　（　　　）

2. 言　　　　　　　果　（　　　）

3. 宀　　　　　　　戠　（　　　）

203

3 絵を見て、▢▢▢ から漢字を選びましょう。同じ漢字を2回使ってもいいです。

金と申しますが、人▢▢の田中さん
をお願いできますでしょうか。

田中は今、外出中です。
よろしければ、こちらで
ご▢件（けん）をうかがいます。

例　答え　人 事 課

1.　答え　ご ▢ 件

前の会社では、どのような▢▢
をしてていたのですか？

車を売っていました。

そうですか。▢▢ですね。

2.　答え　▢ ▢

3.　答え　▢ ▢

今月は赤字でした。最近、会社
の経▢状態（じょうたい）がよくありません。

そうですか。ほかの企業（き）
もよくないから、▢方が
ありませんね。

4.　答え　経 ▢ 状態

5.　答え　▢ 方

| 仕 | 事 | 用 | 職 | 業 | 営 | 課 |

204

4 □に漢字を書いて、（ ）にひらがなを書きましょう。

例
（できごと）

（じけん）

1.
（ ）（ ）

2.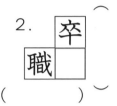
（ ）

3.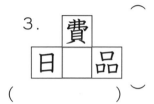
（ ）

5 □に漢字を書きましょう。

STEP ①

1. □□ （しょくぎょう） occupation

2. 返□ （へんじ） response

3. □□ （しごと） work

4. □□中 （えいぎょうちゅう） open

5. □税 （かぜい） taxation

6. 費□ （ひよう） cost

STEP ②

7. 先生はいつも授業の最後に□題（かだい）を出す。

8. あなたの国の主な産□（さんぎょう）は何ですか。

9. 犬と散歩することを日□（にっか）にしている。

10. 高田さんは19歳の時に神に□（つか）える決心をした。

11. 私の□場（しょくば）はいい人ばかりです。

12. みなさん、無□（ぶじ）で良かったです。

13. 急□（きゅうよう）だそうです。すぐに会社に電話してください。

14. この公園は国□（こくえい）なので、入場料は無料です。

原

字音　ゲン gen
字訓　はら hara
意味　おおもと。広くて平らな土地。

◎野原 nohara　field / plain　　◎原因 gen-in　cause　　■原作 gensaku　original work
■原則 gensoku　principle　　■原理 genri　principle　　■高原 koogen　plateau / highlands

因

字音　イン in
字訓　よ-る yo-ru
意味　もとになるもの。たよる。もとづく。

■因る yoru　depend on　　■因習 inshuu　convention　　■一因 ichiin　one cause
◎勝因 shooin　cause of victory　　■敗因 haiin　cause of defeat　　◎要因 yooin　factor

結

字音　ケツ ketsu
字訓　むす-ぶ musu-bu、ゆ-う yu-u、ゆ-わえる yu-waeru
意味　むすぶ。ゆわえる。つなぐ。ばらばらのものが一つになる。まとめる。

◎結ぶ musubu　tie　　■結納 yuinoo　betrothal present　　◎結婚 kekkon　marriage
■結論 ketsuron　conclusion　　■団結 danketsu　unity　　■連結 renketsu　connection

果

字音　カ ka
字訓　は-たす ha-tasu、は-てる ha-teru、は-て ha-te
意味　くだもの。草や木の実。はたす。なしとげる。思い切りがいい。思ったとおり。

■果たす hatasu　carry out　　■果汁 kajuu　fruit juice　　◎結果 kekka　result
◎効果 kooka　result / effect　　■成果 seeka　result / outcome　　★果物 kudamono　fruit

方

字音　ホウ hoo
字訓　かた kata
意味　向き。分野。四角。やりかた。

◎買い方 kaikata　how to buy things　　■方角 hoogaku　direction　　■方針 hooshin　principle / direction
■方程式 hooteeshiki　equation　　■先方 senpoo　other party　　◎地方 chihoo　region

法

字音　ホウ hoo、ハッ hatsu、ホッ hotsu
字訓　―
意味　きまり。礼儀。やりかた。仏の教え。

■法案 hooan　bill　　■法学 hoogaku　law　　■法廷 hootee　law-court
◎法律 hooritsu　law　　■商法 shoohoo　commercial law　　◎方法 hoohoo　way / procedure

由	字音　ユ yu、ユウ yuu、ユイ yui 字訓　よし yoshi 意味　わけ。よりどころ。した がう。…ということだ。	丨 冂 巾 由 由

■知る由もない shiruyoshimonai　no means of knowing　　■由来 yurai　derivation / origin
◎経由 keeyu　via / by way of　　◎理由 riyuu　reason　　■由緒 yuisho　history / lineage

練習問題

1 ＿＿＿をひらがなで書きましょう。

1. 結ぶ（　　　　　）　　　　2. 野原（　　　　　　）

3. 理由（　　　　　）　　　　4. 方法（　　　　　　　）

5. 効果（　　　　　）　　　　6. 勝因（しょう　　　　）

7. 結果（　　　　　）

8. 火事の原因（　　　　　　）は何だったのでしょうか。

9. このバスは東京タワー前を経由（けい　　　　）して品川駅に行きます。

10. ＡＴＭの使い方（　　　　　　　）が分からないので、教えてください。

11. 法律（　　　　りつ）によって、国民の権利や自由が守られている。

12. それぞれの地方（　　　　　）には、それぞれの習慣がある。

13. 私は25歳で結婚（　　　こん）しました。

2 線でむすび、漢字をつくりましょう。

例　日―――――――木　（　果　）

1. 氵　　　　　　　吉　（　　　）

2. 糸　　　　　　　去　（　　　）

3. 厂　　　　　　　京　（　　　）

207

3 正しい漢字を選びましょう。

1. りゆう　　　（A）理由　　（B）理田　　答え（　　　　　）

2. げんさく　　（A）厚作　　（B）原作　　答え（　　　　　）

3. むすぶ　　　（A）結ぶ　　（B）紅ぶ　　答え（　　　　　）

4. ほうほう　　（A）方港　　（B）方法　　答え（　　　　　）

5. よういん　　（A）要因　　（B）要図　　答え（　　　　　）

6. くだもの　　（A）果物　　（B）菓物　　答え（　　　　　）

4 □に漢字を書いて、（　）にひらがなを書きましょう。

例
（げんさく）
原作
（はらっぱ）
っぱ

STEP **1**

1.

2.

3.

4.

5.
（　　　　）
経
理□
（　　　　）

STEP **2**

6.
（　　　　）
敗□
習
（　　　　）

7.
（　　　　　）
□務省
廷

5 □に漢字を書きましょう。

STEP ①

1. □□（ほうほう）way

2. 読み□（よみかた）how to read

3. 経□（けいゆ）via ／ by the way

4. □婚（けっこん）marriage

5. □□（げんいん）cause

6. □□（けっか）result

7. 理□（りゆう）reason

8. 地□（ちほう）region

9. □律（ほうりつ）law

STEP ②

10. あなたの好きな□物（くだもの）は何ですか

11. ３時間話し合って、やっと□論（けつろん）を出した。

12. 私達のチームの仕事の成□（せいか）を見てください。

13. □汁（かじゅう）100パーセントのジュースを買った。

14. 長年の練習の努力が実を□（むす）んだ。

15. 大学院は研究するところだという□則（げんそく）を忘れてはいけない。

16. ダイエットの効□（こうか）はなかなかあらわれない。

17. 町中の人びとが団□（だんけつ）して、敵と戦った。

18. お年寄りにこの村の名前の□来（ゆらい）をたずねた。

19. まずこれからの□針（ほうしん）を決めよう。

20. 好きな映画の□作（げんさく）を探しに本屋へ行った。

21. 太陽の位置から□角（ほうがく）を知ることができる。

22. 今日のチームの勝□（しょういん）は、彼のホームランだ。

第53課　事柄②　平・和・戦・争・役・故・共

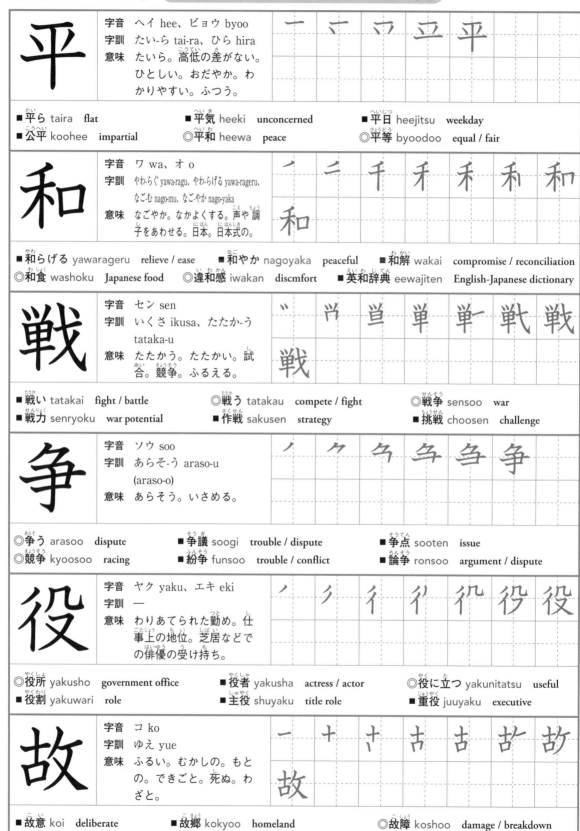

平

字音　ヘイ hee、ビョウ byoo
字訓　たい-ら tai-ra、ひら hira
意味　たいら。高低の差がない。ひとしい。おだやか。わかりやすい。ふつう。

一　ニ　キ　立　平

■平ら taira　flat　　　■平気 heeki　unconcerned　　　■平日 heejitsu　weekday
■公平 koohee　impartial　　◎平和 heewa　peace　　　◎平等 byoodoo　equal / fair

和

字音　ワ wa、オ o
字訓　やわらぐ yawa-ragu、やわらげる yawa-rageru、なごむ nago-mu、なごやか nago-yaka
意味　なごやか。なかよくする。声や調子をあわせる。日本。日本式の。

ノ　ニ　千　禾　禾　和　和　和

■和らげる yawarageru　relieve / ease　　■和やか nagoyaka　peaceful　　■和解 wakai　compromise / reconciliation
◎和食 washoku　Japanese food　　◎違和感 iwakan　discmfort　　■英和辞典 eewajiten　English-Japanese dictionary

戦

字音　セン sen
字訓　いくさ ikusa、たたか-う tataka-u
意味　たたかう。たたかい。試合。競争。ふるえる。

``　ʏ　当　単　単　戦　戦　戦

■戦い tatakai　fight / battle　　◎戦う tatakau　compete / fight　　◎戦争 sensoo　war
■戦力 senryoku　war potential　　■作戦 sakusen　strategy　　■挑戦 choosen　challenge

争

字音　ソウ soo
字訓　あらそ-う araso-u (araso-o)
意味　あらそう。いさめる。

ノ　ク　チ　刍　刍　争

◎争う arasoo　dispute　　■争議 soogi　trouble / dispute　　■争点 sooten　issue
◎競争 kyoosoo　racing　　■紛争 funsoo　trouble / conflict　　■論争 ronsoo　argument / dispute

役

字音　ヤク yaku、エキ eki
字訓　―
意味　わりあてられた勤め。仕事上の地位。芝居などでの俳優の受け持ち。

ノ　ク　彳　彳　役　役　役

◎役所 yakusho　government office　　■役者 yakusha　actress / actor　　◎役に立つ yakunitatsu　useful
■役割 yakuwari　role　　■主役 shuyaku　title role　　■重役 juuyaku　executive

故

字音　コ ko
字訓　ゆえ yue
意味　ふるい。むかしの。もとの。できごと。死ぬ。わざと。

一　十　古　古　古　故　故

■故意 koi　deliberate　　■故郷 kokyoo　homeland　　◎故障 koshoo　damage / breakdown
■故人 kojin　dead　　■縁故 enko　connection / relative　　◎事故 jiko　accident

210

共	字音　キョウ kyoo 字訓　とも tomo 意味　ともに。いっしょに。	一　十　廾　共　共　共

◎共に tomoni　together / both　　■共働き tomobataraki　both parents working　　■共学 kyoogaku　coeducation
■共存 kyoozon　coexistence　　◎共通 kyootsuu　common　　■共有 kyooyuu　joint ownership

練習問題

1 ＿＿をひらがなで書きましょう。

1. 戦う（　　　　　）

2. 争う（　　　　　）

3. 共に（　　　　　）

4. 故郷（　　　きょう）

5. 競争（きょう　　　）

6. 事故（　　　　）

7. 役所（　　　　）

8. 和食（　　　　）

9. 世界中のどこかで戦争（　　　　　）が起こっている。

10. これはとても役に立つ（　　　　　）辞典です。

11. 車が故障（　　しょう）して、動かなくなってしまった。

12. 世界の平和（　　　　）は、人類の共通（　　　　　）の願いです。

13. 男女の平等（　　　どう）は21世紀の現在でも実現していない。

14. 何となく違和感（い　　かん）を覚える。

15. Ａ国とＢ国は常に争（　　　　　）っている。

2 線でむすび、漢字をつくりましょう。

例　単 ――――― 口　（　　　）

1. 彳 ―――――― 戈　（戦）

2. 禾　　　　　　殳　（　　）

3. 古　　　　　　攵　（　　）

3 反対の言葉を漢字で書きましょう。

1. 洋服　⇔　（　　　　　　　）

2. 平和　⇔　（　　　　　　　）

3. 和英辞典　⇔　（　　　　　　　）

4. 休日　⇔　（　　　　　　　）

4 □に漢字を書いて、（　）にひらがなを書きましょう。

例（きょうそう）
競
争　う
（あらそう）

STEP ❶

1. （　　　　　　　）
□ に 立 つ
所

2. （　　　　　）
戦
□　う

3. （　　　　　）
□ 通
働
き

4. （　　　　　）
違 □ 感
　 食
（　　　　　）

STEP ❷

5. （　　　　　　　）
□ 和 主 義
ら

6. （　　　）
事 □
　 障
　 中
（　　　）

5 □に漢字（かんじ）を書（か）きましょう。

STEP❶

1. □食（わしょく）Japanese food

2. □日（へいじつ）weekday

3. □通（きょうつう）common

4. □所（やくしょ）public office

5. 事□（じこ）accident

6. □障（こしょう）damage

7. 競□（きょうそう）racing

8. □□（へいわ）peace

9. □□（せんそう）war

10. □に立つ（やくにたつ）useful

STEP❷

11. 私は小学校から大学まで、ずっと□学（きょうがく）の学校に通っていました。

12. 両国は□解（わかい）したので、話し合いは□（なご）やかに進んだ。

13. 議論の□点（そうてん）をもっと絞って考えましょう。

14. 彼女は新人ながら、見事にドラマの主□（しゅやく）をつかんだ。

15. 難しい課題に挑□（ちょうせん）するのは大変です。

16. 道が□ら（たいら）ではないので、バスはがたがた揺れた。

17. □い（たたかい）に勝っても負けても、多くの犠牲が払われる。

18. □（とも）に学んだ友達は大切な宝物です。

19. □郷（こきょう）をなつかしく思い出す。

20. 職場での自分の□割（やくわり）を考える。

21. みんなで試合に勝つための作□（さくせん）を立てた。

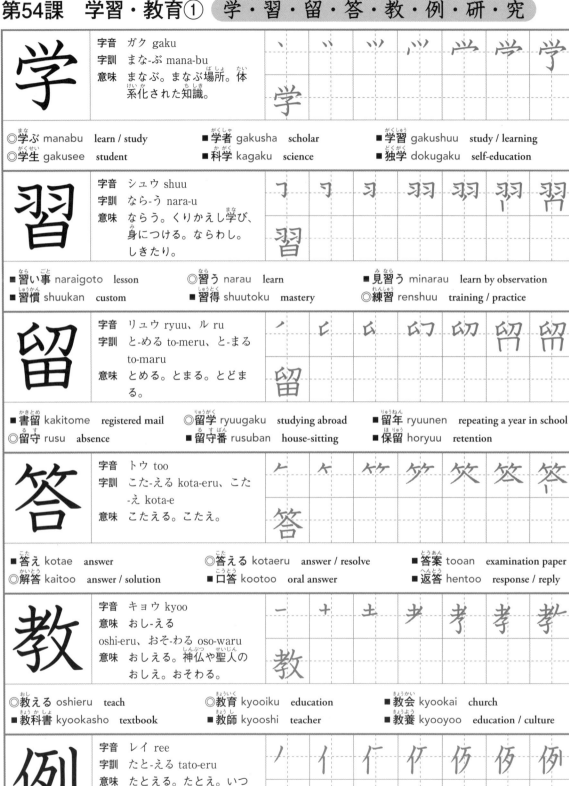

学

字音　ガク gaku
字訓　まな-ぶ mana-bu
意味　まなぶ。まなぶ場所。体系化された知識。

`丶　ツ　ツ　ツ　ツ　学　学　学`
学

◎学ぶ manabu　learn / study
◎学生 gakusee　student
■学者 gakusha　scholar
■科学 kagaku　science
■学習 gakushuu　study / learning
■独学 dokugaku　self-education

習

字音　シュウ shuu
字訓　なら-う nara-u
意味　ならう。くりかえし学び、身につける。ならわし。しきたり。

`コ　ヲ　ヲ　羽　羽　羽　習`
習

■習い事 naraigoto　lesson
■習慣 shuukan　custom
◎習う narau　learn
■習得 shuutoku　mastery
■見習う minarau　learn by observation
◎練習 renshuu　training / practice

留

字音　リュウ ryuu、ル ru
字訓　と-める to-meru、と-まる to-maru
意味　とめる。とまる。とどまる。

`ノ　ヒ　ム　幻　幻　留　留`
留

■書留 kakitome　registered mail
◎留守 rusu　absence
◎留学 ryuugaku　studying abroad
■留守番 rusuban　house-sitting
■留年 ryuunen　repeating a year in school
■保留 horyuu　retention

答

字音　トウ too
字訓　こた-える kota-eru、こた-え kota-e
意味　こたえる。こたえ。

`ノ　ヒ　竹　竹　笠　笠　笠`
答

■答え kotae　answer
◎解答 kaitoo　answer / solution
◎答える kotaeru　answer / resolve
■口答 kootoo　oral answer
■答案 tooan　examination paper
■返答 hentoo　response / reply

教

字音　キョウ kyoo
意味　おし-える oshi-eru、おそ-わる oso-waru
意味　おしえる。神仏や聖人のおしえ。おそわる。

`一　十　土　耂　孝　孝　孝`
教

◎教える oshieru　teach
■教科書 kyookasho　textbook
◎教育 kyooiku　education
■教師 kyooshi　teacher
■教会 kyookai　church
■教養 kyooyoo　education / culture

例

字音　レイ ree
字訓　たと-える tato-eru
意味　たとえる。たとえ。いつものとおりの。きまり。

`ノ　イ　イ　仂　仂　仂　例`
例

◎例えば tatoeba　for example
◎例外 reegai　exception
■例える tatoeru　compare / to use a metaphor
■例年 reenen　average year
■例 ree　habit / example
■実例 jitsuree　example

研	字音　ケン ken 字訓　と-ぐ to-gu 意味　とぐ。みがく。物事の道理をきわめる。	一　丆　兀　石　石　矴　矴 研

- ■研ぎ澄ます togisumasu　sharpen / perfect　■研ぐ togu　wash / sharpen　◎研究 kenkyuu　research
- ■研鑽 kensan　study　◎研修 kenshuu　study and training　■研磨 kenma　polishing / sanding

究	字音　キュウ kyuu 字訓　きわ-める kiwa-meru 意味　きわめる。深くつきつめる。	丶　宀　宀　宊　究　究

- ◎究める kiwameru　study / master　■究明 kyuumee　investigate / inquire　◎究極 kyuukyoku　extreme
- ■学究 gakkyuu　scholastic　■探究 tankyuu　exploration　■追究 tsuikyuu　investigation / cross-examination

練習問題

1　＿＿＿をひらがなで書きましょう。

1. 学生（　　　　　）　　　　2. 教育（　　　　　いく）

3. 研究（　　　　　）　　　　4. 答え（　　　　　）

5. 究める（　　　　　）　　　6. 教える（　　　　　）

7. 私は毎日ピアノの練習（れん　　　　）をしています。

8. 日本の文化について学（　　　　）んでいます。

9. 私は日本料理が好きです。例（　　　　）えばすしやてんぷらなどです。

10. 会社の研修（　　　　しゅう）に参加した。

11. 私の夢は留学（　　　　　）することです。

12. もっと大きな声で答（　　　　）えてください。

13. 母に料理を習（　　　　）っています。

14. あの家は電気が消えていますから、たぶん留守（　　　す）だと思います。

15. 解答（かい　　　　）用紙を配ってください。

2 線でむすび、漢字をつくりましょう。

A

例 羽 ——————— 列 （　　　）

1. 竹　　　　　　　白 （ 習 ）

2. 石　　　　　　　合 （　　　）

3. イ　　　　　　　开 （　　　）

B

4. 刀　　　　　　　攵 （　　　）

5. 𭘂　　　　　　　允 （　　　）

6. 孝　　　　　　　田 （　　　）

7. 宀　　　　　　　子 （　　　）

3 □に漢字を書いて、（　）にひらがなを書きましょう。

例
（けんきゅうじょ）
| 研 | 究 | 所 |
| 修 |

（けんしゅう）

STEP ❶

1. （　　　　　）
| | 科 | 書 |
| え |
| る |

2. （　　　　　）
| 練 | |
| | う |

3. （　　　　　）
| | ぶ |
| 生 |

4. （　　　　　）
| | 学 | 生 |
| 守 |
| 番 |

5. （　　　　　）
| | め | る |
| 極 |

STEP ❷

6. 解□ ( )
　　□え ⌣

7. ⌢ ( )
　　□える
　　年 ⌣

4 □に漢字を書きましょう

STEP ❶

1. □□ （りゅうがく） studying abroad

2. □生 （がくせい） student

3. □育 （きょういく） education

4. □える （こたえる） answer

5. □う （ならう） learn

6. □える （おしえる） teach

7. □えば （たとえば） for example

STEP ❷

8. 彼は独□ （どくがく） で英語を勉強している。

9. 昨日のテストの□案 （とうあん） 用紙が返却された。

10. この書類は大切なので書□ （かきとめ） で送ってください。

11. 事故の原因を□明 （きゅうめい） する。

12. 毎週日曜日は家族と□会 （きょうかい） へ行きます。

13. 昔からの□慣 （しゅうかん） を変えるのは、簡単ではありません。

14. 今年の文化祭も□年 （れいねん） どおり十一月に行われる。

15. □養 （きょうよう） を身に付けるために、たくさん本を読むことも大切だ。

試

字音　シ shi
字訓　こころ-みる kokoro-miru、ため-す tame-su
意味　ためす。実際にやってたしかめる。しらべる。「試験」の略。

言 言 言 言 計 試 試
試

◎試す tamesu　try / attempt　　◎試合 shiai　match　　■試供品 shikyoohin　sample
■試着 shichaku　fitting　　■追試 tsuishi　follow-up study / makeup　　■入試 nyuushi　entrance examination

験

字音　ケン ken、ゲン gen
字訓　—
意味　ためす。しらべる。ききめ。しるし。

| 丨 丌 馬 馬 馿 駖 馯
験

■験算 kenzan　check / proof　　◎経験 keeken　experience　　◎試験 shiken　test
■実験 jikken　experiment　　◎体験 taiken　personal experience　　■霊験 reegen　miracle

質

字音　シツ shitsu、シチ shichi、チ chi
字訓　—
意味　物事の内容。生まれつき持っているもの。ありのまま。問いただす。

厂 斤 斤 所 節 節 質
質

■質疑 shitsugi　questioning　　◎質問 shitsumon　question　　■実質 jisshitsu　substance
◎性質 seeshitsu　property / disposition　　■本質 honshitsu　essence / true nature　　■神経質 shinkeeshitsu　nervous

問

字音　モン mon
字訓　と-う to-u (to-o)、と-い to-i、とん ton
意味　とう。といただす。おとずれる。

丨 冂 冂 冃 門 門 問
問

◎問う too　question　　■問い合わせ toiawase　inquiry　　■問屋 ton-ya　merchant
◎問題 mondai　trouble / problem　　■疑問 gimon　question / doubt　　■訪問 hoomon　visit

題

字音　ダイ dai
字訓　—
意味　あたま。はじめ。本や作品の名。見出し。問い。

口 日 早 旱 是 題 題
題

■題材 daizai　theme　　■題名 daimee　title　　◎課題 kadai　problem to be solved
■仮題 kadai　provisional title　　■議題 gidai　agenda / theme　　◎話題 wadai　topic / subject

宿

字音　シュク shuku
字訓　やど yado、やど-る yado-ru、やど-す yado-su
意味　やど。泊まるところ。泊まる。前からの。前世からの。

宀 宀 宀 宁 宿 宿 宿
宿

■宿 yado　inn / hotel　　■雨宿り amayadori　taking shelter from rain　　■宿舎 shukusha　lodging house
◎宿題 shukudai　homework　　◎宿泊 shukuhaku　lodging　　■合宿 gasshuku　training camp

説	字音 セツ setsu、ゼイ zee 字訓 と-く to-ku 意味 とく。よくわかるように話す。意見。考え。はなし。ものがたり。うわさ。	言 言 言 言 訝 訝 説 説						

■説得 settoku　persuasion　　◎説明 setsumee　description / explanation　　■演説 enzetsu　speech / address
■解説 kaisetsu　commentary　　■仮説 kasetsu　hypothesis　　◎小説 shoosetsu　story / novel

記	字音 キ ki 字訓 しる-す shiru-su 意味 書きとめる。しるす。心にとどめる。	言 言 言 言 記 記 記 記						

◎記憶 kioku　memory　　■記号 kigoo　symbol / character　　■記者 kisha　reporter
■記念日 kinenbi　memorial day　　■暗記 anki　memorizing　　◎日記 nikki　diary

練習問題

1 ＿＿をひらがなで書きましょう。

1. 試合（　　　　　）　　　　　2. 質問（　　　　　）

3. 話題（　　　　　）　　　　　4. 試験（　　　　　）

5. 宿題（　　　　　）　　　　　6. 小説（　　　　　）

7. 日記（　　　　　）　　　　　8. 性質（　　　　　）

9. 年を取って記憶力（　　　おくりょく）が悪くなった。

10. 説明書（　　　　　）をよく読んでください。

11. 留学をしてさまざまなことを経験（けい　　　　）しました。

12. 機械が動くかどうか試（　　　　　）してみる。

13. インターネットで宿泊（　　　　はく）の予約をする。

14. この問題（　　　　　）は難しくてわからない。

15. 日本では少子化がこれからの課題（　　　　　）の一つです。

16. 私の夢は小説家（　　　　　　）になることです。

2 線でむすび、漢字をつくりましょう。

例　言　　　　　　貝　（　　　）

1.　ネ　　　　　　　　　金　（　　　）

2.　宀　　　　　　　　　兑　（　説　）

3.　言　　　　　　　　　佰　（　　　）

4.　門　　　　　　　　　式　（　　　）

5.　馬　　　　　　　　　口　（　　　）

6.　是　　　　　　　　　頁　（　　　）

3 □に漢字を書いて、（　）にひらがなを書きましょう。

例　（しんぶんきしゃ）
（きろく）
| 新 | 聞 | 記 | 者 |
| | | 録 | |

STEP ❶

1.　（　　　　　　　）
　　□い合わせ
　　題
　　（　　　　　）

2.　（　日
　　　□念日
　　）
　　（　　　　　　　）

3.　（　　　　　）
　　小□
　　　□明
　　（　　　　）

4.　　□話
　　　課□
　　（　　　　　）

5.　　□試
　　　経□
　　（　　　　　）

STEP ❷

6.　（　　　　　　　）
　　□供品
　　着□

7.　　神
　　　経
　　　□問
　　（　　　　　）

8.　（　　　　　　　）
　　雨□り
　　　□題

4 □に漢字を書きましょう。

STEP 1

1. ☐☐ （しけん） test

2. 日☐ （にっき） diary

3. ☐☐ （もんだい） trouble/problem

4. ☐☐ （しゅくだい） homework

5. ☐☐ （しつもん） question

6. 小☐ （しょうせつ） story/novel

7. ☐う （とう） question

8. ☐す （ためす） try

STEP 2

9. 結婚☐念日（きねんび）にレストランで食事をする。

10. 話☐（わだい）の映画を見に行く。

11. 息子は来週から一週間、野球部の合☐（がっしゅく）に参加する。

12. 駅前で政治家が演☐（えんぜつ）をしている。

13. ニュースによると実☐（じっけん）は成功したそうだ。

14. 木の下で雨☐り（あまやどり）をしよう。

15. スーツを買う前に、まず☐着（しちゃく）してみる。

16. 夏休みに入る前に学生に課☐（かだい）を与える。

17. 明日は英語の試験なので、英単語を一生懸命暗☐（あんき）する。

One Point 言がつく漢字

　この課で練習した「試」「説」「記」にある「言」は「ごんべん」と読みます。これがつく漢字は「口でものを言う」ことに関係します。このほかに、「読」や「調」などがあります。

第56課　学習・教育③　勉・考・覚・思・授・英・語

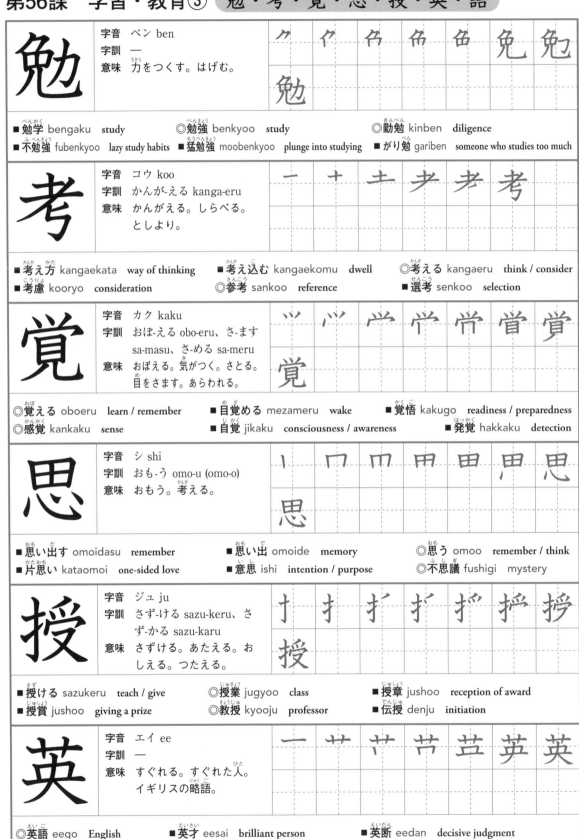

勉
字音　ベン ben
字訓　—
意味　力をつくす。はげむ。

筆順：ク イ 乌 乌 岛 免 勉 勉

- ■ 勉学 bengaku　study
- ◎ 勉強 benkyoo　study
- ◎ 勤勉 kinben　diligence
- ■ 不勉強 fubenkyoo　lazy study habits
- ■ 猛勉強 moobenkyoo　plunge into studying
- ■ がり勉 gariben　someone who studies too much

考
字音　コウ koo
字訓　かんが-える kanga-eru
意味　かんがえる。しらべる。としより。

筆順：一 十 土 耂 考 考

- ■ 考え方 kangaekata　way of thinking
- ■ 考え込む kangaekomu　dwell
- ◎ 考える kangaeru　think / consider
- ■ 考慮 kooryo　consideration
- ◎ 参考 sankoo　reference
- ■ 選考 senkoo　selection

覚
字音　カク kaku
字訓　おぼ-える obo-eru、さ-ます sa-masu、さ-める sa-meru
意味　おぼえる。気がつく。さとる。目をさます。あらわれる。

筆順：⺍ ⺍ 学 学 労 覚 覚

- ◎ 覚える oboeru　learn / remember
- ■ 目覚める mezameru　wake
- ■ 覚悟 kakugo　readiness / preparedness
- ◎ 感覚 kankaku　sense
- ■ 自覚 jikaku　consciousness / awareness
- ■ 発覚 hakkaku　detection

思
字音　シ shi
字訓　おも-う omo-u (omo-o)
意味　おもう。考える。

筆順：丨 冂 田 甲 田 思

- ■ 思い出す omoidasu　remember
- ■ 思い出 omoide　memory
- ◎ 思う omoo　remember / think
- ■ 片思い kataomoi　one-sided love
- ■ 意思 ishi　intention / purpose
- ◎ 不思議 fushigi　mystery

授
字音　ジュ ju
字訓　さず-ける sazu-keru、さず-かる sazu-karu
意味　さずける。あたえる。おしえる。つたえる。

筆順：扌 才 扩 扩 护 挧 授 授

- ■ 授ける sazukeru　teach / give
- ◎ 授業 jugyoo　class
- ■ 授章 jushoo　reception of award
- ■ 授賞 jushoo　giving a prize
- ◎ 教授 kyooju　professor
- ■ 伝授 denju　initiation

英
字音　エイ ee
字訓　—
意味　すぐれる。すぐれた人。イギリスの略語。

筆順：一 艹 节 芍 苹 英 英

- ◎ 英語 eego　English
- ■ 英才 eesai　brilliant person
- ■ 英断 eedan　decisive judgment
- ■ 英知 eechi　wisdom
- ■ 英文 eebun　English sentence
- ◎ 英雄 eeyuu　hero

語	字音　ゴ go 字訓　かた-る kata-ru、かた-らう kata-rau 意味　かたる。話し合う。ことば。	言	言	言	訂	訝	語	語
		語						

◎語る kataru　say / tell　　■物語 monogatari　story　　■主語 shugo　subject
■述語 jutsugo　predicate　　■中国語 chuugokugo　Chinese　　◎日本語 nihongo　Japanese

練習問題

1 ＿＿をひらがなで書きましょう。

1. 語る（　　　　　）　　2. 考える（　　　　　　　）

3. 思う（　　　　　）　　4. 覚える（　　　　　　）

5. 勉強（　　　　　　）　　6. 英語（　　　　　）

7. 李さんは日本語（　　　　　　）を学んでいます。

8. 授業中（　　　　　　　　　）におしゃべりをしてはいけません。

9. このごろ、不思議（　　　　ぎ）な夢を見ます。

10. あの教授（　　　　　　）の授業（　　　　　　　）はむずかしい。

11. ガイドさんがキリシタンの悲しい歴史を語（　　　　　）ってくれた。

2 線でむすび、漢字をつくりましょう。

例　免─────カ　（　勉　）

1. ⺍　　　　　心　（　　）

2. 田　　　　　央　（　　）

3. 扌　　　　　見　（　　）

4. 艹　　　　　吾　（　　）

5. 言　　　　　受　（　　）

3 □に漢字<ruby>漢字<rt>かんじ</rt></ruby>を書いて、（　　　　　）にひらがなを書きましょう。

例　敬|語　（かたる）
　　　|る　（けいご）

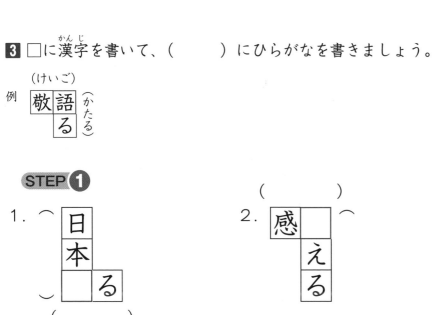

STEP ❶

1. （　　　　　）
日本|　　　
　　|　る

2. （　　　　　）
感|　
　|え
　|る

3. （　　　　　）
勤|　
　|強
（　　　　　）

STEP ❷

4. （　　　　　　　）
　|慮|深|い
い
出

5. （　　　　　）
　|文
語|

6. （　　　　　）
参|　
　|え
　|方

7. （　　　　　　）
　|け|る
業|

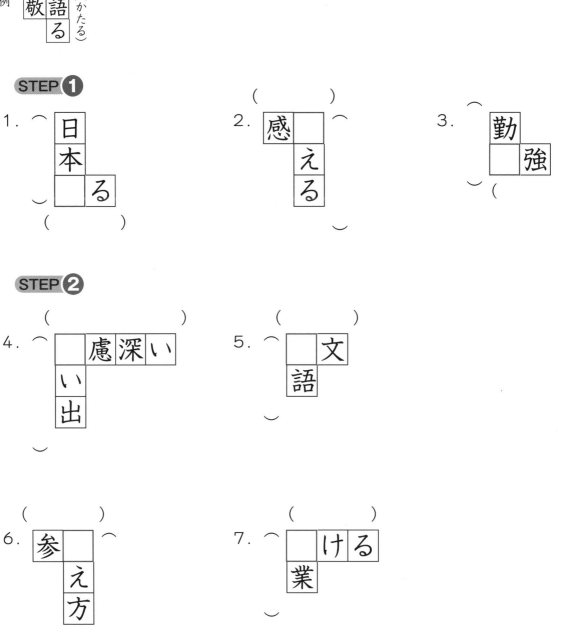

224

4 □に漢字を書きましょう。

STEP ①

1. 参 □ （さんこう） reference
2. 感 □ （かんかく） sense
3. □ う （おもう） think
4. □ □ （えいご） English
5. □ る （かたる） say / tel
6. □ 業 （じゅぎょう） class
7. 勤 □ （きんべん） diligence
8. □ 雄 （えいゆう） helo
9. 教 □ （きょうじゅ） professor
10. 日本 □ （にほんご） Japanese

STEP ②

11. 私の妹は □ □ □ （ちゅうごくご） を勉強しています。
12. この文の主 □ （しゅご） は何ですか。
13. 私にはずっと □ （かんが） えていたことがあります。
14. あなたはこのことをどう □ （おも） いますか。
15. 先生は明日の □ 賞式 （じゅしょうしき） に出席します。
16. 彼女は □ （おぼ） えたばかりの英語を使って、話しかけた。
17. 兄は猛 □ 強 （もうべんきょう） して大学に受かった。
18. 二十歳なのだから、大人の自 □ （じかく） を持ちなさい。
19. この本は、言語について □ 察 （こうさつ） しています。
20. 子どもは悪い言葉はすぐ □ （おぼ） える。
21. この物 □ （ものがたり） はとてもおもしろい。
22. 鳥の鳴き声で目 □ （めざ） めた。
23. この □ 文 （えいぶん） を日本語に訳してください。

文
字音　ブン bun、モン mon
字訓　ふみ fumi
意味　もじ。もよう。

■文学 bungaku　literature　　■文章 bunshoo　sentence / writing　　■文明 bunmee　civilization
◎文法 bunpoo　grammar　　◎作文 sakubun　composition　　■文句 monku　expression / complaint

化
字音　カ ka、ケ ke
字訓　ば-ける ba-keru、ば-かす ba-kasu
意味　ばける。かわる。人をみちびいてかえる。

■化ける bakeru　change form / become　　■化かす bakasu　bewitch　　■化学 kagaku　chemistry
◎変化 henka　change　　◎文化 bunka　culture / civilization　　■化粧 keshoo　makeup

漢
字音　カン kan
字訓　—
意味　中国。中国の。男。昔の中国の王朝の名。

■漢語 kango　Japanese world of Chinese origin　■漢詩 kanshi　classical Chinese poetry　◎漢字 kanji　Chinese character / kanji
■漢数字 kansuuji　Chinese numeral　　◎漢方薬 kanpooyaku　traditional Chinese medicine

字
字音　ジ ji
字訓　あざ aza
意味　もじ。やしなう。町や村の区画。

◎字 ji　letter / character　　■字幕 jimaku　subtitle　　■誤字 goji　miswritten character
◎数字 suuji　numeral　　■文字 moji　letter / character　　■頭文字 kashiramoji　initial

注
字音　チュウ chuu
字訓　そそ-ぐ soso-gu
意味　水をそそぐ。一点にあつめる。説明をつけたす。「注文」の略。

■注ぐ sosogu　pour　　◎注意 chuui　attention / careful　　■注射 chuusha　injection / shot
■注釈 chuushaku　notes　　■注目 chuumoku　attention　　◎注文 chuumon　order

意
字音　イ i
字訓　—
意味　こころ。こころのなかで思っていること。わけ。内容。

◎意見 iken　opinion　　■意図 ito　idea / intention　　◎意味 imi　significance / meaning
■決意 ketsui　determination　　■生意気 namaiki　insolent　　■不本意 fuhon-i　reluctant

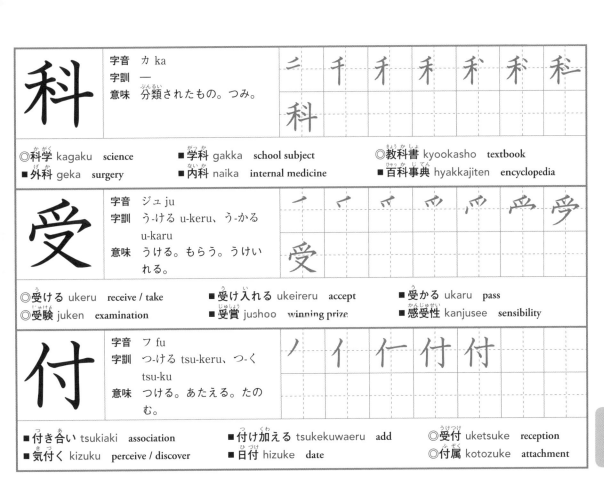

科	字音 カ ka 字訓 ― 意味 分類（ぶんるい）されたもの。つみ。	二 千 禾 禾 禾 禾 科 科

◎科学（かがく） kagaku　science　■学科（がっか） gakka　school subject　◎教科書（きょうかしょ） kyookasho　textbook
■外科（げか） geka　surgery　■内科（ないか） naika　internal medicine　■百科事典（ひゃっかじてん） hyakkajiten　encyclopedia

受	字音 ジュ ju 字訓 う-ける u-keru、う-かる u-karu 意味 うける。もらう。うけいれる。	一 ⺈ ⺈ ⺢ ⺢ 受 受

◎受（う）ける ukeru　receive / take　■受（う）け入（い）れる ukeireru　accept　■受（う）かる ukaru　pass
◎受験（じゅけん） juken　examination　■受賞（じゅしょう） jushoo　winning prize　■感受性（かんじゅせい） kanjusee　sensibility

付	字音 フ fu 字訓 つ-ける tsu-keru、つ-く tsu-ku 意味 つける。あたえる。たのむ。	ノ イ 仁 付 付

■付（つ）き合（あ）い tsukiaki　association　■付（つ）け加（くわ）える tsukekuwaeru　add　◎受付（うけつけ） uketsuke　reception
■気付（きづ）く kizuku　perceive / discover　■日付（ひづけ） hizuke　date　◎付属（ふぞく） kotozuke　attachment

第57課　学習・教育④

練習問題（れんしゅうもんだい）

1　＿＿＿をひらがなで書きましょう。

1. 文化（　　　　）　　　　2. 漢字（　　　　）

3. 注意（　　　　）　　　　4. 受付（　　　　）

5. 受ける（　　　）　　　　6. 科学（　　　　）

7. 受験（　　　）　　　　8. 意味（　　　）

9. 田中さんは作文（　　　　　）を上手に書くことができます。

10. ご注文（　　　　　）をお伺（うかが）いします。

11. あなたの意見（　　　　　）を聞かせてください。

12. 1字（　　　）ずつ、ていねいに書きなさい。

2 線でむすび、漢字をつくりましょう。

例 イ —————— ヒ （ 化 ）

1. シ　　　　　　子　（　　　）

2. 宀　　　　　　又　（　　　）

3. 𥫗　　　　　　斗　（　　　）

4. 禾　　　　　　莫　（　　　）

3 □に漢字を書いて、（　）にひらがなを書きましょう。

（ぶんしょう）
例
文章
句
（もんく）

STEP **1**

1. （　　　　　）
注□
　見（　）

2. 　　（　）
　数
漢□
（　　　）

3. 　　　（　　　　　）
　（　）□法
　　化（　）

4. 　（　　　　　）
□ける
験（　）

5. 　　（　）
　変
文□
（　　　）

6. 　（　）
受□
　属
（　　　　）

STEP **2**

7. 　（　　　　）
□射
ぐ（　）

8. 　　（　）
　内
百□事典（　　　　　）

228

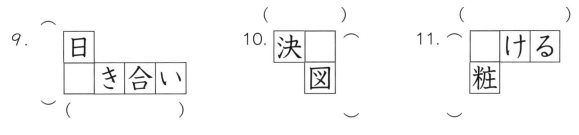

9. 日□　□き合い（　）（　）

10. 決□　図（　）

11. □□ける　粧（　）

4 □に漢字を書きましょう。

STEP **1**

1. 変□（へんか）change

2. 数□（すうじ）number

3. □字（かんじ）kanji

4. □文（ちゅうもん）order

5. □味（いみ）meaning

6. 教□書（きょうかしょ）textbook

7. □験（じゅけん）examination

8. □□（うけつけ）reception

9. □学（かがく）science

10. □見（いけん）opimion

11. □意（ちゅうい）attention

12. □法（ぶんぽう）grammar

STEP **2**

13. ワインをグラスに□（そそ）ぐ。

14. わからないことは百□事典（ひゃっかじてん）で調べます。

15. 姉は大学の□属（ふぞく）高校に通っています。

16. この事件^{けん}がこれからどうなるか□目（ちゅうもく）していきたい。

17. これから一年間、一生懸命^{けん}勉強しようと決□（けつい）した。

18. 兄は病気になると□方薬（かんぽうやく）を飲みます。

第57課　学習・教育④

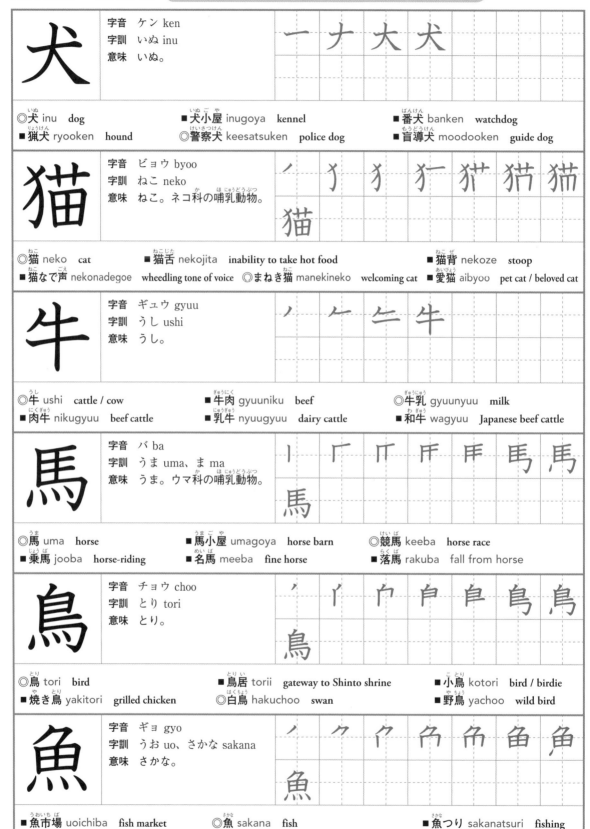

犬

字音　ケン ken
字訓　いぬ inu
意味　いぬ。

一　ナ　大　犬

◎犬 inu　dog　　　■犬小屋 inugoya　kennel　　　■番犬 banken　watchdog
■猟犬 ryooken　hound　　　◎警察犬 keesatsuken　police dog　　　■盲導犬 moodooken　guide dog

猫

字音　ビョウ byoo
字訓　ねこ neko
意味　ねこ。ネコ科の哺乳動物。

ノ　犭　犭　犭　犭　猫　猫
猫

◎猫 neko　cat　　　■猫舌 nekojita　inability to take hot food　　　■猫背 nekoze　stoop
■猫なで声 nekonadegoe　wheedling tone of voice　　　◎まねき猫 manekineko　welcoming cat　　　■愛猫 aibyoo　pet cat / beloved cat

牛

字音　ギュウ gyuu
字訓　うし ushi
意味　うし。

ノ　ヒ　ヒ　牛

◎牛 ushi　cattle / cow　　　■牛肉 gyuuniku　beef　　　◎牛乳 gyuunyuu　milk
■肉牛 nikugyuu　beef cattle　　　■乳牛 nyuugyuu　dairy cattle　　　■和牛 wagyuu　Japanese beef cattle

馬

字音　バ ba
字訓　うま uma、ま ma
意味　うま。ウマ科の哺乳動物。

｜　厂　厂　厍　馬　馬　馬
馬

◎馬 uma　horse　　　■馬小屋 umagoya　horse barn　　　◎競馬 keeba　horse race
■乗馬 jooba　horse-riding　　　■名馬 meeba　fine horse　　　■落馬 rakuba　fall from horse

鳥

字音　チョウ choo
字訓　とり tori
意味　とり。

ノ　イ　宀　自　自　鳥　鳥
鳥

◎鳥 tori　bird　　　■鳥居 torii　gateway to Shinto shrine　　　■小鳥 kotori　bird / birdie
■焼き鳥 yakitori　grilled chicken　　　■白鳥 hakuchoo　swan　　　■野鳥 yachoo　wild bird

魚

字音　ギョ gyo
字訓　うお uo、さかな sakana
意味　さかな。

ノ　ク　ク　各　各　备　魚
魚

■魚市場 uoichiba　fish market　　　◎魚 sakana　fish　　　■魚つり sakanatsuri　fishing
■煮魚 nizakana　boiled fish　　　■焼き魚 yakizakana　grilled fish　　　◎魚介類 gyokairui　seafood

花	字音 カ ka 字訓 はな hana 意味 はな。はなの形。はなのように美しいさま。	一 十 艹 サ 艿 花 花					

◎花 hana flower　　■花束 hanataba bouquet　　■花火 hanabi fireworks
■花見 hanami cherry-blossom viewing　　■花壇 kadan flower bed　　◎花瓶 kabin flower vase

葉	字音 ヨウ yoo 字訓 は ha 意味 草木のは。はのように薄いもの。時代の一区切り。紙などを数えることば。	一 芐 芐 芐 笹 笹 葉 葉					

◎葉 ha leaf　　■落葉 ochiba fallen leaf　　■枯れ葉 kareha withered leaf
■若葉 wakaba young leaf　　◎紅葉 kooyoo colored leaf　　★紅葉 momiji Japanese maple tree

練習問題

1 ＿＿＿をひらがなで書きましょう。

1. 花（　　　　）　　　2. 牛（　　　　　）

3. 犬（　　　　）　　　4. 馬（　　　　　）

5. 猫（　　　　）　　　6. 葉（　　　）

7. 鳥（　　　　）　　　8. 魚（　　　　　）

9. 秋になり、紅葉（　　　　　　）のきれいな季節になりました。

10. あの警察犬（けいさつ　　　）はとても優秀だそうです。

11. 私は毎日牛乳（　　　　　　）を飲んでいます。

12. 白鳥（　　　　　　　）の形をしたボートに乗りましょう。

13. イギリスでは競馬（けい　　　）は高級な競技だ。

14. 魚介類（　　　　かいるい）で嫌いなものはありますか。

15. 赤いバラにはこの花瓶（　　　びん）が合う。

2 絵を見て、□□□から漢字を選びましょう。

1. 答え（　　　）　2. 答え（　　　）　3. 答え（　　　）　4. 答え（　　　）

犬　　猫　　牛　　馬　　鳥　　魚　　花　　葉

3 正しい漢字を選びましょう。

1. ぎゅうどん　　(A) 牛丼　　　　(B) 午丼　　　　答え（　　　）

2. おちば　　　　(A) 落ち葉　　　(B) 落ち華　　　答え（　　　）

3. はくちょう　　(A) 白鳥　　　　(B) 白烏　　　　答え（　　　）

4. けいば　　　　(A) 競無　　　　(B) 競馬　　　　答え（　　　）

5. まねきねこ　　(A) まねき猫　　(B) まねき描　　答え（　　　）

6. けいさつけん　(A) 警察犬　　　(B) 警察太　　　答え（　　　）

7. かびん　　　　(A) 芥瓶　　　　(B) 花瓶　　　　答え（　　　）

8. ぎょるい　　　(A) 焦類　　　　(B) 魚類　　　　答え（　　　）

4 □に漢字を書いて、（　）にひらがなを書きましょう。

例
（かだん）
（はなみ）
花 壇
見

STEP **1**

1. （　　　）
白
野□

2. （　　　）
まねき□
舌

3. （　　　）
□瓶
火

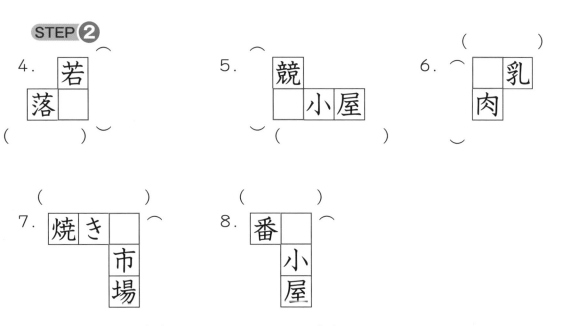

STEP ②

4. ( ) 若 / 落 □
（ 　　 ）

5. ( ) 競 / □ 小屋
（ 　　 ）

6. (　　) □ 乳 / 肉

7. (　　) 焼き □ / 市場

8. (　　) 番 □ / 小屋

5 □に漢字を書きましょう。

STEP ①

1. □ （いぬ）dog

2. □肉 （ぎゅうにく）beef

3. 焼き□ （やきざかな）grilled fish

4. □介類 （ぎょかいるい）seafood

5. □ （うま）horse

6. 小□ （ことり）bird

7. 紅□ （こうよう）colored leaf

8. 警察□ （けいさつけん）police dog

STEP ②

9. 私の家族はみんな □舌（ねこじた）です。

10. 大学の時、乗□ （じょうば）クラブに入っていた。

11. 日本では、肉の中で □肉（ぎゅうにく）が一番高い。

12. 週末、友達と焼き□ （やきとり）を食べた。

13. 桜（さくら）がきれいな季節になったので、□見（はなみ）に行こう。

情	字音　ジョウ joo、セイ see 字訓　なさ-け nasa-ke 意味　心のはたらき。気持ち。なさけ。思いやり。ありのままの姿。おもむき。	ハ　忄　忄　忄　忄　忄　情 情

- **情け** nasake　love / sympathy
- ◎**情報** joohoo　information / news
- **情け深い** nasakebukai　charitable
- ◎**友情** yuujoo　friendship
- **情熱** joonetsu　passionn
- **風情** fuzee　taste

報	字音　ホウ hoo 字訓　むく-いる muku-iru 意味　むくいる。お返しする。しらせる。しらせ。	十　土　圥　幸　幸　幸　報 報

- **報酬** hooshuu　reward
- **会報** kaihoo　proceeding
- ◎**報告** hookoku　report
- **速報** sokuhoo　newsflash
- **報道** hoodoo　information / news
- ◎**予報** yohoo　forecast

放	字音　ホウ hoo 字訓　はな-す hana-su、はな-つ hana-tsu、はな-れる hana-reru、ほう-る hoo-ru 意味　ときはなす。自由にさせる。はなつ。おいやる。おくりだす。なげる。	亠　亠　方　方　放　放 放

- ◎**放す** hanasu　release
- **放任** hoonin　noninterference
- **放れる** hanareru　to get free
- **解放** kaihoo　liberation / release
- ◎**放送** hoosoo　broadcasting
- **追放** tsuihoo　deportation

信	字音　シン shin 字訓　— 意味　うそやいつわりがない。しんじる。あいず。	イ　イ　亻　信　信　信　信 信

- **信仰** shinkoo　belief / faith
- **信用** shin-yoo　trust / credit
- ◎**信号** shingoo　signal
- **信頼** shinrai　trust / confidence
- ◎**信じる** shinjiru　believe
- **通信** tsuushin　correspondence

像	字音　ゾウ zoo 字訓　— 意味　似せてつくる。すがた。かたどる。	イ　イ　伊　俘　傍　像　像 像

- ◎**像** zoo　image / statue
- ◎**想像** soozoo　imagine
- **映像** eezoo　picture / video
- **銅像** doozoo　bronze statue
- **現像** genzoo　develop films
- **自画像** jigazoo　self-portrait

雑	字音　ザツ zatsu、ゾウ zoo 字訓　— 意味　入りまじる。まぜる。いろいろの。まとまりがない。大ざっぱな。	ノ　九　杂　杂　剎　斩　斩 雑

- **雑** zatsu　sloppy
- **雑談** zatsudan　gossip
- **雑音** zatsuon　noise
- ◎**混雑** konzatsu　congestion
- **雑貨** zakka　miscellaneous goods
- ◎**複雑** fukuzatsu　complexity

| 誌 | 字音　シ shi
字訓　—
意味　しるす。書きとめる。書
きしるしたもの。「雑誌」
の略。 | 言 | 言 | 言 | 言 | 計 | 計 | 誌 |
| | | 誌 | | | | | | |

- 誌上 shijoo　in a magazine
- 誌面 shimen　in a magazine
- ◎雑誌 zasshi　magazine
- 日誌 nisshi　diary
- ◎週刊誌 shuukanshi　weekly magazine
- 月刊誌 gekkanshi　monthly magazine

練習問題

1 ____をひらがなで書きましょう。

1. 信じる（　　　　　）
2. 雑誌（　　　　　）
3. 放す（　　　　　）
4. 想像（そう　　　　）
5. 情報（　　　　　）
6. 複雑（ふく　　　　）
7. 放送（　　　　　）
8. 報告（　　　こく）
9. 田中さんと山川さんは厚い友情（　　　　　　）で結ばれている。
10. 信号（　　　　　）をよく見て道路を渡りましょう。
11. 学校の帰りに週刊誌（　　　　かん　　　　）を買ってきてください。
12. 天気予報（　　　　　　）によると、明日は雨です。

2 線でむすび、漢字をつくりましょう。

例	忄	＼	言	（　　　）
1.	亻		志	（　　　）
2.	訁		隹	（　　　）
3.	杂		青	（ 情 ）
4.	幸		攵	（　　　）
5.	方		艮	（　　　）

3 □に漢字を書いて、（　）にひらがなを書きましょう。

例
（げっかんし）
月刊誌面〔しめん〕

STEP **1**

（　　　　　）

1. 予□
　　　告
　　　書
〈　　　　〉

2. 混□
　　誌
〈　　　　〉

STEP **2**

（　　　　　）

3. 友□
　　け
　　深
　　い
〈　　　　〉

（　　　　　）

4. □任
　す
〈　　　　〉

5. 複□
　□貨
〈　　　　〉
（　　　　　）

6. □想
映□
（　　　　）〈　　〉

（　　　　　）

7. □号
　頼
　関
　係
〈　　　　〉

8. □日
週刊□
（　　　　）〈　　〉

（　　　　　）

9. 風□
　熱
〈　　　　〉

236

4 □に漢字を書きましょう。

STEP **1**

1. [　] 送（ほうそう）broadcasting

2. [　] じる（しんじる）believe

3. 友 [　]（ゆうじょう）friendship

4. 複 [　]（ふくざつ）complexity

5. 想 [　]（そうぞう）imagine

6. [　] す（はなす）release

7. 予 [　]（よほう）forecast

8. [　][　]（じょうほう）information

9. [　][　]（ざっし）magazine

10. [　] 号（しんごう）signal

STEP **2**

11. ショッキングな映 [　]（えいぞう）を見て、気分が悪くなった。

12. 私の兄は [　] 道局（ほうどうきょく）に勤（つと）めている。

13. 今日、テレビの天気予 [　]（てんきよほう）を見ましたか。

14. [　] 貨店（ざっかてん）でアルバイトをしています。

15. 田中さんは [　]（なさ）け深い人です。

16. 私は彼（かれ）を [　]（しん）じています。

17. 職場では、上司（しき）に適切（てき）な [　] 告（ほうこく）をすることが求（もと）められている。

18. [　] 談（ざつだん）が仕事のヒントになることがある。

19. 駅の売店で週刊 [　]（しゅうかんし）を買ってきてください。

20. 金曜日の夜は、電車が混 [　]（こんざつ）します。

21. 音楽に対（たい）する [　] 熱（じょうねつ）は誰にも負（ま）けない。

22. 美術の授業（じゅ）で自画 [　]（じがぞう）を描（か）いた。

23. 今、テレビで選挙（せんきょ）の速 [　]（そくほう）を見ています。

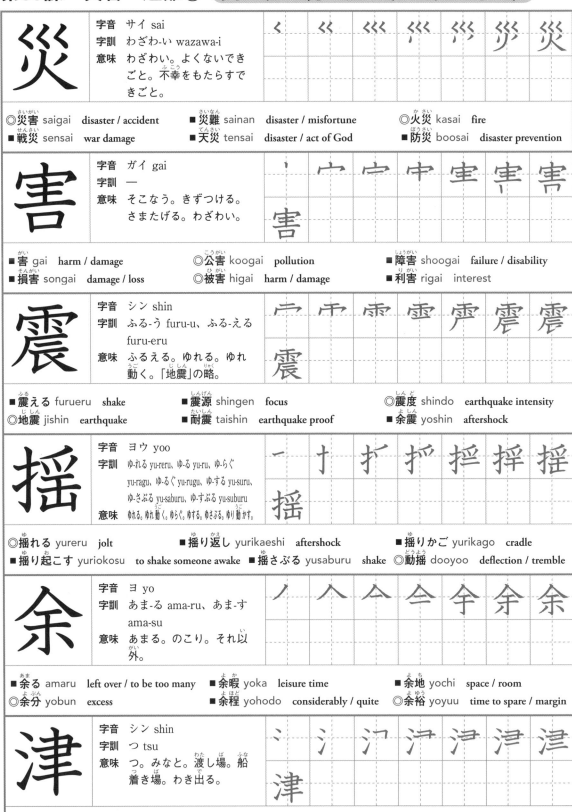

災

字音　サイ sai
字訓　わざわ-い wazawa-i
意味　わざわい。よくないできごと。不幸をもたらすできごと。

`く　巛　巛　巛　巛　災　災`

◎災害 saigai　disaster / accident　■災難 sainan　disaster / misfortune　◎火災 kasai　fire
■戦災 sensai　war damage　■天災 tensai　disaster / act of God　■防災 boosai　disaster prevention

害

字音　ガイ gai
字訓　—
意味　そこなう。きずつける。さまたげる。わざわい。

`丶　宀　宀　中　宔　害　害`
`害`

■害 gai　harm / damage　◎公害 koogai　pollution　■障害 shoogai　failure / disability
■損害 songai　damage / loss　◎被害 higai　harm / damage　■利害 rigai　interest

震

字音　シン shin
字訓　ふる-う furu-u、ふる-える furu-eru
意味　ふるえる。ゆれる。ゆれ動く。「地震」の略。

`宀　中　雨　雲　雫　震　震`
`震`

■震える furueru　shake　■震源 shingen　focus　◎震度 shindo　earthquake intensity
◎地震 jishin　earthquake　■耐震 taishin　earthquake proof　■余震 yoshin　aftershock

揺

字音　ヨウ yoo
字訓　ゆ-れる yu-reru、ゆ-る yu-ru、ゆ-らぐ yu-ragu、ゆ-るぐ yu-rugu、ゆ-する yu-suru、ゆ-さぶる yu-saburu、ゆ-すぶる yu-suburu
意味　ゆれる。ゆれ動く。ゆらぐ。ゆする。ゆさぶる。ゆり動かす。

`一　十　扌　护　挦　捋　揺`
`揺`

◎揺れる yureru　jolt　■揺り返し yurikaeshi　aftershock　■揺りかご yurikago　cradle
■揺り起こす yuriokosu　to shake someone awake　■揺さぶる yusaburu　shake　◎動揺 dooyoo　deflection / tremble

余

字音　ヨ yo
字訓　あま-る ama-ru、あま-す ama-su
意味　あまる。のこり。それ以外。

`ノ　人　今　今　仝　余　余`

■余る amaru　left over / to be too many　■余暇 yoka　leisure time　■余地 yochi　space / room
◎余分 yobun　excess　■余程 yohodo　considerably / quite　◎余裕 yoyuu　time to spare / margin

津

字音　シン shin
字訓　つ tsu
意味　つ。みなと。渡し場。船着き場。わき出る。

`氵　氵　氵　津　津　津　津`
`津`

■津々浦々 tsutsuuraura　from coast to coast　◎津波 tsunami　tidal wave
◎興味津々 kyoomishinshin　very interesting

波	字音　ハ ha 字訓　なみ nami 意味　なみ。なみのような動き 　　　や形。	丶　丶丶　氵　氵　氵ア　氵ア　波 波

◎波 nami　wave　　■波打ち際 namiuchigiwa　beach　　■人波 hitonami　crowd
■波及 hakyuu　influence　　■波浪 haroo　ocean wave　　◎電波 denpa　wave / signal

豪	字音　ゴウ goo 字訓　— 意味　力がつよい。けたはずれ 　　　である。力や才能をもっ 　　　た人。	一　亠　亠　亠　亭　亭　豪 豪

◎豪雨 goou　heavy rainfall　　◎豪華 gooka　glorious / luxury　　■豪快 gookai　excitingly
■豪雪 qoosetsu　heavy snowfall　　■強豪 kyoogoo　powerhouse　　■富豪 fugoo　rich person

練習問題

1 ＿＿＿をひらがなで書きましょう。

1. 災害（　　　　　）　　　　2. 揺れる（　　　　　　）

3. 震度（　　　　　）　　　　4. 津波（　　　　　　）

5. 電波（　　　　　）

6. 地震（　　　　　）のあとに、水道・電気・ガスが止まることがあります。

7. 豪雨（　　　　　）のときに川の近くへ行くと危険です。

2 線でむすび、漢字をつくりましょう。

例　雨　　　　　　　　　皮　（　　　　）

1. 氵　　　　　　　　　辰　（　震　）

2. 巛　　　　　　　　　吉　（　　　　）

3. 宀　　　　　　　　　名　（　　　　）

4. 扌　　　　　　　　　火　（　　　　）

第60課　災害・避難①

3 1～4の図の言葉を ☐ の中から選んで、（　）の中に数字を書きましょう。

1.

は

地震の後に来るとても高い波
のことです。（　　　）

2.

は

とても強い風やたくさんの雨
によって起きる災害のことで
す。（　　　）

3.

は

短い時間にたくさん雨が降る
ことです。（　　　）

4.

は

地面が大きく揺れることです。
（　　　）

（1）津波　　　（2）地震　　　（3）豪雨　　　（4）台風

---

4 ＿＿をひらがなで書きましょう。

世界の中でも日本は自然災害（1.　　　　　　　　）がとても多い国です。特に

地震（2.　　　　　）には注意しましょう。地震が起こったら、テーブルの下など

に入って、揺（3.　　　）れが止まるまで待ちましょう。最初の揺れの後に何度も

余震（4.　　　　　）が続くことがあります。また、地震があったら、津波（5.　　　　　）

が来るかもしれません。ですから、できるだけ海から遠くて、高い場所に逃げましょう。

なお、日本では最近、台風による豪雨（6.　　　　　）だけでなく、ゲリラ豪雨が

増えています。ゲリラ豪雨とは、同じところで短い間にたくさん雨が降ることです。

道が川のようになりますから、外に出ないようにしましょう。

5 □に漢字を書いて（　）にひらがなを書きましょう。

例
（じ）地
（しん）震える
　　（ふるえる）

STEP 1

1. 動
　□れる
　（　　　　　）

2. 火
　□害
　（　　　　　）

3. 公
　被□
　（　　　　　）

STEP 2

4. （　　　　　）
　□る
　裕

5. （　　　　　）
　富□
　　雨

6. 電
　□打ち際
　（　　　　　）

6 □に漢字を書きましょう。

STEP 1

1. 火□（かさい）fire

2. □れる（ゆれる）jolt

3. 地□（じしん）earthquake

4. □□（つなみ）tidal wave

5. □□（よしん）after quake

STEP 2

6. □□（さいがい）に備え、避難場所を家族で確認しておこう。

7. □源地（しんげんち）の近くに田中さんが住んでいるので心配だ。

8. 秋山さんが□華（ごうか）な食事をごちそうしてくれた。

9. 今日は□（なみ）が高いので、泳げません。

10. 時間に□裕（よゆう）があれば、私のところへも来てください。

避

字音　ヒ hi
字訓　さ-ける sa-keru
意味　さける。よける。にげる。のがれる。

◎避ける sakeru　dodge / evade　　■避暑 hisho　summering　　◎避難 hinan　refuge / evacuate
■避妊 hinin　contraception　　■回避 kaihi　evasion　　■逃避 toohi　escape

難

字音　ナン nan
字訓　かた-い。kata-i、むずか-しい muzuka-shii
意味　かたい。むずかしい。やりにくい。わざわい。苦しみ。とがめる。

◎難しい muzukashii・難しい mutsukashii　difficult　　■難題 nandai　problem　　■難民 nanmin　refugee
◎困難 konnan　hard　　■災難 sainan　disaster　　■無難 bunan　acccptable

雷

字音　ライ rai
字訓　かみなり kaminari
意味　かみなり。かみなりのようなもの。大きな音を立てて爆発するもの。

◎雷 kaminari　thunder / lightning　　■雷雨 raiu　thunderstorm　　■雷雲 raiun・雷雲 kaminarigumo　thundercloud
■雷鳴 raimee　thunder　　■地雷 jirai　land mine　　◎落雷 rakurai　flash lightning

倒

字音　トウ too
字訓　たお-れる tao-reru、たお-す tao-su
意味　たおれる。たおす。さかさま。物事が激しいようす。

◎倒れる taoreru　break down / fall　　■共倒れ tomodaore　common ruin　　■倒壊 tookai　collapse
■倒産 toosan　bankruptcy　　■圧倒 attoo　dominance　　◎面倒 mendoo　trouble

壊

字音　カイ kai
字訓　こわ-す kowa-su、こわ-れる kowa-reru
意味　こわす。こわれる。やぶる。やぶれる。

◎壊す kowasu　break / break down　　■壊滅 kaimetsu　destruction　　■決壊 kekkai　break down
◎倒壊 tookai　collapse / fall down　　■破壊 hakai　destruction　　■崩壊 hookai　collapse

暴

字音　ボウ boo、バク baku
字訓　あば-く aba-ku、あば-れる aba-reru
意味　あばく。あばれる。あらす。度をこす。急に。にわかに。

◎暴れる abareru　rage　　■暴動 boodoo　disturbance　　◎暴風 boofuu　storm
■暴力 booryoku　violence　　■暴露 bakuro　exposure　　■乱暴 ranboo　violence

危	字音	キ ki	ノ ク ヶ 产 危 危
	字訓	あぶ-ない abu-nai、あや-うい aya-ui、あや-ぶむ aya-bumu	
	意味	あぶない。おそれる。そこなう。正しい。	

◎危ない abunai　dangerous　■危害 kigai　harm　■危機 kiki　emergency
■危惧 kigu　apprehension　◎危険 kiken　dangerous / hazardous　■危篤 kitoku　critical condition

険	字音	ケン ken	了 阝 阝 阶 险 险 険
	字訓	けわ-しい kewa-shii	険
	意味	けわしい。山が切り立っているようす。あぶない。	

◎険しい kewashii　critical / rocky　■険悪 ken-aku　stern　■陰険 inken　sly
■邪険 jaken　cruel　◎保険 hoken　insurance　■冒険 booken　risk

逃	字音	トウ too	ノ 丿 丬 北 北 兆 逃
	字訓	に-げる ni-geru、に-がす ni-gasu、の-がす noga-su、の-がれる noga-reru	逃
	意味	にげる。のがれる。あぶない場所からぬけだす。	

◎逃げる nigeru　dodge / escape　◎逃がす nigasu　release / free　■見逃す minogasu　overlook / lose
■逃走 toosoo　runaway　■逃避 toohi　escape　■逃亡 tooboo　evading

練習問題

1 ＿＿をひらがなで書きましょう。

1. 逃げる（　　　　　）　　2. 暴れる（　　　　　）

3. 険しい（　　　　　）　　4. 避ける（　　　　　）

5. 雷（　　　　　）　　　　6. 困難（こん　　　　　）

7. 危険（　　　　　）　　　8. 暴風（　　　　　）

9. 危（　　　　　）ないので、こちらに来ないでください。

10. 小鳥を窓から逃（　　　　　）がしてしまった。

11. 津波を避けるために高台に避難（　　　　　）した。

12. その問題は難（　　　　　）しくてわかりません。

2 1～5の図の言葉を ☐ の中から選んで、（　）の中に数字を書きましょう。

1.  は
非常事態が起きたときの出口
です。（　　　）

2.  は
災害が起きたら、最初に逃げ
る広いところです。（　　　）

3.  は
家が壊れた人や家が危ない人
が集まるところです。水や食
べ物ももらえます。（　　　）

4.  は
津波から逃げるところです。
（　　　）

5.  は
津波から逃げるためのビルで
す。（　　　）

(1) 避難所	(2) 津波避難場所
(3) 非常口	(4) 避難場所
(5) 津波避難ビル	

3 ＿＿＿をひらがなで書きましょう。

　地震のとき、家にいたらテーブルの下などに入って揺れが止まるまで待ちましょう。外にいるときは、ビルの近くは窓ガラスや看板が落ちてきて危険（1.　　　　）です。頭を守りながら、安全な場所に避難（2.　　　　）してください。海で大きい地震があると、津波が来るかもしれません。できるだけ海から遠くて高い場所に逃（3.　　）げてください。

　建物が壊（4.　　　）れたり、倒（5.　　　）れたりして、家で生活できないときは、市や町が決めた避難所（6.　　　　　　　）で生活することができます。地震や雷（7.　　　　　　）や暴風雨（8.　　　　　　）などの自然災害はいつ、どこで起きるかわかりません。家や学校や会社からどこに逃げるか普段から考えておきましょう。

4 □に漢字を書かいて、（ ）にひらがなを書きましょう。

例 （さける）
（ひなん）避ける
難

STEP 1

1. （　　　　　）
□れる
風

2. （　　　　　）
□ない
険

3. （　　　　　）
面
□れる
（　　　　　）

STEP 2

4. 災□
□しい
（　　　　　）

5. （　　　　）
落□
雨

6. （　　　　　）
□げる
走

5 □に漢字を書きましょう。

STEP 1

1. □風 （ぼうふう） storm

2. □しい （むずかしい） difficult

3. □□ （きけん） dangerous

4. 落□ （らくらい） flash lightning

5. □□ （とうかい） collapse

6. 保□ （ほけん） insurance

7. □げる （にげる） escape

STEP 2

8. 昨日、ゴルフ場に □ （かみなり） が落ちたそうです。

9. どんな理由があっても、□□ （ぼうりょく） はいけません。

10. 『宝島』は冒□小説 （ぼうけんしょうせつ） です

| 非 | 字音　ヒ hi
字訓　—
意味　正しくない。悪くいう。
　　　「…でない」というように、
　　　下の語をうちけす。 | ノ　ナ　ヺ　ヺ　非　非　非
非 |

■非行 hikoo　misconduct　　　■非公開 hikookai　secret　　　◎非常口 hijooguchi　emergency exit
■非常識 hijooshiki　unreasonable　　◎非難 hinan　reproach　　　■非売品 hibaihin　article not for sale

| 常 | 字音　ジョウ joo
字訓　つね tsune、とこ toko
意味　つねに。いつも。ふつう。
　　　いつまでも変わらない。 | ⺌　⺌　⺌　⺌　常　常　常
常 |

◎常に tsuneni　constantly　　　■常温 joo-on　normal temperature　　■異常 ijoo　abnormity
■正常 seejoo　normal　　　◎日常 nichijoo　routine　　　■非常 hijoo　extremely / emergency

| 灯 | 字音　トウ too
字訓　ひ hi
意味　ひ。ともしび。あかり。 | ⼀　⼁　⺌　火　灯　灯 |

■灯台 toodai　light station　　　◎灯油 tooyu　kerosene　　　■街灯 gaitoo　street lamp / light
■消灯 shootoo　lights-out　　　■点灯 tentoo　lighting　　　◎懐中電灯 kaichuudentoo　flashlight

| 探 | 字音　タン tan
字訓　さぐ-る sagu-ru、さが-す
　　　saga-su
意味　さぐる。さがす。知らないこと
　　　などを知ろうとする。たずねる。 | 一　十　扌　扩　挖　挖　探
探 |

◎探る saguru　investigation / search　　■手探り tesaguri　feel / groping　　◎探す sagasu　seek / look for
■探索 tansaku　search　　　■探知機 tanchiki　detector　　　■探偵 tantee　detective

| 岸 | 字音　ガン gan
字訓　きし kishi
意味　きし。みずぎわ。けわし
　　　い。 | ⼀　山　山　山　岸　岸　岸
岸 |

◎岸 kishi　shore　　　■岸辺 kishibe　bank　　　■川岸 kawagishi　stream bank
■岸壁 ganpeki　quay　　　◎海岸 kaigan　coastal area / beach　　■対岸 taigan　opposite shore

| 救 | 字音　キュウ kyuu
字訓　すく-う suku-u
意味　すくう。たすける。まも
　　　る。 | 一　十　寸　求　求　求　救
救 |

■救う sukuu　relieve / save　　　■救援 kyuuen　relief　　　◎救急車 kyuukyuusha　ambulance
■救済 kyuusai　help / remedy　　　◎救助 kyuujo　rescue　　　■救命具 kyuumeegu　life preserver

助	字音 ジョ jo 字訓 たす-ける tasu-keru、たす-かる tasu-karu、すけ suke 意味 たすける。力をかす。	丨	冂	冂	月	且	助	助

◎助ける tasukeru　help / save　　■助監督 jokantoku　assistant director　　■助言 jogen　advice
■助詞 joshi　postpositional particle　　◎助手 joshu　assistant　　■助動詞 jodooshi　auxiliary verb

警	字音 ケイ kee 字訓 ― 意味 用心する。用心させる。注意する。「警察」「警察官」の略。	一	艹	芍	苟	苟	敬	警
		警						

■警戒 keekai　caution　　■警官 keekan　police officer　　■警告 keekoku　admonition
◎警察 keesatsu　police　　■警備 keebi　defense　　◎警報 keehoo　alarm

察	字音 サツ satsu 字訓 ― 意味 よく見る。くわしく調べる。思いやる。	宀	宀	疒	疒	宛	寥	察
		察						

■察知 sacchi　sense　　◎観察 kansatsu　observation　　■考察 kousatsu　examination
◎診察 shinsatsu　medical examination　　■推察 suisatsu　guess　　■偵察 teesatsu　reconnaissance

防	字音 ボウ boo 字訓 ふせ-ぐ fuse-gu 意味 ふせぐ。そなえる。土手。つつみ。	フ	ろ	ド	ド	阡	防	防

■防ぐ fusegu　defend　　◎防災 boosai　disaster prevention　　■防止 booshi　prevention
■防波堤 boohatee　breakwater　　◎消防 shooboo　fire fighting　　■予防 yoboo　precaution

---

練習問題

1 ＿＿＿をひらがなで書きましょう。

1. 探す（　　　　）　　2. 救う（　　　　　）

3. 防災（　　　　　）　　4. 常に（　　　　）

5. 警察（　　　　　）　　6. 懐中電灯（かいちゅう　　　　　）

7. 困っている人を助（　　　　）ける。

8. 防災（　　　　　　）の日は9月1日です。

9. 波が高いので、海岸（　　　　　　　　）には近づかないでください。

10. 遭難者（そうなん）が無事に救助（　　　　　　　　）された。

2 絵を見て　▢▢▢　から言葉を選（えら）んで、（　）の中に数字を書きましょう。

1.（　　　）

My Information
Name ＿＿＿＿＿＿＿
Nationality ＿＿＿＿＿
Address ＿＿＿＿＿＿
Phone number ＿＿＿＿

4.（　　　）

5.（　　　）

現金（げん）（小銭（ぜにふく）含む）
通帳（ちょう）・キャッシュ
カード
パスポート
在留（ざい）カード

2.（　　　）

3.（　　　）

(1) 非常食　(2) 懐中（かい）電灯　(3) 救急用品（薬）(4) 防災情報カード　(5) 飲料水

3 ＿＿＿をひらがなで書きましょう。

　災害が起きたときのために、非常食（1.　　　　　　　　）や懐中（かい）電灯（2.　　　　　　　）の準備（じゅん び）をしておきましょう。また、普段から家族と連絡する方法や避難場所も確認（かくにん）しておきましょう。災害用伝言ダイヤルは、自分がいる場所についてのメッセージを残（のこ）すことができます。そのメッセージを聞けば、あなたの家族はあなたを探（3.　　　　　）すことができます。

　そのとき、一緒に緊急用の電話番号のメモを作り、持っていきましょう。そこに電話をすれば、助（4.　　　　　）けてもらうことができます。

【緊急用の電話番号】 災害用伝言ダイヤル　117 警察（5.　　　　　）110　事件・事故（けん）のとき 消防（6.　　　　　）119　火災・病気やケガのとき

　避難するときは、海岸（7.　　　　　　）や川の近くは危ないので、通るのはやめましょう。

4 □に漢字を書いて、（　）にひらがなを書きましょう。

例
（ぼうかんぐ）
（ふせぐ）
防 寒 具
ぐ

STEP ①

1. （　　　　　　）
日
□ に
（　　　　　）

2. （　　　　　　　）
□ ける
手

3. （　　　　　　　）
□ 察
報

STEP ②

4. （　　　　　　）
街
□ 台
（　　　　　）

5. （　　　　　　　）
□ 公 開
常
識

6. （　　　　　　　）
□ す
偵

5 □に漢字を書きましょう。

STEP ①

1. □ 報（けいほう）alarm

2. 日 □（にちじょう）routine

3. □ す（さがす）seek / look for

4. □ 助（きゅうじょ）rescue

5. □ □ 口（ひじょうぐち）emergency exit

6. 海 □（かいがん）coastal area / beach

7. □ 災（ぼうさい）disaster prevention

8. すぐに □ □（けいさつ）に電話してください。

9. 消 □（しょうぼう）に連絡して、□急車（きゅうきゅうしゃ）を呼ん
でください。

五十音順索引 (ごじゅうおんじゅんさくいん)

五十音順索引
あいだ－うたう

【ア・あ】

あいだ
間 34
あう
合 170
会 170
あお
青 198
あおい
青 198
あか
赤 198
あかい
赤 198
あかす
明 195
あからむ
明 195
赤 198
あからめる
赤 198
あかり
明 195
あがる
上 30
あかるい
明 195
あき
秋 186
あきらか
明 195
アク
悪 51
あく
開 158
空 190
明 195
あくる
明 195

あける
開 158
空 190
明 195
あげる
上 30
あさ
朝 70
あざ
字 226
あし
足 118
あじ
味 110
あじわう
味 110
あそぶ
遊 171
あたたか
暖 194
温 195
あたたかい
暖 194
温 195
あたたまる
暖 194
温 195
あたためる
暖 194
温 195
あたま
頭 114
あたらしい
新 50
あたる
当 107
あつい
暑 194
熱 194
あつまる

集 170
あつめる
集 170
あてる
当 107
あと
後 30
あに
兄 54
あね
姉 55
あばく
暴 242
あばれる
暴 242
あぶない
危 243
あぶら
油 106
あま
天 190
雨 190
あます
余 238
あまる
余 238
あめ
天 190
雨 190
あやうい
危 243
あやぶむ
危 243
あやまち
過 142
あやまつ
過 142
あゆむ
歩 74
あらう

洗 159
あらそう
争 210
あらた
新 50
あらわす
表 43
あらわれる
表 43
ある
有 150
あるく
歩 74
あわす
合 170
あわせる
合 170
アン
安 46
行 98
案 131
暗 195

【イ・い】

イ
以 31
胃 119
医 126
意 226
いう
言 130
いえ
家 58
いかす
生 122
いきる
生 122
いく
行 98
いくさ

戦 210
いけ
池 38
いける
生 122
いし
石 95
いそがしい
忙 47
いそぐ
急 78
いたい
痛 123
いたむ
痛 123
いためる
痛 123
イチ
一 6
いち
市 166
イツ
一 6
いつ
五 6
いつつ
五 6
いとなむ
営 202
いぬ
犬 230
いのち
命 127
いま
今 18
いもうと
妹 55
いる
入 75
いれる

入 75
いろ
色 198
イン
員 63
院 90
飲 102
引 158
音 191
因 206

【ウ・う】

ウ
右 30
有 150
雨 190
うい
初 18
うえ
上 30
うお
魚 230
うかる
受 227
うける
受 227
うごかす
動 138
うごく
動 138
うし
牛 230
うしなう
失 175
うしろ
後 30
うた
歌 179
うたう
歌 179

うち
内　167
うつす
映　178
写　178
うつる
映　178
写　178
うぶ
産　174
うま
馬　230
うまれる
生　122
産　174
うみ
海　38
うむ
生　122
産　174
うら
裏　43
うる
売　174
うれる
売　174
うわ
上　30
ウン
運　142

【エ・え】
エ
回　22
会　170
絵　179
え
重　154
エイ
泳　82
映　178
営　202
英　222

エキ
駅　94
役　210
えむ
笑　82
エン
円　14
遠　50
園　94
塩　110
煙　135

【オ・お】
オ
悪　51
和　210
お
小　46
おいる
老　62
オウ
横　34
奥　59
押　158
黄　199
おう
生　122
おえる
終　19
おお
大　46
おおい
多　46
おおいに
大　46
おおきい
大　46
おおやけ
公　94
おきる
起　78
オク
屋　90

おく
奥　59
おくらす
遅　155
おくる
送　99
おくれる
後　30
遅　155
おこす
起　78
おこなう
行　98
おこる
起　78
おさえる
押　158
おさまる
収　15
治　126
おさめる
収　15
治　126
おしえる
教　214
おす
押　158
おそい
遅　155
おそわる
教　214
おちる
落　142
おっと
夫　58
おと
音　191
おとうと
弟　54
おとこ
男　66
おとす
落　142

おどり
踊　179
おどる
踊　179
おなじ
同　154
おび
帯　143
おびる
帯　143
おぼえる
覚　222
おも
主　59
おもい
重　154
おもう
思　222
おもて
表　43
おや
親　58
およぐ
泳　82
おりる
下　30
降　78
おろす
下　30
降　78
おわる
終　19
オン
遠　50
音　191
温　195
おんな
女　66

【カ・か】
カ
火　2
貨　14

何　22
下　30
可　51
家　58
過　142
荷　146
靴　147
歌　179
夏　186
課　203
果　206
化　226
科　227
花　231
か
日　2
ガ
画　178
カイ
回　22
階　26
海　38
界　42
開　158
会　170
絵　179
壊　242
ガイ
外　167
害　238
かう
交　131
買　174
かえす
帰　98
かえる
替　14
代　22
帰　98
かお
顔　114
カク
画　178

覚　222
かく
書　134
ガク
楽　182
学　214
かざ
風　191
かさなる
重　154
かさねる
重　154
かしら
頭　114
かす
貸　175
かず
数　11
かぜ
風　191
かぞえる
数　11
かた
形　43
方　206
かたい
難　242
かたち
形　43
かたらう
語　223
かたる
語　223
カッ
合　170
ガッ
合　170
ガツ
月　2
かど
門　86
かな
金　2

五十音順索引　かなしいーコウ

かなしい
　悲　183
かなしむ
　悲　183
かね
　金　2
かべ
　壁　86
かみ
　上　30
　紙　146
　神　187
かみなり
　雷　242
かよう
　通　142
から
　空　190
からだ
　体　118
かりる
　借　175
かるい
　軽　155
かろやか
　軽　155
かわ
　川　38
がわ
　側　35
かわす
　交　131
かわる
　替　14
　代　22
カン
　間　34
　観　82
　館　87
　患　126
　簡　151
　感　183
　寒　194

　漢　226
かん
　神　187
ガン
　顔　114
　元　122
　岸　246
かんがえる
　考　222

【キ・き】
キ
　期　27
　起　78
　帰　98
　気　122
　機　139
　季　186
　記　219
　危　243
き
　木　2
　生　122
　黄　199
きえる
　消　79
きく
　効　126
　聞　134
　利　150
きこえる
　聞　134
きし
　岸　246
きせる
　着　98
きた
　北　35
きたす
　来　98
きたる
　来　98
キツ

　喫　135
きまる
　決　171
きめる
　決　171
キュウ
　九　10
　急　78
　泣　82
　休　130
　究　215
　救　246
ギュウ
　牛　230
キョ
　去　78
ギョ
　魚　230
キョウ
　兄　54
　強　154
　京　162
　共　211
　教　214
ギョウ
　形　43
　行　98
　業　202
キョク
　局　90
きる
　着　98
　切　111
きれる
　切　111
きわ
　際　162
きわめる
　究　215
キン
　金　2
　今　18
　近　50

　禁　135
ギン
　銀　95

【ク・く】
ク
　九　10
　工　90
　口　114
　区　166
　苦　182
　紅　199
グ
　具　142
クウ
　空　190
くう
　食　102
くすり
　薬　126
くださる
　下　30
くだす
　下　30
くだる
　下　30
くち
　口　114
くつ
　靴　147
くに
　国　162
くび
　首　115
くらい
　暗　195
くらう
　食　102
くる
　来　98
くるしい
　苦　182
くるしむ

　苦　182
くるしめる
　苦　182
くるま
　車　138
くれない
　紅　199
くろ
　黒　198
くろい
　黒　198

【ケ・け】
ケ
　家　58
　気　122
　化　226
け
　毛　115
ゲ
　下　30
　外　167
　夏　186
ケイ
　形　43
　兄　54
　鶏　102
　計　131
　携　143
　軽　155
　京　162
　警　247
ゲイ
　芸　182
けす
　消　79
ケツ
　決　171
　結　206
ゲツ
　月　2
けむい
　煙　135

けむり
　煙　135
けむる
　煙　135
けわしい
　険　243
ケン
　間　34
　見　134
　券　147
　県　163
　建　174
　研　215
　験　218
　犬　230
　険　243
ゲン
　元　122
　言　130
　減　151
　原　206
　験　218

【コ・こ】
コ
　個　26
　古　50
　去　78
　戸　86
　呼　170
　故　210
こ
　木　2
　小　46
　子　58
　黄　199
ゴ
　五　6
　期　27
　後　30
　午　31
　語　223
コウ

後	30	こたえる		最	47	定	83	仕	202
港	38	答	214	細	50	サッ		試	218
高	46	こと		妻	58	早	155	思	222
広	47	言	130	菜	106	サツ		誌	235
降	78	事	202	切	111	察	247	ジ	
校	86	このむ		際	162	ザツ		時	18
工	90	好	182	祭	187	雑	234	地	42
公	94	こまか		災	238	さま		次	82
行	98	細	50	ザイ		様	67	寺	94
口	114	こまかい		剤	126	さます		耳	114
効	126	細	50	さか		冷	194	治	126
交	131	ころがす		酒	106	覚	222	自	138
好	182	転	138	さがす		さむい		持	159
光	191	ころがる		探	246	寒	194	仕	202
黄	199	転	138	さかずき		さめる		事	202
紅	199	ころげる		杯	26	冷	194	字	226
考	222	転	138	さかな		覚	222	しいる	
こう		ころぶ		魚	230	さる		強	154
神	187	転	138	さがる		去	78	しお	
ゴウ		こわ		下	30	サン		塩	110
強	154	声	115	さき		三	6	シキ	
号	166	こわす		先	71	山	38	色	198
合	170	壊	242	サク		産	174	ジキ	
業	202	こわれる		作	159	散	182	食	102
豪	239	壊	242	さぐる				した	
こえ		コン		探	246	【シ・し】		下	30
声	115	金	2	さけ		シ		したしい	
コク		今	18	酒	106	四	6	親	58
石	95	建	174	さける		始	19	したしむ	
国	162	ゴン		避	242	私	54	親	58
黒	198	言	130	さげる		姉	55	シチ	
ここの				下	30	子	58	七	7
九	10	【サ・さ】		さす		師	66	質	218
ここのつ		サ		指	118	士	67	シツ	
九	10	左	30	さずかる		止	74	室	87
こころ		茶	103	授	222	次	82	失	175
心	182	砂	110	さずける		歯	118	質	218
こころみる		作	159	授	222	指	118	ジッ	
試	218	ザ		さだか		死	122	十	10
こし		座	79	定	83	使	135	ジツ	
腰	118	サイ		さだまる		自	138	日	2
こたえ		歳	26	定	83	紙	146	しな	
答	214	西	34	さだめる		市	166	品	146
								しぬ	
						死	122		
						しま			
						島	42		
						しまる			
						閉	158		
						しめる			
						閉	158		
						しも			
						下	30		
						シャ			
						者	62		
						社	94		
						砂	110		
						車	138		
						捨	158		
						写	178		
						シャク			
						石	95		
						借	175		
						赤	198		
						ジャク			
						若	62		
						着	98		
						弱	154		
						シュ			
						主	59		
						酒	106		
						首	115		
						手	118		
						取	159		
						ジュ			
						授	222		
						受	227		
						シュウ			
						収	15		
						週	18		
						終	19		
						拾	158		
						集	170		
						秋	186		
						習	214		
						ジュウ			

五十音順索引

シュクーたすける

十中	10	ショク		スイ		【セ・せ】		ゼン		田	38
中	34	食	102	水	2			全	11	手	118
重	154	色	198	出	75	セ		前	30	タイ	
拾	158	職	202	スウ		世	42	【ソ・そ】		替	14
住	174	しら		数	11	せ				台	22
シュク		白	198	すえ		背	119	ソウ		代	22
宿	218	しらべる		末	82	セイ		走	74	大	46
シュッ		調	131	すぎる		歳	26	窓	86	太	50
出	75	しる		過	142	西	34	送	99	体	118
ジュッ		知	134	すく		世	42	早	155	帯	143
十	10	しるす		好	182	正	51	争	210	待	170
シュン		記	219	すくう		性	66	ゾウ		貸	175
春	186	しろ		救	246	声	115	増	151	ダイ	
ショ		代	22	すくない		生	122	像	234	台	22
初	18	白	198	少	46	製	146	雑	234	代	22
所	34	しろい		すぐれる		星	190	ソク		大	46
書	134	白	198	優	139	晴	190	側	35	弟	54
暑	194	シン		すこし		青	198	足	118	内	167
ジョ		森	39	少	46	情	234	速	155	題	218
女	66	新	50	すごす		せい		ゾク		たいら	
助	247	親	58	過	142	背	119	族	58	平	210
ショウ		寝	78	すずしい		ゼイ		そそぐ		たおす	
証	15	申	130	涼	195	税	14	注	226	倒	242
上	30	進	142	すすむ		説	219	そと		たおれる	
小	46	真	178	進	142	セキ		外	167	倒	242
少	46	心	182	すずむ		夕	70	その		たか	
正	51	神	187	涼	195	石	95	園	94	高	46
性	66	信	234	すすめる		席	139	そむく		たかい	
消	79	震	238	進	142	赤	198	背	119	高	46
笑	82	津	238	すてる		セチ		そむける		たかまる	
焼	111	ジン		捨	158	節	186	背	119	高	46
声	115	人	62	すな		セツ		そめる		たかめる	
生	122	神	187	砂	110	切	111	初	18	高	46
星	190	【ス・す】		すべて		節	186	そら		タク	
青	198			全	11	雪	190	空	190	度	22
招	230	ス		すまう		説	219	ソン		宅	86
ジョウ		数	11	住	174	セン		村	166	たす	
上	30	子	58	すみやか		千	10	【タ・た】		足	118
乗	78	主	59	速	155	川	38			だす	
定	83	ズ		すむ		先	71	タ		出	75
場	91	図	42	住	174	船	138	多	46	たすかる	
情	234	頭	114	すわる		洗	159	太	50	助	247
常	246	事	202	座	79	戦	210	た		たすける	

助 247	誰 22	重 154	つける	点 23	堂 90
たずさえる	タン	町 166	着 98	店 91	銅 95
携 143	単 151	丁 166	付 227	転 138	動 138
たずさわる	短 154	鳥 230	つたう	天 190	同 154
携 143	探 246	ちらかす	伝 130	デン	道 162
たたかう	ダン	散 182	つたえる	田 38	働 174
戦 210	段 26	ちらかる	伝 130	伝 130	とお
ただしい	男 66	散 182	つち	電 143	十 10
正 51	暖 194	ちらす	土 3		とおい
ただす		散 182	つどう	【ト・と】	遠 50
正 51	【チ・ち】	ちる	集 170	ト	とおす
タツ	チ	散 182	つね	土 3	通 142
達 66	池 38		常 246	度 22	とおる
たつ	地 42	【ツ・つ】	つま	図 42	通 142
立 74	治 126	ツ	妻 58	登 74	とき
建 174	知 134	通 142	つめたい	頭 114	時 18
たてる	遅 155	都 162	冷 194	都 162	トク
立 74	質 218	つ	つよい	と	読 134
建 174	ち	津 238	強 154	十 10	特 162
たとえる	千 10	ついえる	つよまる	戸 86	とく
例 214	乳 103	費 27	強 154	ド	説 219
たのしい	ちいさい	ついやす	つよめる	土 3	とぐ
楽 182	小 46	費 27	強 154	度 22	研 215
たのしむ	ちかい	ツウ		とい	ドク
楽 182	近 50	痛 123	【テ・て】	問 218	読 134
たび	ちから	通 142	て	トウ	とこ
度 22	力 122	つかう	手 118	東 34	常 246
旅 178	ちち	使 135	デ	島 42	ところ
たべる	父 54	つかえる	弟 54	登 74	所 34
食 102	乳 103	仕 202	テイ	到 99	とざす
たまご	チャ	つかれる	低 47	当 107	閉 158
卵 102	茶 103	疲 123	弟 54	糖 110	とし
たみ	チャク	つき	定 83	頭 114	年 18
民 63	着 98	月 2	庭 94	読 134	とじる
ためす	チュウ	つぎ	体 118	道 162	閉 158
試 218	中 34	次 82	丁 166	冬 186	ととのう
たより	昼 70	つく	テツ	答 214	調 131
便 150	駐 74	着 98	鉄 95	倒 242	ととのえる
たりる	注 226	付 227	てら	逃 243	調 131
足 118	チョウ	つぐ	寺 94	灯 246	とばす
たる	朝 70	次 82	でる	とう	飛 139
足 118	調 131	つくる	出 75	問 218	とぶ
だれ	長 154	作 159	テン	ドウ	飛 139

とまる		
止	74	
留	214	
とめる		
止	74	
留	214	
とも		
友	62	
共	211	
とり		
鳥	230	
とる		
取	159	
トン		
豚	102	
とん		
問	218	
どん		
丼	107	
どんぶり		
丼	107	

【ナ・な】

ナ		
南	35	
な		
菜	106	
名	150	
ナイ		
内	167	
ない		
無	150	
なおす		
治	126	
なおる		
治	126	
なか		
中	34	
ながい		
長	154	
なかば		
半	10	
なく		

泣	82	
なごむ		
和	210	
なごやか		
和	210	
なさけ		
情	234	
なつ		
夏	186	
なな		
七	7	
ななつ		
七	7	
なに		
何	22	
なの		
七	7	
なま		
生	122	
なみ		
並	170	
波	239	
ならう		
習	214	
ならびに		
並	170	
ならぶ		
並	170	
ならべる		
並	170	
ナン		
南	35	
男	66	
難	242	
なん		
何	22	

【二・に】

ニ		
二	6	
に		
荷	146	
にい		

新	50	
にがい		
苦	182	
にがす		
逃	243	
にがる		
苦	182	
ニク		
肉	102	
にげる		
逃	243	
にし		
西	34	
ニチ		
日	2	
ニャク		
若	62	
ニュウ		
入	75	
乳	103	
ニョ		
女	66	
ニョウ		
女	66	
にわ		
庭	94	
にわとり		
鶏	102	
ニン		
人	62	

【ヌ・ぬ】

| ぬし | | |
| 主 | 59 | |

【ネ・ね】

ね		
音	191	
ねかす		
寝	78	
ねこ		
猫	230	
ネツ		

熱	194	
ねる		
寝	78	
ネン		
年	18	

【ノ・の】

の		
野	39	
のがす		
逃	243	
のがれる		
逃	243	
のせる		
乗	78	
のち		
後	30	
のぼす		
上	30	
のぼせる		
上	30	
のぼる		
上	30	
登	74	
のむ		
飲	102	
のる		
乗	78	

【ハ・は】

ハ		
波	239	
歯	118	
葉	231	
バ		
馬	230	
ば		
場	91	
ハイ		
杯	26	
背	119	
バイ		
倍	26	

売	174	
買	174	
はいる		
入	75	
はえる		
生	122	
映	178	
ばかす		
化	226	
はからう		
計	131	
はかる		
図	42	
計	131	
ハク		
白	198	
バク		
麦	106	
暴	242	
ばける		
化	226	
はこぶ		
運	142	
はじまる		
始	19	
はじめ		
初	18	
はじめて		
初	18	
はじめる		
始	19	
はしる		
走	74	
はずす		
外	167	
はずれる		
外	167	
はた		
機	139	
はたす		
果	206	
はたらく		
働	174	

ハチ		
八	7	
ハッ		
法	206	
ハツ		
発	98	
はつ		
初	18	
バツ		
末	82	
はて		
果	206	
はてる		
果	206	
はな		
鼻	114	
花	231	
はなし		
話	130	
はなす		
話	130	
放	234	
はなつ		
放	234	
はなれる		
放	234	
はは		
母	54	
はやい		
速	155	
早	155	
はやし		
林	39	
はやす		
生	122	
はやまる		
速	155	
早	155	
はやめる		
速	155	
早	155	
はら		
原	206	

はらす		低 47	広 47	ふたつ	壁 86	星 190

はらす
　晴　190
はる
　春　186
はれる
　晴　190
ハン
　半　10
　飯　106
バン
　万　10
　番　23
　晩　70

【ヒ・ひ】
ヒ
　費　27
　疲　123
　飛　139
　悲　183
　避　242
　非　246
ひ
　日　2
　火　2
　灯　246
ビ
　鼻　114
ひえる
　冷　194
ひがし
　東　34
ひかり
　光　191
ひかる
　光　191
ひく
　引　158
ひくい
　低　47
ひくまる
　低　47
ひくめる

低　47
ひける
　引　158
ひだり
　左　30
ひと
　一　6
　人　62
ひとつ
　一　6
ひや
　冷　194
ひやかす
　冷　194
ヒャク
　百　10
ビャク
　白　198
ひやす
　冷　194
ヒョウ
　表　43
ビョウ
　病　122
　平　210
　猫　230
ひら
　平　210
ひらく
　開　158
ひらける
　開　158
ひる
　昼　70
ひろい
　広　47
ひろう
　拾　158
ひろがる
　広　47
ひろげる
　広　47
ひろまる

広　47
ひろめる
　広　47
ヒン
　品　146
ビン
　便　150

【フ・ふ】
フ
　父　54
　夫　58
　婦　62
　歩　74
　不　150
　府　163
　風　191
　付　227
ブ
　分　18
　歩　74
　部　90
　無　150
　不　150
フウ
　夫　58
　風　191
ふえる
　増　151
フク
　服　146
ふける
　老　62
ふさ
　房　194
ふし
　節　186
ふせぐ
　防　247
ふた
　二　6
ぶた
　豚　102

ふたつ
　二　6
ブツ
　物　146
　仏　187
ふとい
　太　50
ふとる
　太　50
ふな
　船　138
ふね
　船　138
ふみ
　文　226
ふやす
　増　151
ふゆ
　冬　186
ふる
　降　78
ふるい
　古　50
ふるう
　震　238
ふるえる
　震　238
ふるす
　古　50
フン
　分　18
ブン
　分　18
　聞　134
　文　226

【ヘ・へ】
ヘイ
　病　122
　閉　158
　並　170
　平　210
ヘキ

壁　86
ベツ
　別　171
べに
　紅　199
へらす
　減　151
へる
　減　151
ベン
　弁　106
　便　150
　勉　222

【ホ・ほ】
ホ
　歩　74
ほ
　火　2
ボ
　母　54
ホウ
　方　206
　法　206
　報　234
　放　234
ボウ
　忙　47
　忘　134
　房　194
　暴　242
　防　247
ほうる
　放　234
ほか
　外　167
ホク
　北　35
ボク
　木　2
　僕　54
　目　114
ほし

星　190
ほそい
　細　50
ほそる
　細　50
ホッ
　法　206
ホツ
　発　98
ほとけ
　仏　187
ホン
　本　178

【マ・ま】
ま
　間　34
　目　114
　真　178
　馬　230
マイ
　妹　55
　毎　70
まえ
　前　30
まさ
　正　51
まざる
　交　131
まじえる
　交　131
まじる
　交　131
まじわる
　交　131
ます
　増　151
まぜる
　交　131
まち
　町　166
マツ
　末　82

まつ
　待　170
まったく
　全　11
まつり
　祭　187
まつる
　祭　187
まど
　窓　86
まなぶ
　学　214
まぬかれる
　免　14
まるい
　円　14
まわす
　回　22
まわる
　回　22
マン
　万　10

【ミ・み】
ミ
　未　27
　味　110
み
　三　6
みえる
　見　134
みぎ
　右　30
みじかい
　短　154
みず
　水　2
みずから
　自　138
みせ
　店　91
みせる
　見　134

みち
　道　162
みつ
　三　6
みっつ
　三　6
みどり
　緑　198
みなと
　港　38
みなみ
　南　35
みみ
　耳　114
みやこ
　都　162
ミョウ
　命　127
　名　150
　明　195
みる
　見　134
ミン
　民　63

【ム・む】
ム
　無　150
む
　六　6
むい
　六　6
むぎ
　麦　106
むくいる
　報　234
むずかしい
　難　242
むすぶ
　結　206
むつ
　六　6
むっつ

六　6
むら
　村　166
むろ
　室　87

【メ・め】
め
　女　66
　目　114
メイ
　命　127
　名　150
　明　195
めし
　飯　106
メン
　免　14

【モ・も】
モウ
　毛　115
もうす
　申　130
モク
　木　2
　目　114
もしくは
　若　62
もちいる
　用　202
モツ
　物　146
もつ
　持　159
もっとも
　最　47
もと
　下　30
　元　122
　本　178
もどす
　戻　98

もどる
　戻　98
もの
　者　62
　物　146
もり
　森　39
モン
　門　86
　聞　134
　問　218
　文　226

【ヤ・や】
ヤ
　野　39
　夜　70
や
　八　7
　家　58
　屋　90
やかた
　館　87
ヤク
　薬　126
　役　210
やく
　焼　111
やける
　焼　111
やさしい
　優　139
やしろ
　社　94
やすい
　安　46
やすまる
　休　130
やすむ
　休　130
やすめる
　休　130
やつ

八　7
やっつ
　八　7
やど
　宿　218
やどす
　宿　218
やどる
　宿　218
やま
　山　38
やまい
　病　122
やむ
　病　122
やわらぐ
　和　210
やわらげる
　和　210

【ユ・ゆ】
ユ
　油　106
　遊　171
　由　207
ユイ
　由　207
ユウ
　右　30
　友　62
　優　139
　有　150
　遊　171
　由　207
ゆう
　夕　70
　結　206
ゆえ
　故　210
ゆき
　雪　190
ゆく
　行　98

ゆさぶる
　揺　238
ゆすぶる
　揺　238
ゆする
　揺　238
ゆび
　指　118
ゆらぐ
　揺　238
ゆる
　揺　238
ゆるぐ
　揺　238
ゆれる
　揺　238
ゆわえる
　結　206

【ヨ・よ】
ヨ
　予　83
　余　238
よ
　四　6
　代　22
　世　42
　夜　70
よい
　良　51
ヨウ
　曜　3
　洋　42
　様　67
　腰　118
　踊　179
　用　202
　葉　231
　揺　238
よう
　八　7
よこ
　横　34

よし
　由　207
よつ
　四　6
よっつ
　四　6
よぶ
　呼　170
よむ
　読　134
よる
　夜　70
　因　206
よわい
　弱　154
よわまる
　弱　154
よわめる
　弱　154
よわる
　弱　154
よん
　四　6

【ラ・ら】

ライ
　来　98
　雷　242
ラク
　落　142
　楽　182
ラン
　卵　102

【リ・り】

リ
　裏　43
　理　110
　利　150
リキ
　力　122
リツ
　立　74

リュウ
　立　74
　留　214
リョ
　旅　178
リョウ
　両　14
　領　15
　良　51
　料　110
　涼　195
リョク
　力　122
　緑　198
リン
　林　39
　輪　138

【ル・る】

ル
　留　214

【レ・れ】

レイ
　齢　66
　戻　98
　令　130
　冷　194
　例　214
レツ
　列　35

【ロ・ろ】

ロウ
　老　62
ロク
　六　6
　緑　198

【ワ・わ】

ワ
　話　130
　和　210

わ
　輪　138
わかい
　若　62
わかつ
　分　18
わかる
　分　18
わかれる
　分　18
　別　171
わける
　分　18
わざ
　業　202
わざわい
　災　238
わずらう
　患　126
わすれる
　忘　134
わたくし
　私　54
わたし
　私　54
わらう
　笑　82
わるい
　悪　51

総画索引

総画索引

1画

一　6

2画

二　6
七　7
八　7
九　10
十　10
人　62
入　75
力　122
丁　166

3画

土　3
三　6
千　10
万　10
上　30
下　30
山　38
川　38
大　46
小　46
子　58
女　66
士　67
夕　70
工　90
口　114

4画

日　2
月　2
火　2
水　2

木　2
五　6
六　6
円　14
収　15
今　18
分　18
午　31
中　34
少　46
太　50
父　54
夫　58
友　62
止　74
予　83
戸　86
公　94
切　111
毛　115
手　118
元　122
不　150
引　158
区　166
内　167
心　182
仏　187
天　190
方　206
化　226
文　226
犬　230
牛　230

5画

四　6
半　10

台　22
代　22
未　27
右　30
左　30
以　31
北　35
田　38
世　42
広　47
古　50
可　51
正　51
母　54
兄　54
主　59
民　63
立　74
出　75
去　78
末　82
石　95
弁　106
井　107
目　114
生　122
申　130
令　130
市　166
号　166
外　167
失　175
本　178
写　178
冬　186
白　198
仕　202
用　202

由　207
平　210
付　227

6画

百　10
全　11
両　14
年　18
回　22
西　34
列　35
池　38
地　42
多　46
安　46
忙　47
老　62
毎　70
先　71
次　82
宅　86
寺　94
行　98
肉　102
当　107
耳　114
気　122
死　122
休　130
伝　130
交　131
自　138
有　150
名　150
同　154
早　155
合　170

会　170
好　182
光　191
色　198
因　206
争　210
共　211
考　222
字　226
危　243
灯　246

7画

初　18
何　22
図　42
形　43
低　47
近　50
良　51
私　54
弟　54
男　66
走　74
局　90
社　94
来　98
戻　98
卵　102
麦　106
声　115
足　118
体　118
医　126
言　130
見　134
忘　134
車　138

利 150	到 99	岸 246	神 187	荷 146
作 159	乳 103		星 190	紙 146
町 166	油 106	**9画**	風 191	弱 154
村 166	味 110	度 22	音 191	速 155
決 171	治 126	点 23	紅 199	特 162
別 171	効 126	段 26	故 210	借 175
住 174	命 127	前 30	研 215	旅 178
売 174	知 134	後 30	思 222	真 178
芸 182	使 135	南 35	科 227	夏 186
冷 194	具 142	海 38	信 234	原 206
赤 198	物 146	洋 42	津 238	留 214
役 210	服 146	界 42	逃 243	記 219
究 215	券 147	昼 70		勉 222
花 231	長 154	乗 78	**10画**	馬 230
災 238	押 158	急 78	時 18	害 238
余 238	取 159	室 87	倍 26	倒 242
助 247	国 162	屋 90	個 26	
防 247	京 162	発 98	島 42	**11画**
	府 163	送 99	高 46	貨 14
8画	呼 170	食 102	家 58	週 18
金 2	並 170	茶 103	員 63	終 19
免 14	画 178	砂 110	師 66	側 35
始 19	苦 182	首 115	起 78	野 39
杯 26	季 186	指 118	降 78	細 50
所 34	空 190	背 119	座 79	悪 51
東 34	雨 190	胃 119	消 79	族 58
林 39	房 194	計 131	笑 82	婦 62
表 43	明 195	飛 139	校 86	窓 86
姉 55	青 198	品 146	院 90	部 90
妹 55	事 202	便 150	庭 94	堂 90
妻 58	果 206	単 151	帰 98	豚 102
若 62	法 206	重 154	酒 106	菜 106
者 62	和 210	拾 158	料 110	理 110
性 66	学 214	持 159	病 122	患 126
夜 70	例 214	洗 159	疲 123	転 138
歩 74	英 222	県 163	剤 126	船 138
泳 82	注 226	待 170	案 131	動 138
泣 82	受 227	建 174	書 134	進 142
定 83	放 234	映 178	席 139	強 154
門 86	波 239	春 186	通 142	閉 158
店 91	非 246	秋 186	帯 143	捨 158

総画索引

261

都 162
産 174
祭 187
雪 190
涼 195
黒 198
黄 199
習 214
教 214
問 218
宿 218
授 222
猫 230
鳥 230
魚 230
情 234
険 243
常 246
探 246
救 246

12画

替 14
税 14
証 15
番 23
階 26
費 27
期 27
間 34
港 38
森 39
最 47
奥 59
達 66
朝 70
晩 70
登 74
場 91
着 98
飲 102

飯 106
焼 111
歯 118
痛 123
喫 135
過 142
運 142
落 142
無 150
減 151
短 154
軽 155
遅 155
開 158
道 162
集 170
遊 171
買 174
貸 175
絵 179
散 182
悲 183
晴 190
暑 194
寒 194
温 195
営 202
結 206
答 214
覚 222
葉 231
報 234
揺 238

13画

数 11
歳 26
裏 43
遠 50
新 50
寝 78

園 94
鉄 95
塩 110
腰 118
話 130
禁 135
煙 135
電 143
携 143
靴 147
働 174
楽 182
感 183
節 186
暖 194
暗 195
業 202
戦 210
試 218
漢 226
意 226
雷 242

14画

領 15
僕 54
様 67
駅 94
銀 95
銅 95
鼻 114
聞 134
読 134
製 146
増 151
際 162
歌 179
踊 179
緑 198
説 219
語 223

像 234
雑 234
誌 235
豪 239
察 247

15画

誰 22
横 34
駐 74
調 131
輪 138
熱 194
課 203
質 218
震 238
暴 242

16画

親 58
壁 86
館 87
糖 110
頭 114
薬 126
機 139
避 242
壊 242

17画

齢 66
優 139

18画

曜 3
観 82
顔 114
簡 151
職 202
験 218
題 218

難 242

19画

鶏 102
警 247

総画索引

＜監修者略歴＞
秋元 美晴（あきもと　みはる）
青山学院大学大学院文学研究科博士課程満期退学。恵泉女学園大学名誉教授。
共書：『日本語教育　よくわかる語彙』（アルク）
監修：『日本語を学ぶ外国人のための漢字字典2500』（ナツメ社）
論文：・「コロケーションから見た形容詞の装定用法と述定用法」（『日本語語彙へのアプローチ』
　　　　おうふう）
　　　・「「〜ない程度に」と「〜ない範囲で」に関わる構文研究」（『日英語の文法化と構文化』ひ
　　　　つじ書房）
　　　・「第二言語としての日本語の語彙習得と学習」（『日本語語彙論Ⅱ』ひつじ書房）

＜編者略歴＞
志賀 里美（しが　さとみ）
学習院大学大学院人文科学研究科日本語日本文学専攻博士後期課程満期退学。恵泉女学園大学助教。
著書：『日本語を学ぶ外国人のための漢字字典2500』（ナツメ社）
論文：・「複合動詞における文法化の一考察―「〜切る」「〜過ぎる」「〜出す」を例に―」（『日英
　　　　語の文法化と構文化』ひつじ書房）。
　　　・「『YNU書き言葉コーパス』から見た複合動詞の使用実態―日本語母語話者と韓国人学習
　　　　者との比較―」（『恵泉女学園大学紀要』第30号　恵泉女学園大学）
　　　・「『過ぎる』の構文化について」（『恵泉女学園大学紀要』第32号　恵泉女学園大学）

古田島 聡美（こたじま　さとみ）
恵泉女学園大学大学院人文学部文化共生専攻課程修了。横浜YMCA学院専門学校専任講師。
著書：『日本語を学ぶ外国人のための漢字字典2500』（ナツメ社）
論文：・「国会会議録に基づく程度副詞の一考察：強調の意味を表す程度副詞の使われ方の変遷」（『恵
　　　　泉アカデミア』16　恵泉女学園大学社会・人文学会）
　　　・「強調の意味をあらわす程度副詞5語の消長について：国会会議録を用いて」（『日語日文学』
　　　　第51輯　大韓日語日文学会）
項目執筆：『平成27年度日本語教育能力検定試験合格するための本』（アルク）

島崎 英香（しまざき　ひでか）
恵泉女学園大学大学院人文学研究科文化共生専攻修士課程修了。恵泉女学園大学非常勤講師。
著書：『日本語を学ぶ外国人のための漢字字典2500』（ナツメ社）
論文：・「初級日本語学習者のための副詞90語の選定―日本語母語話者の副詞の使用実態を通して」
　　　　（『日本語/日本語教育研究』[6] ココ出版）
　　　・「話し言葉と書き言葉における副詞の違い：CEJC（モニター版）とBCCWJを用いて」『日
　　　　本語教育研究』（65），一般社団法人長沼言語文化研究所）
　　　・「話し言葉における日本語学習者の副詞の使用実態：I－JASを用いて韓国語話者を中心に」
　　　　（『日本語・日本語教育』（3），立教大学日本語研究センター）

●英訳／ネイソン ロバート ロング Nathan Robert Long
●英訳校閲／鷗来堂
●本文デザイン／有限会社プッシュ
●イラスト／さとうみなこ
●編集協力／神田賢人
●編集制作／有限会社ヴュー企画（中尾貴子）
●編集担当／山路和彦（ナツメ出版企画株式会社）

ナツメ社Webサイト
https://www.natsume.co.jp
書籍の最新情報（正誤情報を含む）は
ナツメ社Webサイトをご覧ください。

本書に関するお問い合わせは、書名・発行日・該当ページを
明記の上、下記のいずれかの方法にてお送りください。電話
でのお問い合わせはお受けしておりません。
・ナツメ社webサイトの問い合わせフォーム
　https://www.natsume.co.jp/contact
・FAX（03-3291-1305）
・郵送（下記、ナツメ出版企画株式会社宛て）
なお、回答までに日にちをいただく場合があります。正誤の
お問い合わせ以外の書籍内容に関する解説・個別の相談は行
っておりません。あらかじめご了承ください。

日本語を学ぶ外国人のための　これだけは覚えたい！　漢字練習帳500

2021年4月23日 初版発行
2024年11月1日 第3刷発行

監修者	秋元美晴	Akimoto Miharu, 2021
編　者	志賀里美	Shiga Satomi, 2021
	古田島聡美	Kotajima Satomi, 2021
	島崎英香	Shimazaki Hideka, 2021
発行者	田村正隆	

発行所　株式会社ナツメ社
　　　　東京都千代田区神田神保町1-52　ナツメ社ビル1F（〒101-0051）
　　　　電話　03（3291）1257（代表）　FAX　03（3291）5761
　　　　振替　00130-1-58661
制　作　ナツメ出版企画株式会社
　　　　東京都千代田区神田神保町1-52　ナツメ社ビル3F（〒101-0051）
　　　　電話　03（3295）3921（代表）
印刷所　ラン印刷社

ISBN978-4-8163-6999-5　　　　　　　　　　Printed in Japan
（定価はカバーに表示してあります）
（落丁・乱丁本はお取り替えします）

別冊
べつ さつ

練習問題の答え
れんしゅうもんだい　こた

第1課　P2-5

1 1.（2）　2.（1）　3.（3）

2 1. にちようび　2. すいようび
3. きんようび　4. げつようび
5. かようび　6. もくようび
7. どようび　8. がつ　9. みず
10. かね　11. き　12. に

3 1. 日　2. 月　3. 金　4. 火
5. 木　6. 土　7. 水

4 1. 日、いちにち／ついたち、
にちようび
2. 月／日、らいげつ／らいにち、
げつようび／にちようび
3. 火、ひをつける、かようび
4. 金、おかねをかりる、きんようび
5. 土、どだい、とち
6. 火、しょうかき、かじ
7. 水、みずぎ、みずいろ

5 1. 日　2. 月　3. 火　4. 水
5. 土　6. 木曜日　7. 金　8. 水
9. 土

第2課　P6-9

1 1. いちがつついたち
2. にがつふつか
3. さんがつみっか
4. しがつよっか　5. ごがついつか
6. ろくがつむいか
7. しちがつなのか
8. はちがつようか

2 1. B　2. A　3. B　4. A
5. B　6. B

3 1. 一　2. 二　3. 三　4. 四
5. 五　6. 六　7. 七　8. 八

4 1. 五　2. 三　3. 二、六　4. 八

5 1. 三　2. 八　3. 二　4. 四
5. 七　6. 一　7. 二　8. 四
9. 一　10. 二　11. 三　12. 三
13. 四　14. 四　15. 五　16. 五
17. 六　18. 五　19. 七　20. 八
21. 八　22. 二　23. 四

第3課　P10-13

1 1. ここのつ　2. ひゃく
3. さんびゃく　4. ろっぴゃく
5. ななひゃく　6. はっぴゃく
7. きゅうひゃく　8. せん
9. さんぜん　10. よんせん
11. ななせん　12. はっせん
13. いちまん　14. ななまん
15. はちまん　16. ひゃくまん
17. くがつここのか
18. じゅうがつとおか
19. はん　20. ぜん

2 1. 150　2. 100　3. 280
4. 150　5. 300　6. 400
7. 300　8. 150

3 1. 十五　2. 三十　3. 二十五　4. 九十　5. 九十九　6. 三百六十　7. 五百四十三　8. 二千五百九十

4 1. 数　2. 百　3. 万　4. 全
5. 半　6. 千　7. 数　8. 十
9. 万　10. 九　11. 半　12. 百
13. 全　14. 十　15. 半　16. 千

第4課　P14-17

1 1. さんびゃくえん
2. いちまんえん
3. ごひゃくえん、か　4. しゅう
5. りょうがえ　6. ぜいきん
7. めんぜい
8. りょうしゅうしょう

2 1. (4)りょうがえ
2. (6)えん　3. (1)がいか
4. (2)めんぜい
5. (3)りょうしゅうしょう
6. (5)しょうひぜい

3 1. 㚘ー日(替)　2. 禾ー兑(税)
3. 丩ー又(収)　4. 化ー貝(貨)
5. 令ー頁(領)

4 1. (A)替　(B)領収証
2. (A)円、両替
3. (A)税金、免税

5 1. 円／丸　2. 両　3. 替　4. 税
5. 免　6. 証　7. 両　8. 替
9. 替　10. 替　11. 金貨　12. 税
13. 貨　14. 円　15. 領　16. 領
17. 証　18. 収　19. 免

第5課　P18-21

1 1. ぶん　2. とけい　3. きょう
4. はじめて　5. はじまる
6. おわる　7. ことし　8. しょ
9. こん　10. いちねんせい
11. しゅう　12. じ

2 1. くじ
2. よじさんじゅっぷん
(よじさんじっぷん、よじはん)
3. しちじ
4. いちじじゅっぷん
(いちじじっぷん)
5. はちじじゅうごふん
6. じゅうにじ

3 1. 一時間、六十分
2. 一日、二十四時間
3. 一週間、七日
4. 一年、三百六十五日

4 1. 日ー寺(時)　2. 衤ー刀(初)
3. 女ー台(始)　4. 糸ー冬(終)

5 1. 初　2. 始　3. 終　4. 時
5. 今　6. 時　7. 年　8. 初
9. 日　10. 週　11. 週　12. 今
13. 週　14. 分　15. 週　16. 初
17. 始　18. 終　19. 時　20. 終
21. 初　22. 今　23. 終

第6課 P22-25

1 1. なに　2. だれ　3. いっかい
4. よんだい　5. さんじゅうど
6. にじゅうだい　7. ひゃくてん
8. なんばん　9. なんじ　10. だれ
11. だい

2 1. (A)誰　2. (A)何　3. (A)誰
4. (A)点　5. (A)回
6. (B)代

3 1. 番　2. 台　3. 度　4. 点

4 1. 番　2. 度　3. 回　4. 誰
5. 台　6. 度　7. 台　8. 代
9. 点　10. 台　11. 番　12. 点
13. 代　14. 点　15. 回　16. 何
17. 代　18. 度　19. 度　20. 点
21. 番　22. 台　23. 代

第7課 P26-29

1 1. はちばい　2. ごかい
3. さんだん　4. いっこ
5. よんはい　6. ろくさい
7. ひ　8. ななき　9. み
10. にばい　11. よんかい
12. さんこ　13. ろっぱい／ろくはい
14. さんばい　15. にじゅうにさい
16. き、しがつなのか　17. み

2 1. (6)　2. (5)　3. (2)
4. (4)

3 1. ﾄｰ皆(階)　2. 其ｰ月、期
3. 年ｰ殳(段)　4. オｰ不(杯)

4 1. 段　2. 費　3. 個　4. 未
5. 倍　6. 歳　7. 個　8. 杯
9. 費　10. 期　11. 杯　12. 階
13. 期　14. 段　15. 個　16. 未
17. 段　18. 期　19. 倍　20. 段
21. 個　22. 階

第8課 P30-33

1 1. うえ　2. した　3. みぎ
4. ひだり　5. まえ　6. うしろ
7. じょうげ／うえした　8. さゆう
9. ごぜん、ごご　10. ご
11. いじょう　12. いか

2 1. 上　2. 左　3. 前　4. 以上
5. 午後

3 1. 上　2. 下　3. 後ろ　4. 前
5. 左　6. 右

4 1. 上　2. 下　3. 右　4. 前
5. 右　6. 下　7. 下　8. 後
9. 右　10. 上　11. 前　12. 下
13. 左　14. 午　15. 上

第9課 P34-37

1 1. しょ　2. れつ　3. なか
4. とう　5. かん　6. にし
7. みなみ　8. きた　9. がわ
10. そく　11. よこ　12. ちゅう
13. じょ　14. あいだ　15. おう
16. れっ　17. とう、さい

2 1. 北　2. 東　3. 南　4. 西

3 1. 中　2. 西　3. 東　4. 列
　　5. 間　6. 南　7. 列　8. 横
　　9. 東　10. 所　11. 間　12. 横
　　13. 中　14. 西　15. 南　16. 西
　　17. 北　18. 間

第10課　P38-41

1 1. やま　2. かわ　3. いけ
　　4. うみ　5. みなと　6. はやし
　　7. こう　8. や　9. しんりん
　　10. た　11. さん、やま　12. かい
　　13. でん　14. もり　15. かわ

2 1. 川　2. 池　3. 山　4. 港
　　5. 海　6. 田(田んぼ)

3 1. 山、かざん、さんりん
　　2. 海、かいすいよく、かいがん
　　3. 港、くうこう、みなとまち

4 1. 港　2. 海　3. 森　4. 川
　　5. 池　6. 山　7. 林　8. 野
　　9. 山　10. 海　11. 港　12. 森林

第11課　P42-45

1 1. しま　2. おもて　3. うら
　　4. せかい　5. ちず　6. かたち
　　7. よう　8. よう　9. ぴょう
　　10. ち　11. せ

2 1. 田一介(界)　2. 扌一也(地)
　　3. 开一彡(形)　4. 鳥一山(島)

3 1. 地、ちず、ちか
　　2. 洋、せいよう、ようふく
　　3. 界、げんかい、せかい
　　4. 図、ちず、としょかん
　　5. 形、えんけい、にんぎょう
　　6. 裏、うらぎる、うらがえし
　　7. 世、よのなか、せわ
　　8. 表、はっぴょう、あらわす

4 1. 地　2. 世　3. 表　4. 島
　　5. 洋　6. 界　7. 形　8. 洋
　　9. 形　10. 地図　11. 表　12. 裏
　　13. 図　14. 表　15. 裏　16. 表
　　17. 世　18. 図　19. 地　20. 世
　　21. 形　22. 裏　23. 島

第12課　P46-49

1 1. ひろい　2. やすい　3. たかい
　　4. いそがしい　5. おおい
　　6. しょう　7. さいこう　8. たい
　　9. あん

2 1. (5)　2. (2)　3. (3)
　　4. (8)　5. (1)　6. (6)
　　7. (7)　8. (1)

3 1. 小さい　2. 少ない　3. 安い
　　4. 低い　5. 広い

4 1. 小　2. 高　3. 安　4. 多
　　5. 最　6. 大　7. 最　8. 高
　　9. 低　10. 多　11. 安　12. 大人
　　13. 広　14. 高　15. 低　16. 安

第13課　P50-53

1 1．ふるい　2．わるい　3．ほそい
4．とおい　5．あたらしい
6．ただしい　7．よ　8．きん
9．たい　10．しん　11．しょう

2 1．細い　2．遠い　3．古い
4．悪い

3 1．新、あたらしい、しんぶん
2．近、きんじょ、ちかい
3．細、こまかい、ほそい
4．正、しょうがつ、ただしい
5．悪、わるぐち、わるい
6．良、よい、りょうしき

4 1．正　2．太　3．新　4．近
5．細　6．新　7．悪　8．古
9．正　10．可　11．悪　12．遠
13．悪　14．正　15．正　16．遠
17．新　18．古　19．細　20．良
21．太　22．古　23．可

第14課　P54-57

1 1．わたし　2．ぼく　3．ちち
4．はは　5．あに　6．おとうと
7．あね　8．いもうと
9．おとうさん、おかあさん
10．おにいさん、おねえさん
11．し　12．きょうだい

2 1．ロール(兄)　2．イ一業(僕)
3．女一未(妹)　4．禾一ム(私)

3 1．父　2．母　3．父　4．母
5．姉　6．弟

4 1．私　2．父　3．父　4．母
5．母　6．兄　7．兄　8．姉
9．姉　10．弟　11．妹　12．私
13．兄弟　14．父母　15．弟
16．姉妹　17．私　18．僕　19．父
20．母　21．母　22．僕　23．私

第15課　P58-61

1 1．かぞく　2．ふう　3．おく
4．いえ　5．ふさい　6．こ
7．おっと　8．つま　9．しん
10．おく　11．ぞく　12．し
13．おも　14．か　15．しゅ
16．おや

2 1．家族　2．親子

3 1．主、しゅしょく、しゅじん
2．族、かぞく、すいぞくかん
3．奥、おくち、おくさん
4．家、さっか、かてい
5．夫、ふさい、ふうふ
6．子、ようす、こども

4 1．親　2．家族　3．妻　4．親
5．家　6．主　7．夫　8．奥
9．主　10．子　11．奥　12．夫
13．親　14．子　15．主　16．家
17．親　18．主　19．夫　20．家
21．子　22．奥　23．親

第16課　P62-65

1　1. ひと　2. もの　3. ふ
　　4. とも　5. いん　6. おいる
　　7. ろうじん、わかもの　8. しゃ
　　9. みん　10. わかいひと　11. いん
　　12. ふたり　13. みん　14. じん

2　1.（3）　2.（2）

3　1. 友、ゆうこう、ともだち
　　2. 員、てんいん、かいしゃいん
　　3. 婦、しゅふ、ふじん
　　4. 者、いしゃ、がくしゃ
　　5. 民、こくみん、みんかん
　　6. 人、おとな、ろうじん
　　7. 老、おいる、ろうご

4　1. 一人　2. 員　3. 婦　4. 人
　　5. 者　6. 若　7. 友　8. 人
　　9. 大人　10. 民　11. 婦人　12. 員
　　13. 友

第17課　P66-69

1　1. おんな　2. おとこ　3. し
　　4. ねんれい　5. さま　6. だち
　　7. せい　8. よう　9. たつ
　　10. れい　11. だんせい
　　12. じょせい　13. せい　14. し

2　1. 田ーカ（男）　2. 自ー帀（師）
　　3. 歯ー令（齢）　4. 木ー羕（様）

3　1. 男　2. 達　3. 女　4. 師

4　1. 齢、ねんれい、こうれい
　　2. 士、べんごし、はかせ／はくし
　　3. 師、きょうし、いし
　　4. 様、おうさま、かみさま
　　5. 性、だんせい、せいかく
　　6. 女、にょうぼう、おんなのこ

5　1. 様　2. 男　3. 齢　4. 女性
　　5. 様　6. 士　7. 達　8. 女
　　9. 性　10. 師　11. 様　12. 達
　　13. 男　14. 齢

第18課　P70-73

1　1. あさ　2. ひる　3. よる
　　4. ゆう　5. や　6. まいばん
　　7. せん　8. まい　9. ばん
　　10. まい　11. まいあさ　12. ばん
　　13. ひる　14. ゆう

2　1. 卓ー月（朝）　2. 日ー免（晩）
　　3. ㇉ー母（毎）　4. 尺ー旦（昼）

3　1. 先日　2. 毎日　3. 未
　　4. 朝夕

4　1. 朝、まいあさ、ちょうしょく
　　2. 先、せんげつ、せんせい
　　3. 夕、ゆうはん、ゆうがた
　　4. 晩、ばんねん、ばんさんかい
　　5. 夜、やかん、よふかし
　　6. 昼、おひる、ひるやすみ

5　1. 昼　2. 毎　3. 先　4. 夜
　　5. 晩　6. 毎朝　7. 朝　8. 昼
　　9. 先　10. 毎　11. 先　12. 毎晩

13. 昼　14. 夜　15. 夕　16. 夜
17. 先

第19課　P74-77

1 1. で　2. ぽ　3. ちゅう　4. い
5. あるく　6. たつ　7. はしる
8. とめる　9. はいる　10. でる
11. のぼ　12. し　13. そう　14. と
15. りつ　16. ちゅう　17. にゅう

2 1. 止一少(歩)　2.癶一豆(登)
3. 馬一主(駐)　4. 土一疋(走)

3 1.（B）　2.（A）　3.（B）

4 1. 歩　2. 走　3. 駐　4. 立
5. 登　6. 出　7. 入　8. 止
9. 駐　10. 入　11. 出　12. 立
13. 走　14. 出　15. 歩　16. 止
17. 入　18. 出　19. 登　20. 立
21. 止　22. 歩　23. 入

第20課　P78-81

1 1. きょ　2. き　3. のり
4. きゅう　5. ざ　6. お　7. の
8. ふ　9. け　10. いそ　11. ね
12. すわ　13. ね　14. こ

2 1. 宀一寝(寝)　2. 阝一夆(降)
3. 广一坐(座)　4. 氵一肖(消)

3 1. 消　2. 寝　3. 乗　4. 座

4 1. 消　2. 去　3. 起　4. 乗

5. 寝　6. 急　7. 消　8. 急
9. 座　10. 乗　11. 降　12. 急
13. 去　14. 乗　15. 降　16. 起
17. 乗

第21課　P82-85

1 1. よてい　2. つぎ　3. わらう
4. なく　5. およぐ　6. かん
7. よ　8. えい　9. じ　10. まつ
11. え　12. およ　13. よ　14. わら
15. な　16. えがお　17. つぎ、つぎ

2 1. 泣、うそなき、なきやむ
2. 末、しゅうまつ、すえっこ
3. 次、しだいに、じかい
4. 予、よやく、よしゅう
5. 笑、えがお、わらいばなし
6. 観、かんげき、かんきゃく
7. 定、ていきゅうび、ていしょく

3 1. 泳　2. 定　3. 次　4. 末
5. 泳　6. 予　7. 笑　8. 泣
9. 次　10. 次　11. 末　12. 観
13. 泳　14. 定　15. 予　16. 観
17. 予　18. 予　19. 次　20. 定
21. 笑　22. 観　23. 予

第22課　P86-89

1 1. かべ　2. こう　3. もん
4. かん　5. たく　6. たく
7. こう　8. しつ、まど　9. かん
10. もん

2 1.（B）　2.（A）　3.（B）

4．（A）　5．（A）　6．（B）
7．（A）

❸1．窓　2．戸　3．校門

❹1．宀ーモ（宅）　2．オー交（校）
　3．辟ー土（壁）　4．食ー官（館）

❺1．戸　2．室　3．校　4．門
　5．館　6．宅　7．窓　8．館
　9．窓　10．宅　11．館　12．室
　13．戸　14．戸　15．門

第23課　P90-93

❶1．こうじょう／こうば　2．きょく
　3．みせ　4．どう　5．いん
　6．や　7．おく　8．ぶ　9．ば
　10．こう　11．いん　12．てん

❷1．部屋　2．屋上　3．工場
　4．食堂

❸1．部、ぜんぶ、ぶちょう
　2．屋、やね、おくじょう
　3．場、とうじょう、ばしょ
　4．堂、こうかいどう、
　　どうどうめぐり
　5．院、にゅういん、びょういん

❹1．院　2．堂　3．工　4．店
　5．場　6．局　7．部　8．堂
　9．工　10．店　11．工　12．局
　13．堂

第24課　P94-97

❶1．にわ　2．こうえん　3．てつ
　4．いし　5．えん　6．しゃ
　7．ぎん　8．えき　9．てら
　10．どう

❷1．（1）　2．（3）　3．（7）
　4．（5）

❸1．園、ゆうえんち、どうぶつえん
　2．石、せっけん、せきゆ
　3．公、こうえん、こうむいん
　4．駅、しはつえき、えきまえ
　5．社、じんじゃ、にゅうしゃしき
　6．銀、ぎんこう、ぎんこんしき

❹1．社　2．寺　3．庭　4．園
　5．庭　6．駅　7．公　8．鉄

第25課　P98-101

❶1．いく　2．もどす　3．くる
　4．かえる　5．きる　6．つく
　7．もどる　8．おくる
　9．とうちゃく　10．おく　11．こう
　12．ぱつ　13．そう　14．らい
　15．はつ

❷1．来　2．着　3．行　4．行
　5．着　6．送　7．帰

❸1．来　2．到着　3．送　4．入国

❹1．（A）　2．（A）　3．（A）
　4．（A）　5．（B）　6．（A）

7.（A）　8.（A）

5 1．行　2．来　3．発　4．発
5．行　6．来　7．到　8．戻
9．送　10．帰　11．発　12．行

第26課　P102-105

1 1．しょく　2．ぶたにく
3．とりにく／けいにく
4．のみ　5．ちち　6．にゅう
7．たべ　8．たまご　9．さ
10．ちゃ　11．にく
12．にわとり、たまご

2 1．牛肉、ぎゅうにく
2．卵、たまご
3．喫茶店、きっさてん
4．お茶、おちゃ

3 1．飲、のむ、のみもの
2．肉、ぶたにく、やきにく
3．食、しょくじ、たべる
4．乳、ぎゅうにゅう、
　　にゅうはくしょく
5．茶、りょくちゃ、きっさてん
6．卵、ゆでたまご、らんおう

4 1．茶　2．飲　3．食　4．卵
5．乳　6．鶏　7．飲　8．卵
9．肉　10．食　11．乳　12．茶

第27課　P106-109

1 1．あぶら　2．さい　3．べんとう
4．さけ　5．はん　6．どん

7．あ　8．しゅ　9．はん
10．むぎ　11．ゆ　12．むぎ
13．とう　14．あぶら　15．べん

2 1．弁当　2．日本酒　3．天丼
4．野菜

3 1．酒、にほんしゅ、さかや
2．麦、こむぎこ、むぎちゃ
3．弁、べんとう、べんかい
4．菜、やさい、なのはな
5．当、あたる、とうせんする
6．飯、ごはん、せきはん

4 1．（5）　2．（1）　3．（3）
4．（7）　5．（4）

5 1．油　2．菜　3．油　4．弁当
5．当　6．油

第28課　P110-113

1 1．りょうり　2．さとう　3．しお
4．あじ　5．きる　6．やく
7．きっ　8．り　9．やけ
10．み　11．せつ　12．り　13．しお
14．りょう

2 1．セ－刀（切）　2．火－尭（焼）
3．王－里（理）　4．土－盆（塩）
5．口－未（味）　6．石－少（砂）

3 1．切、きって、きる
2．理、むり、りゆう
3．焼、ひやけ、やく
4．料、にほんりょうり、

にゅうじょうりょう
5. 塩、しょくえん、しおづけ
6. 砂、さばく、すなはま
7. 糖、けっとうち、ぶどうとう
8. 味、ちょうみりょう、もちあじ

4 1. 味　2. 塩　3. 焼　4. 切
5. 砂　6. 砂糖　7. 味　8. 切
9. 切　10. 料理　11. 焼　12. 料
13. 糖　14. 味　15. 味料　16. 理
17. 切

第29課　P114-117

1 1. みみ　2. こえ　3. け
4. くび　5. はな　6. かお
7. がお　8. め　9. ぐち
10. あたま　11. もう　12. くち
13. あたま、ず　14. もく　15. しゅ

2 1. 毛、け　2. 目、め
3. 鼻、はな　4. 耳、みみ
5. 口、くち　6. 首、くび

3 1.（B）2.（A）3.（A）
4.（A）5.（A）6.（B）

4 1. 口　2. 鼻　3. 頭　4. 声
5. 耳　6. 顔　7. 目　8. 目
9. 毛　10. 口　11. 声　12. 顔
13. 耳鼻　14. 首　15. 声

第30課　P118-121

1 1. ゆび　2. からだ　3. て
4. あし　5. こし　6. い　7. せ

8. し　9. い　10. て　11. たい
12. ぞく　13. こし　14. は　15. せ

2 1. イー本（体）2. オー旨（指）
3. 田ー月（胃）4. 月ー要（腰）

3 1. 背、はいけい、せなか
2. 足、まんぞく、たす
3. 胃、いちょう、いぶくろ
4. 体、たいかく、たいじゅう
5. 手、へた、じょうず
6. 歯、むしば、はみがき
7. 指、おやゆび、しどうしゃ

4 1. 足　2. 体　3. 手　4. 指
5. 手　6. 指　7. 腰　8. 足
9. 歯　10. 背　11. 胃　12. 体
13. 足　14. 手　15. 歯　16. 足腰
17. 手　18. 足　19. 手　20. 手
21. 指　22. 背　23. 歯

第31課　P122-125

1 1. げんき　2. ちから
3. びょうき　4. うまれる　5. ひ
6. いたい　7. がんじつ　8. せい
9. き　10. しぬ　11. きょうりょく
12. つう　13. つか　14. びょう
15. き　16. し

2 1. 病気

3 1. 気、びょうき、げんき
2. 生、がくせい、せんせい
3. 疲、ひろう、つかれる
4. 死、ひっし、しぼう

5. 力、こくさいきょうりょく、
　　ちからもち
6. 痛、ずつう、いたい
7. 元、じもと、がんじつ
8. 病、かんびょう、びょうしつ

4 1. 病　2. 力　3. 疲　4. 元気
5. 死　6. 力　7. 病　8. 痛
9. 元　10. 痛　11. 生、病　12. 生
13. 気　14. 生

第32課　P126-129

1 1. いのち　2. きく　3. なおる
4. かんじゃ　5. くすり　6. ち
7. めい　8. ざい　9. やっ
10. ざい　11. かん　12. き　13. い
14. こう

2 1. 斉－リ（剤）　2. 艹－楽（薬）
3. タ－カ（効）

3 1. 命　2. 医　3. 薬　4. 薬
5. 剤　6. 効　7. 治

4 1. 治、なおる、ちりょう
2. 患、きゅうかん、かんじゃ
3. 剤、じょうざい、せんざい
4. 効、こうか、ききめ
5. 薬、のみぐすり、やっきょく
6. 医、げかい、いがくぶ

5 1. 薬　2. 医　3. 剤　4. 命
5. 治　6. 効　7. 命　8. 医
9. 命　10. 効　11. 効　12. 患
13. 薬　14. 患、治　15. 医　16. 剤

17. 効　18. 薬　19. 医　20. 命
21. 治　22. 患

第33課　P130-133

1 1. いう　2. やすむ　3. はなす
4. つたえる　5. ちょう　6. あん
7. わ　8. とけい　9. こう
10. でん　11. はかる　12. こと
13. れい　14. あん　15. しら
16. けい　17. こう　18. はな
19. もう　20. きゅう　21. もうし
22. あん　23. れい　24. けい

2 1. 申、もうす、もうしこみしょ
2. 伝、でんとう、つたえる
3. 言、ことば、いう
4. 計、とけい、けいかく
5. 話、じゅわき、はなす
6. 交、まざる、こうかんする

3 1. 交　2. 言　3. 調　4. 話
5. 伝　6. 調　7. 話　8. 休
9. 言　10. 令　11. 伝、伝
12. 休日、休　13. 話、話　14. 申
15. 時計　16. 調

第34課　P134-137

1 1. みる　2. きく　3. かく
4. よむ　5. つかう　6. しる
7. わすれる　8. きっ　9. わすれ
10. けん　11. がき　12. ぶん
13. し　14. きんえん　15. えん
16. どくしょ　17. けむり

② 1. 火－亜（煙）　2. 言－売（読）
　　3. 目－ル（見）　4. 亡－心（忘）

③ 1. 読、よむ、どくしょ
　　2. 聞、しんぶん、きく
　　3. 使、つかう、しようちゅう
　　4. 見、けんがく、みる
　　5. 知、しりあい、ちしき
　　6. 忘、ぼうねんかい、わすれもの

④ 1. 見　2. 聞　3. 読　4. 書
　　5. 知　6. 忘　7. 使　8. 禁煙
　　9. 喫　10. 書　11. 見　12. 忘
　　13. 煙、煙　14. 知　15. 使、禁

第35課　P138-141

① 1. じてんしゃ　2. ふね　3. せき
　　4. き　5. わ　6. うごく
　　7. とぶ　8. やさしい　9. くるま
　　10. どう　11. じ、せき　12. しゃ
　　13. てん　14. ひき　15. き

② 1. 飛行機、ひこうき　2. 船、ふね
　　3. 自転車、じてんしゃ

③ 1. 優、ゆうしょう、やさしい
　　2. 飛、とぶ、ひこうき
　　3. 動、うごく、どうぶつえん
　　4. 転、ころぶ、てんきん
　　5. 輪、しゃりん、ゆびわ
　　6. 船、ふなびん、せんちょう

④ 1. 自　2. 転　3. 優　4. 動
　　5. 機　6. 船　7. 席　8. 優
　　9. 自

第36課　P142-145

① 1. とおる　2. はこぶ　3. すすむ
　　4. おちる　5. ぐ　6. でん
　　7. つう　8. しん　9. うん
　　10. けいたい、でん、お　11. おとし
　　12. ぐ　13. すす　14. おび
　　15. でん

② 1. 進、すす　2. 通、とお
　　3. 過、す　4. 携、たずさ

③ 1. 運　2. 進　3. 通過
　　4. 携帯電、落

④ 1. 電　2. 進　3. 通　4. 落
　　5. 運　6. 過　7. 具　8. 通過
　　9. 携　10. 帯　11. 携帯電　12. 運
　　13. 進　14. 帯　15. 電　16. 過
　　17. 落　18. 進　19. 運

第37課　P146-149

① 1. かみ　2. ふく　3. くつ
　　4. しなもの　5. にもつ
　　6. てがみ　7. ていきけん
　　8. もの　9. に　10. くつした
　　11. てがみ　12. くつ　13. ふく
　　14. たべもの　15. じょうしゃけん

② 1. 物価　2. 買い物　3. 靴
　　4. 乗車券　5. 食べ物

③ 1. 靴、うんどうぐつ、くつした
　　2. 物、かいもの、しなもの
　　3. 紙、しんぶんし、てがみ

4. 券、じょうしゃけん、
　　まえうりけん
5. 服、ふくそう、ふくじゅう
6. 荷、しゅうか、にもつ

4 1. 靴　2. 紙　3. 品物　4. 服
5. 荷物　6. 券　7. 製
8. 品、荷　9. 品　10. 券　11. 荷
12. 靴　13. 製　14. 品券、物
15. 服

第38課　P150-153

1 1. なまえ　2. べんり　3. ふべん
4. かんたん　5. ふえる　6. へる
7. ゆうめい　8. げんしょう
9. みょう　10. たん　11. ふべん
12. へ

2 1. 不安　2. 無　3. 簡単　4. 減
5. 便利　6. 名　7. 増

3 1. 無　2. 不　3. 減　4. 減

4 1. 名、ゆうめい、なまえ
2. 単、たんじゅん、たんご
3. 便、こうくうびん、べんり
4. 増、ふえる、ぞうぜい
5. 無、ぶじ、むりょう
6. 利、りえき、りようする

5 1. 簡　2. 便利　3. 有名　4. 無
5. 有　6. 無　7. 利　8. 減

第39課　P154-157

1 1. ながい　2. おなじ　3. つよい
4. みじかい　5. かるい
6. よわい　7. おもい　8. はやい
9. おそ　10. どうよう　11. きょう
12. はや、ち　13. そくど

2 1. 短い　2. 速い　3. 弱い
4. 軽い

3 1. 速、はやい、そくど
2. 弱、よわい、じゃくてん
3. 重、じゅうだい、おもい
4. 早、はやくち、はやおき
5. 遅、ちこく、おくれる
6. 長、とくちょう、ちょうき

4 1. 強　2. 同　3. 短　4. 長
5. 重　6. 弱　7. 遅　8. 軽
9. 速　10. 弱　11. 速　12. 早
13. 遅　14. 強　15. 遅　16. 重
17. 同　18. 弱　19. 重

第40課　P158-161

1 1. おす　2. ひろう　3. すてる
4. ひらく　5. とる　6. あらう
7. もつ　8. しめる　9. つく
10. し　11. さく

2 1. 門ーォ（閉）　2. 弓ー丨（引）
3. 扌ー合（拾）　4. 耳ーヌ（取）
5. 氵ー先（洗）

3 1. Ａ　2. 開

4 1. 押、おしいれ、おさえる
2. 引、ひっこし、ひく
3. 洗、おてあらい、せんざい
4. 拾、ごみひろい、しゅうとく

5 1. 押　2. 捨　3. 引　4. 洗
5. 取　6. 作　7. 押　8. 持
9. 拾　10. 取

第41課　P162-165

1 1. みち　2. くに　3. けん
4. しゅと　5. けん　6. どうぐ
7. つごう　8. とく
9. とうきょうと　10. こくさい
11. とく　12. ふ

2 1.（A）2.（B）3.（A）
4.（B）5.（A）

3 1. 牛ー寺（特）　2. 者ー阝（都）
3. 阝ー祭（際）　4. 首ー辶（道）
5. 广ー付（府）

4 1. 道　2. 県　3. 県　4. 都
5. 県　6. 県　7. 府　8. 府

5 1. 府、とどうふけん、せいふ
2. 特、とくべつ、とくに
3. 道、みちじゅん、どうぐ
4. 都、つごう、としけいかく
5. 際、せとぎわ、じっさい／物、
せともの、じつぶつ
6. 京、ききょう、じょうきょう

6 1. 国際　2. 京都　3. 特　4. 県

5. 都道府県　6. 特　7. 国
8. 際　9. 都　10. 特

第42課　P166-169

1 1. まち　2. むら　3. うち
4. そと　5. ばんごう　6. く
7. かいがい　8. てい　9. ない
10. ごう

2 1.（A）2.（A）3.（A）
4.（B）5.（B）6.（A）
7.（A）8.（B）

3 区、町、丁、号

4 1. 号、しんごう、ばんごう
2. 市、いちば／しじょう、しない
3. 村、ぎょそん、むらおこし
4. 外、かいがいりゅうがく、げか
5. 丁、ほうちょう、ていねい
6. 町、まちやくば、まちなみ

5 1. 町　2. 村　3. 市　4. 外
5. 市　6. 号　7. 丁　8. 町
9. 区　10. 内　11. 外　12. 丁
13. 村　14. 号

第43課　P170-173

1 1. きめる　2. わかれる　3. よぶ
4. あつまる　5. まつ　6. あう
7. あそぶ　8. ならぶ　9. あい
10. かいしゃ　11. たい
12. けってい

2 1. （A）　2.（A）　3.（A）
4.（B）　5.（A）　6.（B）
7.（A）

3 1. 並　2. 遊　3. 決

4 1. シー央（決）　2. 隹一木（集）
3. 人一云（会）　4. 另一リ（別）

5 1. 集　2. 遊　3. 待　4. 会
5. 別　6. 別　7. 合　8. 並
9. 合　10. 集会　11. 呼
12. 遊、遊　13. 別、決　14. 待
15. 合　16. 決　17. 待合　18. 会

第44課　P174-177

1 1. たてる　2. うむ　3. かりる
4. はたらく　5. かう
6. ばいてん　7. かしだし
8. す　9. うしな　10. う

2 1. （B）　2.（B）　3.（A）
4.（A）　5.（A）　6.（B）
7.（B）　8.（A）　9.（B）

3 1. 借　2. 建　3. 売、買　4. 働

4 1. 住、じゅうしょ、すむ
2. 産、うむ、さんぎょう
3. 売、ばいてん、うる

5 1. 失　2. 働　3. 建　4. 買
5. 住　6. 産　7. 売　8. 住
9. 失、借金　10. 働　11. 土産
12. 売、切　13. 建、建　14. 買

15. 貸

第45課　P178-181

1 1. え　2. けいかく　3. りょこう
4. がか　5. かしゅ　6. まんなか
7. かいが　8. しゃしん　9. うた
10. えいが　11. たび
12. よう、おど　13. うつ

2 1. （A）　2.（B）　3.（A）
4.（A）　5.（B）

3 1. 日一央（映）　2. 方一衣（旅）
3. 糸一会（絵）　4. 哥一欠（歌）

4 1. 歌、かしゅ、うたう
2. 映、うつす、えいが
3. 本、えほん、ほんとう
4. 旅、りょこう、たびさき
5. 真、しんじつ、まんなか
6. 絵、かいが、えのぐ
7. 写、しゃしん、うつす
8. 画、けいかく、がめん

5 1. 旅　2. 画　3. 踊　4. 旅
5. 歌　6. 写真　7. 本　8. 真
9. 本　10. 本　11. 映画、写
12. 歌、歌　13. 絵本　14. 映

第46課　P182-185

1 1. こころ　2. にがい
3. かなしい　4. たのしい
5. かんじる　6. しん　7. さんぽ
8. くるしい　9. がく、す

10．ち　11．げい　12．かん

2 1．（A）　2．（B）　3．（B）
　 4．（B）　5．（A）

3 1．苦、にがい、くるしい
　 2．楽、おんがく、たのしい
　 3．感、かんしゃ、かんじる
　 4．悲、かなしい、ひげき
　 5．好、おこのみやき、こうい
　 6．芸、えんげい、しゅげい
　 7．心、ちゅうしん、しんぱい
　 8．散、かいさん、ちらかす

4 1．苦　2．心　3．心　4．感
　 5．苦　6．好　7．芸　8．散
　 9．悲　10．楽　11．好　12．感
　 13．感　14．感　15．芸　16．楽
　 17．苦　18．楽

第47課　P186-189

1 1．はる　2．なつやすみ　3．あき
　 4．ふゆ　5．きせつ　6．かみ
　 7．ほとけ　8．じんじゃ
　 9．まつり　10．さい　11．ぶっ

2 1．癶ー示（祭）　2．禾ー火（秋）
　 3．竹ー即（節）　4．ネー申（神）

3 1．節、きせつ、ちょうせつ
　 2．神、しんけい、じんじゃ
　 3．祭、さいじつ、まつり
　 4．春、りっしゅん、はるいちばん
　 5．冬、とうみん、ふゆげしき
　 6．夏、しょか、なつやすみ／冬、

しょとう、ふゆやすみ
　 7．秋、しゅうぶん、あきばれ
　 8．仏、ぶつぞう、ぶっきょうと
　 9．季、しき、きかんし

4 1．秋　2．春　3．夏　4．春
　 5．夏

5 1．春　2．夏　3．秋　4．神
　 5．冬　6．仏　7．祭　8．神
　 9．冬　10．節　11．祭　12．節
　 13．夏　14．季

第48課　P190-193

1 1．はれ　2．ゆき　3．そら
　 4．ほし　5．ひかり　6．かぜ
　 7．おと　8．せいざ　9．おんがく
　 10．かんこう　11．てんき

2 1．てんき、は　2．あめ、ゆき

3 1．空、あおぞら、くうこう
　 2．天、てんごく、てんき
　 3．星、かせい、せいざ
　 4．空、くうき、あきや
　 5．晴、はれる、すばらしい
　 6．光、かんこう、こうけい
　 7．音、はつおん、おんがく
　 8．風、ふぜい、ふうせん
　 9．雨、つゆ、あまぐも
　 10．雪、なだれ、ゆきげしき

4 1．星　2．天　3．風　4．光
　 5．雪　6．空　7．音　8．天
　 9．星　10．晴　11．光　12．雨

13. 光、風 14. 音

第49課　P194-197

1 1．つめたい　2．あつい
3．あたたかい　4．さむい
5．あたたかい　6．あかるい
7．すずしい　8．くらい
9．れいぼう　10．れい　11．ねつ
12．あん　13．おん

2 1．寒い　2．涼しい　3．冷たい
4．暗い

3 1．氵－京(涼)　2．氵－令(冷)
3．日－音(暗)

4 1．温、あたたかい、おんせん
2．冷、れいぞうこ、つめたい
3．寒、さむい、かんぱ／熱、
あつい、ねっぱ
4．明、よあけまえ、みょうごにち
5．熱、こうねつひ、ねったいや
6．暖、あたためる、だんろ
7．涼、せいりょういんりょう、
すずしい

5 1．冷　2．温　3．暖房　4．涼
5．暑　6．明　7．暗　8．温
9．暗　10．熱　11．寒　12．温

第50課　P198-201

1 1．あおい　2．くろい　3．あかい
4．しろい　5．みどり　6．きいろ
7．はく　8．いろ　9．こうちゃ

10．しき　11．りょくちゃ　12．こう
13．せいしゅん　14．こく　15．あか

2 1．（3）　2．（5）　3．（2）
4．（1）　5．（6）　6．（1）

3 1．黒い　2．赤信号　3．白ワイン
4．赤字

4 1．白、こくはく、しろい
2．青、まっさお、あおぞら
3．色、きいろ、けしき
4．赤、せきがいせん、あかちゃん
5．紅、くちべに、こういってん
6．黒、くろじ、こくばん

5 1．青　2．白　3．赤　4．黒
5．黄色　6．緑　7．色　8．紅
9．色　10．黒　11．色　12．白、赤
13．青　14．紅白、赤、白　15．黒

第51課　P202-205

1 1．しごと　2．よう
3．しょくぎょう　4．えい
5．だいじ　6．かぜい　7．ぎょう
8．し　9．だいじ　10．ひょう
11．えいぎょう　12．かちょう
13．じ　14．しょく

2 1．耳－戠(職)　2．言－果(課)
3．宀－呂(営)

3 1．用　2．仕事　3．営業　4．営
5．仕

4 1．営、けいえい、えいぎょう
　2．業、しょくぎょう、そつぎょう
　3．用、にちようひん、ひよう

5 1．職業　2．事　3．仕事
　4．営業　5．課　6．用　7．課
　8．業　9．課　10．仕　11．職
　12．事　13．用　14．営

第52課　P206-209

1 1．むすぶ　2．のはら　3．りゅう
　4．ほうほう　5．こうか　6．いん
　7．けっか　8．げんいん　9．ゆ
　10．つかいかた　11．ほう
　12．ちほう　13．けっ

2 1．シー去（法）　2．糸ー吉（結）
　3．厂ー泉（原）

3 1．（A）　2．（B）　3．（A）
　4．（B）　5．（A）　6．（A）

4 1．原、のはら、げんいん
　2．結、けっこん、むすぶ
　3．方、かいかた、ちほう
　4．果、けっか、くだもの
　5．由、りゅう、けいゆ
　6．因、はいいん、いんしゅう
　7．法、ほうてい、ほうむしょう

5 1．方法　2．方　3．由　4．結
　5．原因　6．結果　7．由　8．方
　9．法　10．果　11．結　12．果
　13．果　14．結　15．原　16．果
　17．結　18．由　19．方　20．原

21．方　22．因

第53課　P210-213

1 1．たたかう　2．あらそう
　3．ともに　4．こ　5．そう
　6．じこ　7．やくしょ
　8．わしょく　9．せんそう
　10．やくにたつ　11．こ
　12．へいわ、きょうつう
　13．びょう　14．わ　15．あらそ

2 1．イー殳（役）　2．禾ーロ（和）
　3．古ー攵（故）

3 1．和服　2．戦争　3．英和辞典
　4．平日

4 1．役、やくしょ、やくにたつ
　2．争、せんそう、あらそう
　3．共、ともばたらき、きょうつう
　4．和、いわかん、わしょく
　5．平、たいら、へいわしゅぎ
　6．故、じこ、こしょうちゅう

5 1．和　2．平　3．共　4．役
　5．故　6．故　7．争　8．平和
　9．戦争　10．役　11．共
　12．和、和　13．争　14．役　15．戦
　16．平　17．戦　18．共　19．故
　20．役　21．戦

第54課　P214-217

1 1．がくせい　2．きょう
　3．けんきゅう　4．こたえ

5．きわめる　6．おしえる
7．しゅう　8．まな　9．たと
10．けん　11．りゅうがく　12．こた
13．なら　14．る　15．とう

2 1．⺮－合（答）　2．石－开（研）
3．亻－列（例）　4．⺤－田（留）
5．⺍－子（学）　6．孝－攵（教）
7．宀－先（究）

3 1．教、おしえる、きょうかしょ
2．習、れんしゅう、ならう
3．学、がくせい、まなぶ
4．留、るすばん、りゅうがくせい
5．究、きゅうきょく、きわめる
6．答、かいとう、こたえ
7．例、れいねん、たとえる

4 1．留学　2．学　3．教　4．答
5．習　6．教　7．例　8．学
9．答　10．留　11．究　12．教
13．習　14．例　15．教

第55課　P218-221

1 1．しあい　2．しつもん
3．わだい　4．しけん
5．しゅくだい　6．しょうせつ
7．にっき　8．せいしつ　9．き
10．せいめいしょ　11．けん
12．ため　13．しゅく　14．もんだい
15．かだい　16．しょうせつか

2 1．⺮－貝（質）　2．宀－佰（宿）
3．言－式（試）　4．門－口（問）
5．馬－僉（験）　6．是－頁（題）

3 1．問、もんだい、といあわせ
2．記、にっき、きねんび
3．説、しょうせつ、せつめい
4．題、かだい、わだい
5．験、けいけん、しけん
6．試、しちゃく、しきょうひん
7．質、しんけいしつ、しつもん
8．宿、あまやどり、しゅくだい

4 1．試験　2．記　3．問題
4．宿題　5．質問　6．説　7．問
8．試　9．記　10．題　11．宿
12．説　13．験　14．宿　15．試
16．題　17．記

第56課　P222-225

1 1．かたる　2．かんがえる
3．おもう　4．おぼえる
5．べんきょう　6．えいご
7．にほんご　8．じゅぎょうちゅう
9．ふし
10．きょうじゅ、じゅぎょう
11．かた

2 1．⺍－見（覚）　2．田－心（思）
3．扌－受（授）　4．艹－央（英）
5．言－吾（語）

3 1．語、にほんご、かたる
2．覚、かんかく、おぼえる
3．勉、きんべん、べんきょう
4．思、おもいで、しりょぶかい
5．英、えいご、えいぶん
6．考、さんこう、かんがえかた
7．授、じゅぎょう、さずける

4 1. 考 2. 覚 3. 思 4. 英語
5. 語 6. 授 7. 勉 8. 英
9. 授 10. 語 11. 中国語 12. 語
13. 考 14. 思 15. 授 16. 覚
17. 勉 18. 覚 19. 考 20. 覚
21. 語 22. 覚 23. 英

第57課　P226-229

1 1. ぶんか 2. かんじ
3. ちゅうい 4. うけつけ
5. うける 6. かがく
7. じゅけん 8. いみ
9. さくぶん 10. ちゅうもん
11. いけん 12. じ

2 1. 氵－莫（漢） 2. 宀－子（字）
3. 爫－又（受） 4. 禾－斗（科）

3 1. 意、ちゅうい、いけん
2. 字、かんじ、すうじ
3. 文、ぶんか、ぶんぽう
4. 受、じゅけん、うける
5. 化、ぶんか、へんか
6. 付、うけつけ、ふぞく
7. 注、そそぐ、ちゅうしゃ
8. 科、ないか、ひゃっかじてん
9. 付、ひづけ、つきあい
10. 意、けつい、いと
11. 化、けしょう、ばける

4 1. 化 2. 字 3. 漢 4. 注
5. 意 6. 科 7. 受 8. 受付
9. 科 10. 意 11. 注 12. 文
13. 注 14. 科 15. 付 16. 注
17. 意 18. 漢

第58課　P230-233

1 1. はな 2. うし 3. いぬ
4. うま 5. ねこ 6. は
7. とり 8. さかな 9. こうよう
10. けん 11. ぎゅうにゅう
12. はくちょう 13. ば 14. ぎょ
15. か

2 1. 猫 2. 馬 3. 魚 4. 花

3 1. （A） 2. （A） 3. （A）
4. （B） 5. （A） 6. （A）
7. （B） 8. （B）

4 1. 鳥、やちょう、はくちょう
2. 猫、まねきねこ、ねこじた
3. 花、はなび、かびん
4. 葉、おちば／らくよう、わかば
5. 馬、けいば、うまごや
6. 牛、ぎゅうにく、ぎゅうにゅう
7. 魚、やきざかな、うおいちば
8. 犬、ばんけん、いぬごや

5 1. 犬 2. 牛 3. 魚 4. 魚
5. 馬 6. 鳥 7. 葉 8. 犬
9. 猫 10. 馬 11. 牛 12. 鳥
13. 花

第59課　P234-237

1 1. しんじる 2. ざっし
3. はなす 4. ぞう
5. じょうほう 6. ざつ
7. ほうそう 8. ほう
9. ゆうじょう 10. しんごう

11．しゅう、し　12．てんきよほう

2 1．亻ー言（信）　2．言ー志（誌）
3．杂ー隹（雑）　4．幸ー艮（報）
5．方ー攵（放）

3 1．報、よほう、ほうこくしょ
2．雑、こんざつ、ざっし
3．情、ゆうじょう、なさけぶかい
4．放、はなす、ほうにん
5．雑、ふくざつ、ざっか
6．像、えいぞう、そうぞう
7．信、しんらいかんけい、しんごう
8．誌、しゅうかんし、にっし
9．情、ふぜい、じょうねつ

4 1．放　2．信　3．情　4．雑
5．像　6．放　7．報　8．情報
9．雑誌　10．信　11．像　12．報
13．報　14．雑　15．情　16．信
17．報　18．雑　19．誌　20．雑
21．情　22．像　23．報

第60課　P238-241

1 1．さいがい　2．ゆれる
3．しんど　4．つなみ　5．でんぱ
6．じしん　7．ごうう

2 1．氵ー皮（波）　2．巛ー火（災）
3．宀ー吉（害）　4．扌ー畓（揺）

3 1．（1）　2．（4）　3．（3）
4．（2）

4 1．しぜんさいがい　2．じしん

3．ゆ　4．よしん　5．つなみ
6．ごうう

5 1．揺、どうよう、ゆれる
2．災、かさい、さいがい
3．害、ひがい、こうがい
4．余、よゆう、あまる
5．豪、ふごう、ごうう
6．波、でんぱ、なみうちぎわ

6 1．災　2．揺　3．震　4．津波
5．余震　6．災害　7．震　8．豪
9．波　10．余

第61課　P242-245

1 1．にげる　2．あばれる
3．けわしい　4．さける
5．かみなり　6．なん　7．きけん
8．ぼうふう　9．あぶ　10．に
11．ひなん　12．むずか

2 1．（3）　2．（4）　3．（1）
4．（2）　5．（5）

3 1．きけん　2．ひなん　3．に
4．こわ　5．たお　6．ひなんじょ
7．かみなり　8．ぼうふうう

4 1．暴、ぼうふう、あばれる
2．危、きけん、あぶない
3．倒、めんどう、たおれる
4．難、さいなん、むずかしい
5．雷、らくらい、らいう
6．逃、とうそう、にげる

5 1. 暴　2. 難　3. 危険　4. 雷
　　5. 倒壊　6. 険　7. 逃　8. 雷
　　9. 暴力　10. 険

第62課　P246-249

1 1. さがす　2. すくう
　　3. ぼうさい　4. つねに
　　5. けいさつ　6. でんとう
　　7. たす　8. ぼうさい
　　9. かいがん　10. きゅうじょ

2 1. （4）　2. （3）　3. （2）
　　4. （1）　5. （5）

3 1. ひじょうしょく　2. でんとう
　　3. さが　4. たす　5. けいさつ
　　6. しょうぼう　7. かいがん

4 1. 常、にちじょう、つねに
　　2. 助、じょしゅ、たすける
　　3. 警、けいほう、けいさつ
　　4. 灯、がいとう、とうだい
　　5. 非、ひじょうしき、ひこうかい
　　6. 探、たんてい、さがす

5 1. 警　2. 常　3. 探　4. 救
　　5. 非常　6. 岸　7. 防　8. 警察
　　9. 防、救